大连东港日出 2015年2月23日 6：57am

Lean Product Development

Principles, Methods, and Deployment

精益产品开发

原则、方法与实施

何勉◎著

清华大学出版社

北京

内 容 简 介

全书共 25 章，分成三个部分，分别介绍了精益产品开发的原则、方法和实施。原则部分，从精益及敏捷产品开发的目标入手，梳理了敏捷和精益思想的来龙去脉和具体的实践框架，构建了系统和完整的精益产品开发体系。方法部分，以作者在华为、招商银行、平安科技以及数家互联网创业公司的大量成功案例为基础，详细介绍了这些案例背景、应用细节以及背后的原理和方法，构建了坚实、系统和可应用的实践方法体系。实施部分继续以真实案例为基础，总结了完备的精益产品开发实施路径，涵盖了需求管理、过程改进、质量提升、团队建设、DevOps 落地等实施中的重点要素。

本书适合所有准备实施或正在实施敏捷和精益方法以及希望改善组织价值交付效率、质量、灵活性以及产品创新能力的团队阅读与参考。

本书封面贴有清华大学出版社防伪标签，无标签者不得销售。

版权所有，侵权必究。举报：010-62782989　beiqinquan@tup.tsinghua.edu.cn

图书在版编目 (CIP) 数据

精益产品开发：原则、方法与实施 / 何勉著. —北京：清华大学出版社，2017(2024.11 重印)
ISBN 978-7-302-47655-9

Ⅰ．①精… Ⅱ．①何… Ⅲ．①产品开发 Ⅳ．① F273.2

中国版本图书馆 CIP 数据核字 (2017) 第 154521 号

责任编辑：文开琪
装帧设计：杨玉兰
责任校对：周剑云
责任印制：杨　艳

出版发行：清华大学出版社
　　　　网　　　址：https://www.tup.com.cn, https://www.wqxuetang.com
　　　　地　　　址：北京清华大学学研大厦 A 座　　　邮　　编：100084
　　　　社 总 机：010- 83470000　　　　　　　　邮　　购：010-62786544
　　　　投稿与读者服务：010-62776969, c-service@tup.tsinghua.edu.cn
　　　　质量反馈：010-62772015, zhiliang@tup.tsinghua.edu.cn
印 装 者：三河市龙大印装有限公司
经　　销：全国新华书店
开　　本：178mm×233mm　　**印　张**：18.75　　**插　页**：2　　**字　数**：395 千字
版　　次：2017 年 8 月第 1 版　　**印　次**：2024 年 11 月第 9 次印刷
定　　价：69.80 元

产品编号：048220-01

推荐序一　实践与真知

周代兵

华为公司 2012 实验室软件工程专家

一转眼，我们探索和实施敏捷已经有近十年的时间。经常有人问我这个问题："实施敏捷这些年，你觉得哪些实践对团队最有价值？"其实，看看团队还保留有哪些实践，就可以得到答案了。迭代开发、持续集成与每日站会，这三个可以说是落地最好的敏捷实践，根本不需要任何人提醒，项目团队都在自发地开展这几个实践。迭代开发可以尽早交付价值，让产品具有更灵活的需求响应能力；持续集成保障基本质量，尽早消除软件开发可能引入的问题；每日站会可以落地项目团队的日常任务管理，保证团队计划进度对齐。这些实践的普遍开展，使得敏捷在我所在的企业用得越来越好，并成为软件开发的主要能力方法。

但最近几年，随着 ICT 的融合，移动互联网、云、大数据等对传统行业带来更广泛的变革和更大的挑战，我们这个行业的生存和竞争压力越来越大。虽然敏捷可以让我们快速、灵活地完成产品交付，应对业务不确定性的挑战，但作为产品型企业，我们同时还必须关注另外一个维度——成本和效率问题。产品利润率随着竞争带来的价格下降变得越来越低，因此，要想保持利润增长，甚至维持现有收益，就要求要么有能力开发更多新产品去新的领域攻城略地，要么有能力快速响应客户需求以求获得更多市场份额。这些都要求企业能用相同的资金完成更多的事情——做更多的产品探索，交付更多有价值的客户需求。传统的敏捷开发并不能够完全解决这个问题。精益产品开发，恰恰结合敏捷的思想，同时又兼顾成本问题，聚焦价值的流动，获取产品研发投入产出比的最大化。当然，类似的还有精益创业，让企业以更低的成本实现商业假设的快速验证，从而探索出新的产品满足某些新的业务应用需求。

基于这样的思路，我们在三年前首先尝试引入 David Anderson 所创建的精益看板开发方法，通过看板来不断识别和消除研发活动中的瓶颈和阻塞，力求在研发资源投入有限的情况下获得最大的产品需求产出。经过不断试点和验证，看板方法对研发效率提升的效果确实非常显著，很值得规模化推广，并且随之一并引入的精益相关思想，使我们意识到软件产品开发更需要思维模式的转变：要从关注资源效率转变到关注流动效率。

在我看来，何勉这本书中不仅介绍了精益和敏捷起源以及精益产品开发原则，更大的价值在于详细解读了实施精益看板时的步骤和各个实践活动的关键要点，在于对实践背后的为什么进行了清晰的解答。比如，在解读为什么要限制在制品这个问题，我最初是极困惑的，按照传统的管理方法，谁不希望大家能干的活越多越好呢？你要是跟某个管理者说自己希望每个人只做一两件事情，估计他听到后脸都要变绿。经过进一步展开分析，会发现每个人同时并行的工作越多，会有频繁的工作切换投入，因此其效率远远低于同一个时间段只专注于做一件事情。

对产品交付有成本和效率压力的软件企业，我建议在实施敏捷之后可以进一步尝试精益产品开发。在引入的时候先通读《精益产品开发》，将有助于了解为什么引入，怎么做，为什么要这么做，透彻理解每个实践背后的本质，从而正确有效地应用到基层团队及各级产品开发团队，有效提升研发效率。

推荐序二　真知与实践

陈展文

招商银行总行信息技术部 DevOps 推进负责人 & 资深过程改进专家

2015—2016 年间，招行开始研究和尝试精益看板、敏捷 Scrum、DevOps 等实践，何勉老师是招行精益看板的顾问，我们因此而有机会与何老师有深度的接触和交流。围绕看板，从如何设计一块合适的物理看板，到如何正确看待技术债务；从如何收集合适的原始数据，到如何精益地设计度量指标；从如何使用用户故事地图建立产品原型，到使用影响地图完善产品功能。每次与何老师交流，都能感受到一些独特的思路，得到与众不同的启发。

这本书从书名"精益产品开发"上看，不一定能吸引很多眼球，但是仔细一读，干货真的不少。这本书应是何老师对自己多年精益产品研发的理论实践经验的总结和深度、广度思考，也让我有了重新的认识和理解。近几年来，招行的研发管理也在思考：瀑布和敏捷，孰优孰劣，是非此即彼，还是可以相互转换？他们背后所需要的技能是完全不同，还是有共通之处？对于金融行业来说，这是个值得深思的问题。Gartner 在近年的研究报告中适时而讨巧地抛出了"双模"（BI-MODEL）的概念。Gartner 关于双模的核心观点是：SOR（System of Record，可以理解为遗留系统）更适合传统模式，SOE（System of Engagement，交互类系统）更适合使用探索模式，并且两者在某种场景下是可以相互转化的。理论研究如此，但是一旦研发人员采用更新的软件开发方法，掌握了更高效的开发工具，他们还能转回去吗？如今，围绕精益的相关讨论大行其道，好像不搭上精益这个词，就不能体现其先进性一样。

在此书的第 I 部分，何老师首先花大力气梳理了精益的相关概念和观点，而后以天文学的演进为例，说明精益产品开发如何从以内部资源为核心的开发方法向以用户价值为核心的开发方法的范式转换。读完这部分内容，大家对传统、敏捷、精益之间的关系应该会有不一样的理解。

第Ⅱ部分主要以看板方法串起整个实践体系，从实战的角度总结如何更好地落实可视化，显示化流程规则，控制在制品，如何开好站会、发布规划会和回顾会，如何持续进行反馈，如何大规模使用看板，等等。这是精益看板的核心内容，在书里有清楚的描述。

第Ⅲ部分从落地实施精益产品开发的角度阐述特别需要关注的几个点，我也在此分享一下感受特别深的两点。其一，如何在组织中平衡和优化资源与流动效率，找到并突破效率边界，这也与本书一开始提到的范式转换相呼应。传统软件开发方式经常使用功能点和代码行等方式来评价工作量或者工作效率，但付出相关的工作量或提升工作效率后，是否真的可以为用户交付有价值的功能，提升客户满意度呢？何老师在书中给出了方法：从源头开始改进，更好地发现和还原用户需求，降低并行度，减少开发过程中的等待浪费，降低稀缺状态，突破效率边界，持续地为用户交付有价值的功能。其二，关于自组织团队的神话。书中提到自组织本质是高势能的非稳定状态，说得更通俗一点，就是自组织状态完全靠个体去维护很困难。需要在授权的基础上，配备完成工作所需的资源，同时让团队成员了解公司、团队目标以及相关协作信息，当然，团队成员本身也要具备高度的责任感。理论说得再多，最终还是要落实到人来完成。如何让团队保持很高的热情在一起工作，也许您可以从本中找到解决问题的密码。

最后，再总结一下我读完这本书的感受：作为读者，您可以从中了解到不同企业成功落地的经验分享；您也可以从更深层次的理解精益产品开发，澄清部分概念；您甚至还可以马上动手，运用书里提到的工具来进行日常的改进和提升。

推荐语

《精益产品开发》从真实的案例中萃取出大量实践要素，以精益产品开发的原则贯穿始终，深入浅出地讲解了各个实践的关键点。作者亲手落地和深挖这些实践，痛实践者所痛，对细节的关注恰到好处，很适合边看边悟边练，实为精益实战的理想参考。

网易杭研项目管理部总监 曹智清

在互联网＋时代，产品开发如何应对复杂度剧增所带来的巨大挑战并持续快速交付有用的价值，精益思想提供了一个系统化的解决思路。本书既有融会贯通与高屋建瓴的理论深度，又有基于一线实战的丰富案例与精彩剖析，甚至还创造性地总结出精益产品开发实践体系及清晰的企业实施步骤，是国内难得一见的教科书级别的佳作。

平安科技研发管理部负责人 林伟丹

继商业模式和技术创新突破后，研发效能成为企业的另一个重要核心竞争力，企业期望通过快速高质量的产品研发来探索验证价值，从而形成规模效应和建立技术壁垒。何勉老师在《精益产品开发》一书中系统阐述了精益产品开发，从原则到方法再到实施，娓娓道来，引人入胜，同时配以大量真实的企业实践案例分析，使本书具备很强的指导性和实用价值，对希望通过敏捷和精益产品开发实践来提升企业研发效能的读者大有裨益。

阿里巴巴研发协同平台负责人 叶渡

在何勉的诸多文章中，发表于 2013 年的"解析精益产品开发"三部曲流传最广。其后，他又在此基础上深化，进一步扩展为十二篇文章，2016 年底陆续在公众号"精益产品开发和设计"发布，受到社区广泛的关注。2017 年，整个系列再次系统化提炼为原则、方法与实施，并成书出版，作为系列文章的热心读者之一能参与其中，可谓于我有荣焉。

近几年来，对软件产品开发价值观的讨论特别稀缺，本书算是填补了一个空白。价值观看似虚无，却体现了对事物本质的认知。本书从丰田生产方式、精益思想，逐步上升到探讨精益中持续改进和尊重人这两个核心价值观，以及由此派生的方法论和实践集，既有理论高度的通用性，又兼顾了对具体实践的指导。

书中提供的大量实例和插图来自何勉这些年在多家公司成功实施精益产品开发的经历，并结合累积流图和控制图等简单实用的工具，使得精益产品开发具有极强的可操作性。在效率优化的策略上，从流动效率入手到资源效率提升的路径，我深表赞同，相信它对提升组织研发效率有很大的帮助。

百度效率工程部负责人 李涛

前言：新常态下的精益产品开发和创新

2008 年，我开始在自己的产品开发部门尝试敏捷实践，当时这样做是前卫的，有争议的。9 年后的今天，大部分组织争论的焦点不再是要不要变得更敏捷，而是"如何才能做到"，后者从来都是个难题。

10 年间，敏捷实践不断完善，但实施难度却变大了。不是我们的进步不够快，而是现实要求越来越高。移动互联网技术改变了我们的生活，对各个行业的冲击更加剧烈。新的商业模式和技术革新不断涌现，新入者随时有机会脱颖而出，传统的优势厂商则随时面临巨大的挑战。

美国军方曾经用四个特性来概括冷战后的世界：**易变** (Volatility)；**不确定** (Uncertainty)；**复杂** (Complexity)；**模糊** (Ambiguity)。它们的首字母合在一起是 VUCA，"VUCA World"在 20 世纪 90 年代是常用的军事术语，用以形容全球政治和军事格局。21 世纪以来， VUCA 被更多用于形容商业格局和企业所处的生态，成为我们当下移动互联时代和即将到来的机器智能时代的最佳注脚。

在 VUCA 的世界中，黑天鹅和跨界打劫司空见惯。胜出者的共同特点是拥有快速反应和把握机会的能力以及系统化的试错、创新和价值创造能力。拥有这些能力就有机会快速上位，反之则随时可能被淘汰出局。而随着信息技术向纵深的发展，再传统的行业也不可能置身事外，这是企业运营和产品开发面临的"新常态"。

面对新常态，人们不再怀疑敏捷的必要性，而且要求的更多。产品的持续创新事关生死，产品开发部门不应该再被看成组织内部的成本中心，而是要成为价值探索、发现、创造和验证的创新中心，是企业的核心竞争力所在。

敏捷软件开发宣言

我们一直在实践中探寻更好的软件开发方法，
身体力行的同时也帮助他人。由此我们建立了如下价值观：

个体和互动 高于 流程和工具
工作的软件 高于 详尽的文档
客户合作 高于 合同谈判
响应变化 高于 遵循计划

也就是说，尽管右项有其价值，
我们更重视左项的价值。

今天我们讲敏捷与 10 多年前相比，对它的要求发生了根本改变。2001 年《敏捷宣言》发布时，针对的是软件开发，所以它的全称是《敏捷软件开发宣言》，17 位起草人也全部是软件开发专家，宣言的本质是寻求更好的软件开发方法，强调了软件开发中的有效沟通、迭代交付和灵活应变。上图是宣言的内容，它引领了软件开发方法学的思潮，直到今天仍旧在发挥重要的作用，但今天我们再讲敏捷，要求有了以下本质上的提高。

> 我们尊崇"个体和互动"，更要"连接和打通组织的各个职能，以确保协调一致的行动"。

> 我们尊崇"可工作的软件"，更要"聚焦端到端的价值流动，以快速、灵活和持续地交付真实的客户价值"。

> 我们尊崇"客户合作"，更要"与客户建立共同目标，以最大化业务成果"。

> 我们尊崇"响应变化"，更要"有计划和系统地主动试错，以支持有效地学习和创新"。

"一致行动，快速、灵活和持续地交付真实的客户价值，最大化业务成果，有效地学习和创新"，这是新常态对产品开发组织的敏捷性要求。与这一要求相对应，10 年间我们看到了另一个显著的变化——精益思想和实践被广泛和深入地应用在产品开发当中，无处不在。

- 精益成为几乎所有规模化敏捷框架（如 SAFe、LeSS 等）背后的重要方法学支撑。

- 精益看板方法得到越来越广泛的应用，为敏捷变革和提升组织交付能力提供了新的路径。

- 精益创业成为热点，精益创业理念和实践开始被广泛接受和实施。

- DevOps 实践开始普及，而精益价值流动的思想在 DevOps 实践体系中扮演了重要的角色。

2016 年下半年，我开始在自己的公众号"精益产品开发和设计"（微信号 LeanAction）发文，总结精益设计和精益看板方法实践，受到了圈内圈外超出预期的关注，很多朋友从这些文章开始实施精益开发方法，我几乎每天都能收到不同形式的反馈。有的甚至成立学习小组，每周学习一篇文章，坚持了数月。这让我决定更系统地总结精益产品开发实践，最终形成今天您手上的这本书。

本书的目的是为组织的精益和敏捷实施和提升提供原则、方法和实施步骤的有效指引，帮助企业打造移动互联网时代的产品交付和创新能力。它的适用范围涵盖几个人的创业团队到华为与招行这样的大型组织。

写作本书时，我对自己有三个要求：其一，所有实践都必须有真实案例支持；其二，所有案例都必须来自本人的实践；其三，只选取那些被证明有效且易于实施的实践。

本书案例全部来自华为、招商银行、平安科技、上海爱数软件以及几家创业公司，作者与这些公司都有两年以上持续而深入的合作。

本书适合的读者

本书适合以下读者：

- 希望开始实施精益或敏捷开发的组织或项目管理人员
- 已经实施敏捷和精益开发，但遇到困难和阻力的组织或项目管理人员
- 已经实施敏捷和精益开发，希望进一步深化和拓展的组织或项目管理人员
- 希望了解精益和敏捷产品开发方法和实践的产品开发从业人员
- 希望提高产品开发交付和创新能力的各类角色

如何阅读本书

本书分成三部分，分别介绍精益产品开发的原则、方法和实施。

第 I 部分"精益产品开发的原则"介绍敏捷和精益开发的目标、思想和原则，并由这些原则出发，构建完整的精益产品开发实践体系。

第 II 部分"精益产品开发的方法"介绍看板方法实践体系，用看板方法来承载组织的交付流程和价值交付能力的持续改进。

第 III 部分"精益产品开发的实施"将从破解资源效率和流动效率的悖论出发，介绍精益产品开发的实施步骤，并详细介绍需求管理、质量改进、团队管理等方面的实践和实施。在这一部分，我还请到了两位大咖分享他们的的洞见和实践。其中，吕毅分享了关于 Scrum 的洞见，并比较了 Scrum 和看板方法，王津银分享了 DevOps 的实施原则。他们两位在各自的领域都是国内最顶级的实践者和专家。

本书三个部分具备一定的连贯性，同时也可以独立存在。大家可以根据自己的需要和兴趣有重点地阅读或作为备查。但是，我个人认为从头阅读收获会更大。

致　谢

本书写作前后和过程中，得到了太多人的帮助。

首先感谢为本书贡献实践案例的团队。

- 感谢华为 2012 实验室的周代兵、陈军和代磊，他们以出色的工作、专业水准和个人信誉，为我创造了一个理想的工作环境。

- 感谢招商银行的廖为民、陈展文、陈幼华、郑斌、余强、黄金文和傅旻琦，招行实施精益产品开发是全面而彻底的，同一个时间段照顾两百多个团队并不轻松，最后能取得很好的效果，全归功于他们自己的努力。陈展文和廖为民还直接为本书贡献了十分重要的思想和建议。

- 感谢平安科技的林伟丹、李雯、常春明、青雅、梁瑾、余翠红、乔欣、田云、刘鹏宇、曹成和晏沛泉，与他们共同进步的感觉很神奇。

- 感谢爱数软件的贺鸿富、李基亮、杨宇、邓平、官文军、徐常芬和张震，一个执行力极强的团队，我们一起见证了公司在交付能力和产品创新方面的突破，也见证了业务的成功跃迁。能与他们长期工作是我的幸运，书中相当多的实践起初都是在爱数软件实施的。

- 感谢乞力电子商务的杨涛、贺周明和吴米香，他们对产品的愿景，对未来的使命和激情，无时无刻不在感染着我。

感谢滴滴出行的路宁，他是国内最早的精益开发深入实践者，我们曾经一起共事，有过很多交流碰撞，那段时间，我个人的进步相当快。感谢精一天使公社的李忠利，在精益创业这一领域，我从他那里收获了很多。感谢我多年的工作伙伴和好友张刚、梅雪兰、赵民正、赵喜鸿、田立新、吕晓鹏和线凯，他们总能给予我无私的帮助和中肯的意见，还有偶尔让我惭愧但又感觉良好的赞扬。感谢在我刚接触敏捷开发时给与我指导的肖然、张松、乔梁和滕振宇。感谢吴穹博士和程鸣萱女士的照顾与帮助。

感谢吕毅和王津银两位老师分别为本书贡献了一章内容，使得本书增色不少。据我所知，他们在各自的领域都是国内顶尖的实践者。同时，感谢百度的李涛为第20章贡献了部分内容。

本书写作过程中得到了很多建议和支持，十分感谢高效运维社区的萧田国与张乐；惠普的孙长虹；百度的霍金健、姜丽芬与刘志伟；诺基亚的张燎原和周锋；网易的何燕华；中交兴路的廖君仪；中国银行的于洪奎与王伟镜；用友网络的罗涛；阿里的叶渡和舍卫；顺丰的刘小林；华为的徐毅、许永会、徐中亚、王敏与张江；南京大学的荣国平老师。此外，还要单独感谢本书编辑文开琪老师，她专业和出色的工作促成了本书的如期交付。为本书写作提供过帮助的人实在很多，请原谅我不能在此列出全部。

特别感谢为本书写序的两位实干加专家型领导陈展文和周代兵，以及专门推荐本书的曹智清、林伟丹、叶渡和李涛，他们都是业内顶级的实践者和先行者。让我差点泪奔的是，他们不仅认真通读本书的初稿，而且还无一例外地给出了非常专业的意见和指导，使得本书的出版质量得以再次提升。他们的推荐和信任对我是一种莫大的鼓励，更是一种催人奋进的鞭策。

最后感谢我的父母和妻子长期以来无私的奉献和爱，还有可爱的女儿，感谢她的陪伴和支持。

目　录

第 I 部分　精益产品开发的原则

第 II 部分　精益产品开发的方法

第Ⅲ部分　精益产品开发的实施

第 I 部分　精益产品开发的原则

第 I 部分介绍精益产品开发的基本原则。我们将从传统到敏捷开发方法的演变讲起，引出精益产品开发要解决的核心问题以及对应的方法和原则，从而构建出一个完整的精益产品开发体系。

第 1 章

从传统向敏捷软件开发的演进

在产品开发中，"敏捷"和"精益"这一对热词如影随形。精益产品开发离不开对敏捷软件开发的深入理解，所以我们的精益之旅也将从敏捷软件开发开始。本章讲述软件开发从传统进化到敏捷背后的业务动因以及敏捷软件开发实践体系。

传统软件开发方式面临的挑战

传统软件开发方法是与软件工程的概念一同诞生的（图 1-1）。1968 年，北约（NATO）召开全球第一届以"软件工程"命名的会议，这次会议通常被视为软件工程诞生的标志。会议上提出了"软件危机"的概念。随着软件复杂度的不断提高，软件项目普遍出现预算超支、质量低、性能差、不符合实际需求和延期等问题，造成所谓的"软件危机"。

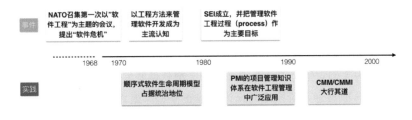

图 1-1　传统开发方法的产生历程

当时，业界普遍认为，软件行业应该借鉴工程领域的经验，"系统地应用工程管理方法"，以此来应对软件危机。这是软件工程诞生的背景，在这一思路下产生的软件开发方法就是传统软件开发方法。它们共同的特点是强调计划、管控和结构化的工程方法，并遵循严格的生命周期概念，把软件开发分割为顺序阶段构成的过程，瀑布式开发方法是其中的代表之一。

相比作坊式的开发，传统方法开发方法进步明显。它让产品开发有矩可循，让项目和产品的成功可以重复，让组织的能力可以被评估，这些当然是好的。图 1-1 是传统开发方法的大致发展历程，到了上世纪 90 年代初，CMMI 和 PMI 项目管理知识体系 [1] 成为传统产品开发管理方法的典型代表。

然而，传统方法并没有从根本上解决软件危机，软件项目的失败率依然居高不下，甚至越来越糟糕。在这方面被引用得最多的是 Standish Group 定期发布的 IT 项目报告 [2]，该报告在 1994 年第一次发布时的数据显示，项目成功比例只有 16%，有 31% 在发布前就被"砍掉"，剩下的 53% 平均超出了预算 189%。

人们认识到，遵循严格生命周期的概念，把开发分割为顺序阶段构成的过程，实施起来不现实，造成了以下直接的危害。

- 希望通过对各个阶段设置关卡，严格控制，以期更早地发现问题，却滞后了集成和测试，让错误的发现延迟到最后，这是很多项目失败的根源。

- 希望一开始就能设定完整和正确的需求，这对软件产品越来越不可能，因为用户也不知道或说不清楚自己想要什么。事实上，对需求的挖掘和理解，应该是一个持续的过程，需要不断的反馈。

- 把成功定义为"遵循最初的计划和范围"。为了确保项目的"成功"而避免或拒绝进行合理的变更，却忽略了"达成商业目标才是真正的成功"。这已经成为业务成功的一个严重障碍。

另一方面，传统产品开发方法强调控制，所以一旦流程出现问题，自然的应对就是进一步加强管控，流程本身有自我复杂化的趋势，反而会压制关键软件开发人员的主观能动性。

面对以上问题，对传统软件开发方法的反思，几乎与其本身一样悠久。比如，瀑布模型的提出者 Wiston Royce 1970 年在他的论文 [3] 中，只是把瀑布模型作为一个理论模型提出，并警告人们它绝对不适用来进行大型软件开发。在论文的后半部分，Royce 提出了一个包含原型和各阶段之间反馈的修正模型。遗憾的是，业界当时渴望的是一种建构式工程方法，瀑布模型迎合了这一要求，导致反对瀑布模型的 Royce 反倒被业界称为"瀑布模型之父"。至于 Royce 的忠告，也只有等到 30 年后敏捷运动兴起时才又被人们重新提起。

从传统到敏捷

面对传统软件工程方法的现实问题，一批轻量级的软件开发方法陆续涌现（图 1-2），它们共同的特点是遵循演进和迭代的模型。其中，上世纪 90 年代出现的 Scrum 和极限编程在实践上最为成功，它们都是迭代和增量的软件开发框架。两者的区别是，Scrum只包含管理实践，而极限编程同时涵盖工程和管理实践。

图 1-2　敏捷产生和发展的历程

上世纪 90 年代，另一个主要变化是 PC 软件流行和第四代编程语言的出现，面向对象和设计模式运动的兴起，使小型开发项目蓬勃发展，同时互联网应用和开源社区也在此时兴起，有别于传统的开发模式不断涌现，优秀个人在程序开发中的作用越来越明显。

这些因素都让非传统开发方法有了实验的土壤。其结果是，一方面质量问题层出不穷，促使源自全面质量管理体系的 CMM/CMMI 在这一时间迅速繁荣和推广；另一方面也产生了许多不同于传统方法的有效实践，让业界看到新的可能。敏捷运动这时呼之欲出，它既是对传统的反叛，也是对野蛮生长的规范。

2001 年 2 月，17 位轻量级软件工程方法的代表人物齐聚美国犹他州的雪鸟滑雪胜地，在两天的会议之后，发布了对后来产生巨大影响的《敏捷软件开发宣言》[4]，如图 1-3所示，敏捷宣言陈述了他们共同认可的软件开发方法理念，同样重要的是，他们找到"敏捷"这个词来总领这些理念。

敏捷概念在 2001 年出现，可谓适逢其时。当时一方面，传统方法变得越来越臃肿笨重，却没有解决软件危机；另一方面，人类正在进入互联网时代，软件业对响应变化和创新的要求迅速升级，这是更根本的原因，毕竟需求才是行业发展最好的助推剂。很快，敏捷成为一场运动，被迅速推广和应用。

图1-3 《敏捷软件开发宣言》

理解敏捷必须回归业务视角

《敏捷宣言》属于价值观层面的宣导，对敏捷的推广和公众的认知起到了很大的作用。但对于敏捷是什么，却从来没有统一的定义。2010年，软件工程大师Ivar Jacobson在一篇博文中这样说："过去你问我支不支持敏捷，我会说哪些支持，哪些不支持，并给出我的理由。但现在你再问，我就只能回答支持。因为，如今敏捷的意思已经演变成"软件开发中一切好的东西（Everything good about software development）。""

Ivar一语道破了真相。如图1-4所示，敏捷成了一个集合性的概念，一切好的，都归入敏捷，而一切失败，都归于不敏捷。这在商业上或许不错，却不利于概念的明晰和有效实施。毕竟，要真正理解敏捷，还是要回归业务目标。产品开发的最终目标是业务成功，这是没有异议的。接下来我们将从目标出发，理解敏捷的意义所在，并以此来指导我们具体落实敏捷实践。

图1-4 雾里看花，敏捷是一个集合性名词

敏捷产品开发的业务目标一：更早地交付价值

我们经常把敏捷与传统瀑布开发方法相对应。如图 1-5 所示，瀑布开发方法按顺序的阶段推进项目，到最后一次性交付全部的价值，在此之前的产出都是半成品。这无法适应今天市场竞争的要求。

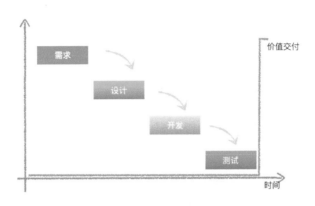

图 1-5　瀑布开发模式下的价值交付

IT 行业的人都熟知摩尔定律："18 个月后，同样的钱，能买到相对今天两倍的产品——如计算能力、存储量、晶元数等。"我们今天讲的是反摩尔定律，它是 2006 年时任谷歌 CEO 的施密特提出的。如图 1-6 所示，反摩尔定律是摩尔定律的镜像，正如施密特所说的：

"如果我们 18 个月后卖出的产品和今天相同，那么得到的收入就只能是今天的一半。"

—— 反摩尔定律，施密特，Google 前 CEO，现执行董事长

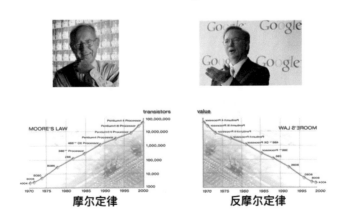

图 1-6　摩尔和反摩尔定律

反摩尔定律给我们的启示是，越早交付价值，其价值越高；反之越迟交付，则价值越低。IT 行业就是这样残酷，如果身处硬件行业，必须跟得上摩尔定律的步伐，否则就会被反摩尔定律吞噬。

软件或服务行业会好一些吗？其实问题更甚。尤其是在移动互联时代，如图 1-7 所示，价值交付的延迟，让你无法享受早期的红利。更有甚者，错过时间窗口，可能意味着完全一无所获。

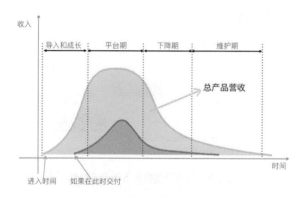

图 1-7　移动互联网时代的产品生命周期

面对这些事实，敏捷开发给出的答案非常简单，迭代交付价值。如图 1-8 所示，在迭代开发模式下，每个迭代交付一部分价值。根据反摩尔定律，相对最后交付，这也是更多的价值。由此，我们得出敏捷开发的第一个业务目标：

　　从业务视角看敏捷的业务目标一：更快（早）地交付价值。

值得注意的是，"更快"并不是绝对速度的快，而是指时间上的早，即通过迭代交付，实现分批和更早交付。

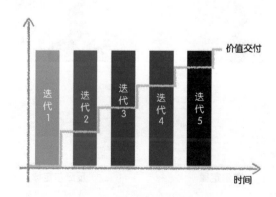

图 1-8　迭代交付价值，更早也意味着更多

敏捷产品开发的业务目标二：灵活地应对变化

继续从业务的角度来看传统到敏捷开发方法的变化。图1-9描述了传统开发模式下知识的积累历程。横坐标是项目从开始到结束的时间，纵坐标是团队对项目和产品的相关知识。随着时间的进展，团队不断积累相关的知识，比如用户要什么，最合适的产品和技术方案，最大的风险，等等。越往后，团队对项目和产品的知识越丰富和准确，团队知识最丰富的时刻显然是项目后期。

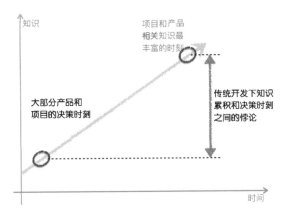

图 1-9　传统开发模式下，知识积累和决策时刻之间的悖论

然而，关于项目的决策是什么时间做出呢？是在项目一开始的时候，比如确定需求范围、产品方案、实现方式、实施计划等决策。在知识最不充分的时候，做出了最重要的决定，并把它作为此后的基准，这就是传统开发下知识累积和决策时间间的悖论。在需求、市场和技术方案越来越不确定的移动互联时代，这是个生死攸关的大问题。

敏捷开发方法对这个问题的回答依然是迭代。如图1-10所示，迭代开发模式下，初始时，团队仍然需要做出一些决定，比如确定总体目标和初始方案。随着每个迭代的进展，团队获取新信息，比如市场和用户对产品的反馈、技术环境和竞争对手策略的变化等，团队通过这些新信息，建立新的认知，并在随后的迭代计划中做出调整，响应这些变化。

获取反馈，灵活响应变化，不断调整优化，在充满不确定性、变化和竞争激烈的时代，这是团队做出符合用户及市场要求与竞争产品的必由之路。由此，我们得出敏捷产品开发的第二个业务目标：

从业务视角看敏捷的业务目标二：更灵活地响应变化。

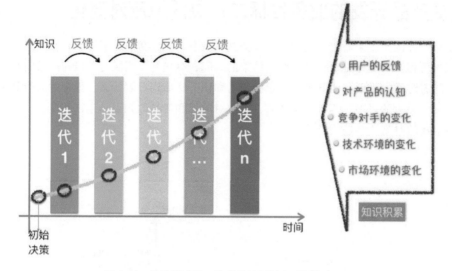

图 1-10　敏捷模式下，迭代做计划并应对新的变化

总结以上两个点，我们可以得出如下的结论：

> 敏捷的业务目标：打造组织更早地交付价值和更灵活地应对变化的能力。

回到敏捷（agile）这个词，在朗文词典中它的解释是："Able to move quickly and easily"，指的是迅速行动和响应的能力。因此，我们可以说："敏捷就是敏捷。"第一个敏捷是"敏捷开发"，第二个敏捷是"敏捷这个词的原始含义"，它与我们所说的敏捷业务目标是一致的。

敏捷实践体系

实践上，迭代交付模式是敏捷开发的核心要素，它使更早交付和更灵活应对变化成为可能。然而，迭代交付模式与瀑布开发模式的区别，使很多过去可行的实践变得不再可行。

要落实敏捷开发方法，需要构建与之匹配的团队组织方式、开发管理方法和技术实践体系。例如，Scrum 提供了迭代管理和持续改进的框架，极限编程则奠定了早期敏捷开发技术实践的基础。在实施过程中，敏捷的实践体系不断完善，针对不同问题形成了较为完备的实践集。

- 如何管理迭代交付过程呢？对应的有 Scrum、特性驱动开发和极限编程中的管理实践等迭代管理框架。

- 每个迭代交付什么？怎么规划？对应的有用户故事、用户故事地图和产品待办事项等敏捷需求实践。

- 怎样组织团队才能让他们直接面对用户的需求？对应的有跨功能、跨职能和自组织的敏捷团队组织方式。

- 如何在迭代模式下，更有效地组织需求澄清及验收过程？对应的实践有实例化需求、行为驱动开发或验收测试驱动开发等实践。[5]

- 怎么应对持续增加的集成和回归测试？对应的实践有自动验收测试及持续集成等。

- 如何在迭代模式下保障设计的一致性和持续演进？对应的实践有代码共有、简单设计、测试驱动开发、持续重构和领域驱动设计等。

图 1-11 总结了敏捷实践以及它们要解决的问题，这并不是最终完整的实践列表，敏捷实践是在解决问题的过程中不断成长的。

问题	实践
如何管理迭代开发过程？	特性驱动开发，XP管理实践，Scrum,……
每个迭代交付什么，怎么规划？	产品待办列表，用户故事，故事地图……
团队怎样组织最符合迭代交付需求的需要？	跨功能、跨职能和自组织的小团队……
迭代模式下，如何更有效地澄清和即时验收需求？	实例化需求，行为驱动开发……
怎么应对不断增大的集成和回归测试工作？	自动验收、回归测试，持续集成……
如何在迭代模式下保障设计的持续演进和一致性？	代码共有、简单设计、测试驱动开发、持续重构、领域驱动设计……

图 1-11 敏捷实践及其应对的问题

我并没有把微服务架构、容器技术等最新的技术实践包含在内，是因为它们已经被 DevOps 的框架所容纳，后面介绍 DevOps 时还会提到它们。当然，你也可以把 DevOps 看成敏捷的延续或升级。重要的是不忘初心，记住敏捷的业务目标：更早地交付价值；更灵活地应对变化。

小结

相对作坊式的软件开发，传统软件开发方法进步明显，但也问题重重，更满足不了软件业日益提高的对及早交付和灵活应变的要求；敏捷产品开发的业务目标是为了更早地交付价值和更灵活地响应变化，理解业务目标，让我们更容易达成一致的理解，也为针对性地实施具体敏捷实践提供了依据。

本章要点

- 传统的软件开发方法诞生于上世纪 60 年代末的软件危机，它借鉴了传统工程管理的思想和方法。

- 对传统开发方法的反思从未停止过，上世纪 90 年代各类轻量级软件开发方法开始形成，发布于 2001 年的《敏捷软件开发宣言》汇总了这些轻量级软件开发背后的价值观和原则。

- 敏捷开发的业务目标是更早地交付价值和更灵活地应对变化。

- 敏捷开发实践应该服务于业务目标。

常见问题

（欧兰辉手绘）

问题：敏捷适用于所有组织吗？

回答：敏捷首先是目标，而不是具体的方法。作为目标，提升组织及早交付价值和灵活应变的能力，这当然是正确的，也是所有组织想追求的。只不过，不同类型的组织对这一目标的迫切程度不一样。

如果从事移动互联网产品的开发，敏捷和迭代交付就是必然之选，是这个行业的基本模式。不这么做，你根本无法参与市场竞争。相对传统的行业，对敏捷的需求要弱一些，但趋势也十分明显。如电信设备提供商在全面云化和网络虚拟化的冲击下，不得不面对互联网厂商的竞争，因而应用敏捷开发实践的需求也越来越强烈；过去认为传统的金融行业，面临互联网金融的颠覆，就更不必多说了。

问题：传统组织变得敏捷会有哪些困难，应该怎么做？

回答：使用传统开发方法的组织，其组织文化、团队结构、技术手段、流程工具还有考评和认可体系都会向传统方法优化，所以要想变得敏捷，会遇到各种问题。各个问题之间相互关联和牵扯会进一步放大问题，比如流程变了，考评和认可体系却没变，或者反之，都会造成组织无法运转顺畅。

另一方面，技术基础设施和遗留代码也可能成为变得更敏捷的障碍。这些从传统变得敏捷过程中遇到的问题，都会表现为敏捷的弱点，也是我们需要正视的问题。

实施敏捷很困难，这是一个事实。组织要想清楚要不要变得敏捷，对这个问题的肯定回答已经成为大部分组织的共识，因为它关系到组织的竞争力，甚至生死。如果变得更敏捷是组织的选择，那么接下来就是如何正确实施，正视和应对变革过程中的困难，并找到一条相对有效的和便捷的变革路径。我们在本书第 II 部分和第 III 部分讲的精益方法和实施，可以为实现敏捷变革提供一个有效的路径。

注释

1. 严格来说，PMP 相关的方法并非软件产品开发方法，它的适用范围是所有工程项目，但 PMI 的项目管理知识体系在 IT 和软件开发项目中被广泛采用，是相当一部分 IT 项目管理的基础。

2. 参见 http://t.cn/RMCHhyo。

3. 参见 http://www-scf.usc.edu/~csci201/lectures/Lecture11/royce1970.pdf。

4. 参见 http://agilemanifesto.org/。

5. 实例化需求、行为驱动开发以及验收测试驱动开发所解决的问题以及实践都非常类似，有时被认为是同一实践的不同名称，只不过强调的方面各有侧重。比如，实例化需求偏向于强调用实例沟通澄清需求的过程，而验收测试驱动开发，偏向于强调完整的操作流程和协作方式。

第 2 章

精益产品开发的核心原则（上）：聚焦价值流动效率

第 1 章分享了从传统开发方法到敏捷的嬗变。本章讨论精益产品开发——有了敏捷软件开发，为什么还需要精益？它可以解决什么问题？

聚焦用户价值端到端的流动

"更早地交付价值，更灵活地应对变化"，这是敏捷产品开发的业务目标，为此，我们从瀑布进化为迭代。然而，现实中仅仅实现阶段的迭代是不够的，我们真正需要的是端到端快速灵活地交付价值。这里的端到端是指从用户的问题到交付用户解决方案。

实现阶段的迭代是不够的

如图 2-1 所示，尽管在实现阶段进行了迭代开发（例如使用 Scrum 框架），实现了从需求分析到测试验收的迭代，但需求分析之前还有业务的规划和产品的定义，测试验收之后还有方案实施和验证。从更宏观的范畴看，产品从创意到交付的过程仍然是瀑布的，并没有完全解决瀑布开发模式带来的问题，比如业务反馈不够及时，响应不灵活等。业界把这样的开发模式称为 Water-Scrum-Fall。

部分环节的迭代有它的价值，至少让我们在实现阶段能够及时发现技术及协作相关问题，并做出调整。但价值的交付还是很迟才能完成，而且业务闭环未能打通，得到的反馈也不够真实。可以这么说："我们在昏暗的隧道中小步前行，只是让自己不要摔倒；但只有真实的业务交付和反馈，才是照亮前行的光。"

开发环节的实施，并不带来真正的价值交付和真实的反馈，也无法交付完整的客户价值。

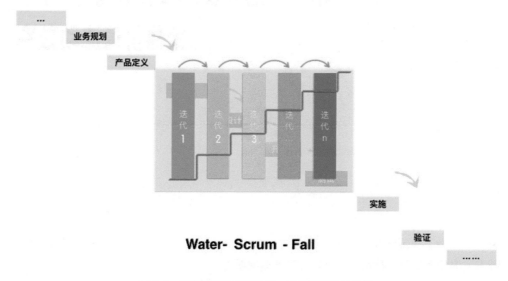

图 2-1　部分环节阶段的迭代，无法更早交付价值

我们的美好愿望是"更早地交付价值和得到反馈。"然而，残酷的现实却是"实现阶段的迭代并不带来真正的价值交付和真实的反馈。"

从聚焦资源效率到聚焦流动效率

如何真正实现端到端快速价值交付？精益产品开发给出的答案是："从以资源效率为核心，转变为以流动效率为核心来组织产品交付过程。"资源效率指的是从组织内部的角度，审视各个独立环节的产出效率；而流动效率是指从用户的角度，审视用户价值顺畅流动的程度。聚焦流动效率，是精益产品开发在方法学层面的核心原则之一。

为了理解"流动效率"和"资源效率"的不同，让我们看一个具体实例，它摘自一本书，书名为 *This is Lean*[1]，描述了两位女士在面临同一个问题时的不同经历。

图 2-2 中这位女士叫 Annie，她感觉胸部不适，怀疑长了肿块。于是她预约了社区医院的医生，图中描述了她的诊断过程。社区医生初诊后，告诉她需要去胸科医院检查；预约并等待后，Annie 做了超声和影像检查；然后预约、等待外科医生的门诊，确定还需要进一步生理检验；再预约穿刺生理检查，等待结果；再次预约外科医生，最后得到诊断结果。从初次接触到确诊整个过程花了 42 天，其中真正接受检查的时间是两个小时，Annie 大部分时间都处于焦急的等待之中。

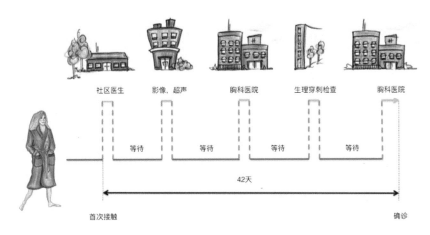

图 2-2　Annie 从初次接触到确诊历时 42 天，其中大部分时间都在等待

再看第二位女士，Sarah 也感觉胸部可能长了肿块，她选择了新出现的一站式胸科诊所，图 2-3 中所示的是她的诊断过程。到诊所后，护士安排做了初步检查，确认需要进一步诊断，立刻安排医生进行了超声和影像检查，确认肿块的存在，安排穿刺生理检查，结果出来后，医生给出了诊断意见。整个过程耗时 2 个小时，其中接受诊断的时间为 80 分钟。

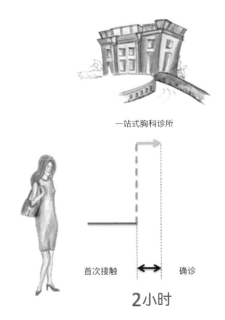

图 2-3　Sarah 从初次接触到确诊只用了 2 小时

如图 2-4 所示，护士、医生和检查设备是资源，负责注入价值；而病人是流动单元，接受价值。对应于产品开发，团队是资源，而用户的需求则是流动单元。

图 2-4　开发团队与用户需求

上面两个例子中，组织流程的出发点不同，一个聚焦内部的资源效率；一个聚焦用户价值的流动效率，其结果也截然不同。

如图 2-5 所示，在 Annie 的例子中，聚焦的是资源效率，试图最大化每个资源环节的利用率，如优化医生和设备的利用率。把镜头对准医生，他们始终忙碌，长长的病人队伍在身后等待。而把镜头对准流动单元——病人，则会发现他们走走停停，大部分时间处于等待状态。

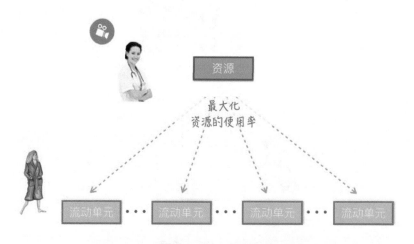

图 2-5　在 Annie 的例子中，聚焦的是资源效率

如图 2-6 所示，在 Sarah 的例子中，聚焦的是流动效率，把加快病人诊断过程作为目标。镜头对准病人，会发现过程很少出现中断。即使排队，时间也很短。而把镜头对准资源——医生和设备，则会发现他们身后的队伍总是很短，甚至偶尔还有空闲。

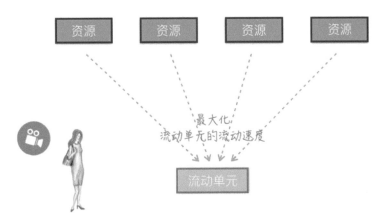

图 2-6 在 Sarah 的例子中，聚焦的是流动效率

比较 Annie 和 Sarah 的历程，"42 天（1008 小时）vs.2 小时"，从时间的角度，病人体会到的是 500 倍的效率差异。图 2-7 综合比较了关注资源效率和关注流动效率带来的不同结果。除前面已经提到的目标和结果不同外，我们还看到，如果关注流动效率，就必须着眼用户价值而非孤立的资源，寻求整个系统而非局部的优化。

		资源效率	流动效率
出发点	焦点	资源/职能	客户/价值
	目标	高资源使用率	高价值流动效率
	视角	局部	系统（端到端）
结果	等待队列	长	短
	流程时间	长	短
	任务切换、重启、再学习	多	少

图 2-7 关注资源效率与关注流动效率的对比

需要指出的是，资源效率和流动效率都重要。以快递业务为例，流动效率关系客户体验和服务承诺；资源效率关系运营成本。我会在第 19 章讨论资源效率和流动效率的关系，以及如何同步优化它们。本章关注的是，应该以哪个为核心来组织和优化用户价值交付过程，两者的区别是很明显的。

回到产品开发，尽管很多组织都宣称"以用户为中心，价值驱动"，但实践上却总是以资源效率为焦点，进行流程优化，结果往往事与愿违。资源效率的过度局部优化，增加了并行和排队，使用户需求走走停停，经常处于等待状态，在环节内和环节间形成队列，队列又带来额外的工作，如对其的管理、任务的切换及重启，额外知识的传递和再学习等，导致系统整体协调难度增加，让看上去很高的资源效率无法转化为真实的生产力，这是很多传统开发方式共同面对的困境。

从资源效率到流动效率

Don Reinertsen 在其经典著作 *The Principles of Product Development Flow*[2] 中指出：

> 在产品开发中，我们的问题几乎从来不是停滞的资源（工程师），而是停滞的产品需求（用户价值）。

问题是，几乎所有传统方法都把资源效率优化作为首要目标，这是有必然性的。

图 2-8 的故事中，一个醉汉在路灯下跟跟跄跄地寻找着什么，警察远远地看着他。半个小时过去了，警察终于忍不住走上前去说："你在找什么？""找我的钥匙。"醉汉回答。警察很快扫视了一下地面："没有啊，是丢在这的吗？""不是！"醉汉肯定地说。"那你在这干嘛呢？"警察不解地问。"因为只有这地方有光线，看得见啊！"醉汉反而有些不耐烦了。

（图片来自《搜索模式》）

我在找我的钥匙

图 2-8　人们总是聚焦于容易看到的东西，而忽略看不到的东西

对于产品开发组织，时时刻刻都能看到资源，承担改进的主体也是资源团队。那是路灯

照亮的地方，自然成为焦点，却并不是真正的价值。为了回归用户价值，精益产品开发必须重新聚焦流动效率，它首先要分析和可视化用户价值端到端流动。让我们看一个具体的例子。

图 2-9 是某个 30 人左右团队的看板墙。看板墙以可视化方式呈现了用户需求从提出到交付的端到端过程，直观呈现了团队协作交付价值的步骤，交付过程中的问题、阻碍和瓶颈等。

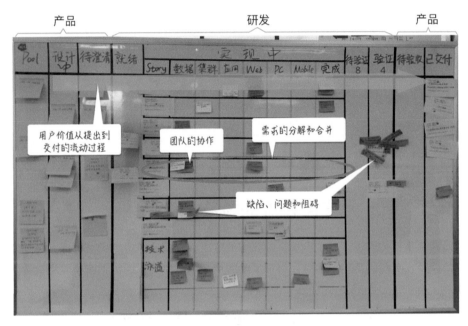

图 2-9 聚焦流动效率，从可视化团队的价值流动开始

这里有两个关键。其一，可视化的主体是用户价值的流动，也就是看板系统中流动的主体是用户需求而不是内部任务。其二，要反映端到端的价值流动，也就是从用户问题提出到交付用户解决方案的全过程，包括过程中的问题、阻碍和瓶颈。以可视化的价值流动为基础，团队才能聚焦用户价值，并改善价值的流动效率。关于这一案例的详细背景，请参见第 7 章。

上例中，团队使用的是"看板方法"，它包含 5 个核心实践，其中可视化价值流动是第一个也是最基础的实践。而其他 4 个实践也都与价值流动直接相关。如图 2-10 所示，它们分别是：显式化流程规则；控制在制品数量；管理价值流动；建立反馈，持续改进。看板方法是最有代表性的精益产品开发方法，这些实践的共同目标是提高用户价值的流动效率，从而顺畅、高质量地交付价值。我们将在第 6 章详细介绍看板方法实践体系。

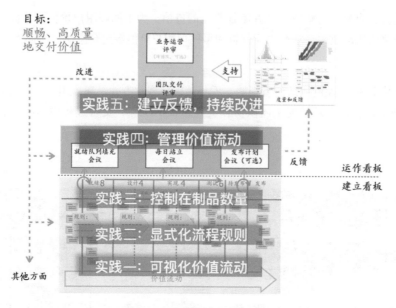

图 2-10　看板方法的实践体系

协调多个团队才能提升流动效率

上面的实例是精益看板方法在小规模团队中的应用，它打通了组织的交付流程，是实施其他精益开发实践的基础。然而，相对复杂的产品，单个团队还是无法完成用户价值的交付。

图 2-11 是电信产品的实例，为了交付移动网络方案，通常需要数以千计的人员协作，包含若干个网元 [3] 设备的联合开发。在解决方案层面，面对的是原始的用户需求；在下一层次，用户需求被分解成为各个网元的功能需求；而一个网元的开发可能就涉及好几百人，所以还需要分解到各个功能模块，成为模块任务。在如此复杂的产品中，单个团队的敏捷，并不能带来用户价值的更早交付和有效反馈的获取。

为此，有人认为敏捷只适合简单产品开发，如互联网应用。但互联网应用就一定简单吗？以外卖为例，图 2-12 是简化后的外卖服务链接图，它涉及地图、搜索、推荐系统、客服系统、团购系统、支付服务、用户系统、配送服务、商家管理系统、结算系统等，而这些服务和系统可能是不同团队开发和维护的。要及早交付价值和获取反馈，各个团队独立实施显然是不够的。

> 在复杂的产品和组织中，单个团队或服务的敏捷还无法交付完整的客户价值。

图 2-11　复杂的产品需要连接多个团队才能打通用价值流

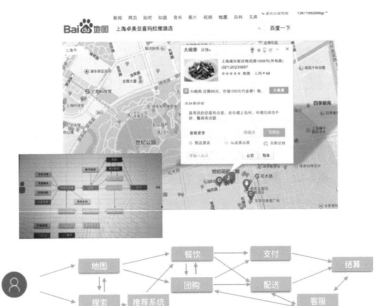

O2O餐饮的服务连接图

现实：单个团队的实施也无法交付完整的客户价值

图 2-12　互联网应用的价值流也越来越复杂

互联网向线下、纵深的发展已是大势所趋，服务的连结变得越来越复杂，经常需要多个团队有效协作才能更快交付用户价值。

在复杂的组织或产品中，产品是分层次的，相应的价值和价值的流动也是分层的，我们最终追求的是顶层用户价值的流动效率。图 2-13 是前面提及的电信设备，无线产品线的看板系统设计方案，与价值流动相匹配，看板系统也是分层的。

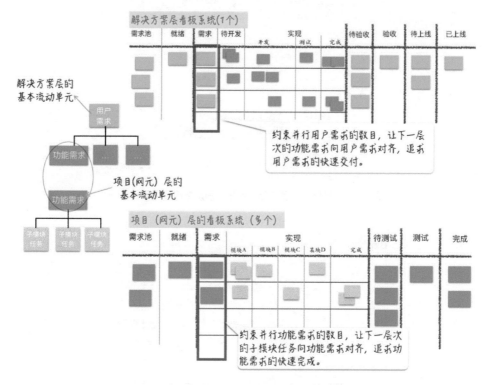

图 2-13　通过分层的方式来连接多个团队的价值流

图 2-13 中，上方是解决方案层面的看板系统，主线是用户需求（绿色卡片）的流动，同时它也包含下一层次的价值项——网元层的功能需求（蓝色卡片），下层的功能需求隶属于上层的用户需求，底层的流动单元向上层价值对齐，实现用户价值的快速交付；图片下方是项目（网元）层的看板系统，每个网元都有自己的项目看板，其上的基本流动单元是功能需求，关注功能需求的流动效率，模块任务与功能需求关联，力求向功能需求对齐，快速完成功能需求。

这两个层次的看板系统，通过功能需求实现联动，让整个组织能够协调一致，快速交付用户的价值。我会在第 18 章中专门讨论这个案例，介绍分层看板设计背后的原则以及运作细节。

总结前面提到的两个看板系统案例，为了更顺畅、更早交付用户价值，首先要打通端到端——从用户问题到方案交付——的价值流；面对复杂的产品和组织时，还必须连接和融合各个团队或服务的工作，协调一致，实现最终用户价值的快速交付。我们可以将其总结为："前后拉通，左右对齐"，而聚焦用户价值在整个组织端到端的流动效率是其中的关键。

小结

从"聚焦资源效率"转变为"聚焦流动效率"，是精益产品开发的核心原则之一，为了持续改善流动高效率，我们必须关注端到端价值流动过程，并做到"前后拉通，左右对齐"，在本书第 II 部分，我们将详细描述具体做法。

本章要点

- 仅仅实现过程的迭代，还不能完全满足更早交付价值和更灵活应对变化的需求。
- 从聚焦资源效率转变为聚焦流动效率，这是精益产品开发的核心原则之一。
- 产品开发中的主要问题不是停滞的资源，而是停滞的价值流动。可视化端到端的价值流动，有助于我们更好地关注和改进它。
- 复杂的产品中，单个团队的迭代是不够的，为了顺畅地交付价值，必须面向价值流动做到前后拉通、左右对齐。

常见问题

问题：我们准备应用规模化的敏捷实施方案，比如 SAFe 和 LeSS 等，还需要掌握精益的思想和实践吗？

回答：需要。当前的规模化敏捷实施方案都深受精益思想和精益实践的影响，以 SAFe 为例，它的全称是 Scaled Agile Framework（规模化敏捷框架），由 Dean Leffingwell 等人提出，已经发展为 4.0 版本，最早版本的 SAFe 是在 Scrum 的基础上引入相关项目和产品组合的管控机制以及跨团队的计划、协调和跟踪实践；从 2.0 版本开始，SAFe 开始更多应用精益思想和实践，强调流动，并把看板作为跨团队协调和价值流打通的工具，在团队层面仍然以 Scrum 作为基本工具；到了 4.0 版本，SAFe 将看板方法引入团队级别。而 SAFe 原则，差不多也是精益原则的翻版。可以说，SAFe 的演进过程也是其精益化的过程。

每个组织都有自己不同的上下文和既有的现状，不可能完全照搬所谓既定的框架。这就需要应用精益思想和实践，围绕用户价值加以适配和调整。否则不理解目标和原则，照样学样，往往是画虎不成反类犬。掌握和应用精益思想、原则和实践，才能演进出更适合组织上下文的框架，具体哪个规模化的框架反而不那么重要。

问题：精益是不是只适合比较大型的组织，小型组织应用敏捷方法就足够了？

回答：不是。首先，敏捷和精益本来就有许多共通之处。Scrum 和 XP 方法的发明人都说自己深受精益思想的影响。而敏捷的实践，特别是需求和技术实践，让小批量的交付和流动成为可能，这是精益实践能够应用到软件开发领域的一个重要基础。另一方面，精益更强调以端到端的价值流动为基础的流动效率提升，对业务目标的改进更为直接，也为组织的敏捷和精益化变革提供了更平滑的路径。总体上讲，精益和敏捷的结合是相得益彰的。最后，以用户价值为中心来组织产品交付过程，对大型组织和小型组织都是非常必要的。

注释

1. 参见 http://t.cn/R6Et45C。

2. 参见 http://t.cn/R6Eqeoa。

3. 网元是电信产品中的术语，指网络上的单个设备，如移动网络中的网元有基站、基站控制器、数据回传设备、移动管理单元、数字网关和媒体网关等。

第 3 章

精益产品开发的核心原则（下）：
探索和发现有用的价值

前面介绍了精益产品开发的第一个核心原则"聚焦价值流动效率"。本章讨论精益产品开发的第二个核心原则"探索和发现有用的价值"。这也是"精益创业"的精髓。

做一个能卖出去的产品

交付得再快、再好，如果价值本身是无用的，那也是白搭。那么什么是有用的价值呢？

1971 年是信息产业发展史上重要的一年，那一年诞生了第一个微处理器（Intel 4004）和第一台个人电脑（Kenbak-1）。经济学家们开始鼓噪信息爆炸，并断言人类将迈入"信息经济时代"。然而，诺贝尔经济学奖和图灵奖双料得主 Herbert Simon[1] 却说不会，他的理由如下：

> 经济只能构建在稀缺（如黄金和石油）而非富足（如黄沙或泛滥的信息）之上。信息爆炸的背景下，人们应该思考信息的泛滥会让什么变得稀缺。结论：大量信息将消耗和抢夺有限的人类的注意力，人类将进入注意力经济时代。

"注意力经济"正是我们身处的移动互联网时代的最佳注脚。图 3-1 是写作本书时尚存的部分视频直播应用的图标，真实数量更多，业界用"百团千播"来形容今天直播行业的竞争，"百团"指的是当年团购大战，"千播"指的就是直播市场的盛况。不出几年，它们当中相当一部分都会消失，这是残酷却无法改变的事实，只有那些成功赢得用户注意力的才能幸存。

图 3-1　视频直播应用

我们早已告别了生产出来就不愁销售的稀缺年代，选择权的天平越来越从供给侧向用户这一边倾斜。边际成本接近于零的信息产业尤其如此，用户的选择越来越多，而一天只有 24 小时，因而注意力成为最稀缺的资源。

产品仅仅具备功能是远远不够的，它必须能争取到用户的注意力并最终变现，否则就不是有用的"价值"。这是今天新产品开发共同面临的最大挑战。有挑战就有解决方案，"精益创业"要解决的正是这个问题——交付有用的价值。

创业: 在高度不确定的情况下开创一个新的产品或服务

创业过程中最大的浪费: 构建没人在乎的东西

精益创业的目标: 做一个能卖出去的产品,而不是卖一个能做出来的产品

Eric Rise

图 3-2　Eric Ries 对创业的定义以及精益创业要解决的问题

"精益创业"(Lean Startup)的概念是 Eric Ries 在 2008 年提出的,2011 年,《精益创业》[2] 一书出版后开始广为人知,如今已经风靡整个硅谷乃至全球。

Eric 把创业定义为"在高度不确定的情况下开创新的产品或服务。"(如图 3-2 所示)因此,精益创业并不局限于创立新公司,也适用于既有公司中的新产品和新业务的开发,只要面临着用户、业务和渠道等的不确定性挑战 (而这已是新产品开发中的常态)。下文中再提到创业时,既包含创业企业,也包含成熟公司中的产品创新。

Eric 认为,创业过程中最大浪费是构建无人问津的东西,也就是我们前文所说的"不能获得注意力"。为此,Eric 把精益创业的目标描述为"做一个能卖出去的产品,而不是卖一个能做出来的产品"。

开发、测量和认知循环

如何才能做一个能卖出去的产品,交付有用的价值呢?精益创业把价值的探索和发现融入产品交付过程。在创业过程中,持续探索目标用户是谁;他们的问题是什么;怎样建立起有效的渠道;提供怎样的解决方案;怎样才能让用户买单;如何建立起合理的成本收入模型,等等……

创业者对以上问题都有初始的认知,并根据它们来做规划。但这些认知只是假设,必须在创业过程中加以检验,成为经过实证的认知。如何快速建立经过实证的认知呢?精益创业提出了"开发 - 测量 - 认知"循环。

如图 3-3 所示,循环从一个待检验的概念开始。接下来,循环的第一步是开发用以验证这一概念的最小可行产品。第二步,基于最小可行产品收集市场和用户的反馈,并获得测量数据。第三步,用数据验证假设,证实或证伪它们,并加以调整,产生经过实证的认知。然后,进入下一循环,持续探索商业模式和产品功能设计。我们把这一循环称为"开发、测量和认知"循环。

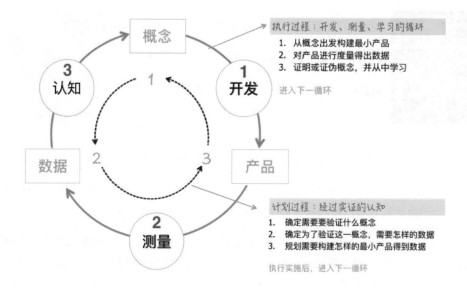

图 3-3　精益创业的核心："开发、测量和认知"循环和经过实证的认知

开发、测量和认知循环构成了图 3-3 中的外圈，它描述了精益创业的执行过程，也是精益创业中提得最频繁的概念。图 3-3 中逆时针的内圈同样重要，它反映的是计划过程，它与执行过程方向相反。第一步，确定要验证的概念；第二步，确定为了验证这一概念，而需要什么数据；第三步，规划需要构建什么产品来获得这些数据；然后，进入执行循环。

之所以说内圈同样重要，是因为它反映了对待初始想法的态度——任何想法在被证明之前，都只是概念和假设。而计划过程的主要目的，就是设计如何去验证这一概念，去证明或证伪它，让概念转变为"经过实证的认知"。"开发、测量及认知"循环和"经过实证的认知"是精益创业中两个重要的概念。

> 精益创业的核心理念：把价值的持续探索和发现融入产品交付过程，通过"开发、测量及认知循环"建立"经过实证的认知"。

从传统的产品定义方法到精益创业

把价值的持续探索和发现融入产品交付过程，通过"开发、测量和认知"循环建立"经过实证的认知"。这决定了精益创业和传统创业过程的根本不同。

Steve Blank[3] 把创业团队定义为"一个为寻找可重复和可扩展的商业模式而设立的临时

组织"。传统创业方法把商业计划当成创业团队的输入，成为指导接下来行动的蓝图；而精益创业，把经验证可行的商业模式当成创业阶段的目标和输出，初始的商业模式只是 A 计划，而创业团队是要从 A 计划出发，不断搜寻找到可行的计划——可复制、可规模化的商业模式和产品方案。

需要指出的是，很多互联网产品的创业和创新是持续进行的，产品始终处于持续探索和演进中，不断调整优化产品的功能和商业模式。这时，精益创业的很多实践是可以用来指导产品的不断打磨和精化，比如精益数据分析 [4]，A/B 测试 [5] 已经成了很多互联网产品持续且标准的实践。

对计划的不同态度，只是精益创业不同于传统创业的一个方面。图 3-4 总结了精益创业与传统创业方法不同方面的区别。

	精益创业过程	传统创业过程
初始计划	商业模式，并把它看成待验证的假设	商业计划，并把它当做指导行动的蓝图
对失败的态度	失败在预料之中，把失败当成机会，并从中学习，修正假设，精化商业模式和产品	把失败当成意外，通过计划和跟踪和管控加以避免
指标的应用	关注最终业务目标，并在不同阶段聚焦不同的业务指标，将指标用于即时反馈和方案验证	关注会计指标，各职能部门分离的KPI，KPI用于考核和强化管理
产品设计方法	从业务目标及其相关的指标出发，以用户行为为中心设计产品，并持续验证产品设计	从商业计划出发，设计产品功能，形成规格说明书
客户开发和产品交付	把客户开发融入产品交付过程，走出办公室，持续验证问题和解决方案	按部就班，产品交付与客户开发分离进行
开发方法	精益或敏捷开发方法，端到端的迭代或持续交付	基于规格说明书的瀑布式开发迭代也局限于产品开发内部

图 3-4 精益创业与传统创业过程的区别体现在不同的方面

精益创业解决的问题是真实和迫切的，其理念以极快的速度传播。2011 年 9 月，《精益创业》一出版就成为亚马逊当年年度最畅销商业书籍，9 个月后就卖出了 9 万册。但精益创业的落地，还有赖于其后几年形成的实践体系。

精益创业实践集合

围绕精益创业已经形成了一个完整的实践集合，这些实践，有些从精益创业的理念发展出来，如精益客户开发和精益数据分析；有些则借用其他实践，如增长黑客和影响地图等。它们共同构成精益创业的实践体系。

图 3-5 按所解决的问题对精益创业的实践做了一个归类。具体如下所示。

1. 怎么做出初始的规划？也就是前文所说的确定 A 计划，它是探索的出发点，并指明了探索的方向。

2. 以什么样的顺序和步骤探索？比如根据创业所处的阶段聚焦不同业务指标，探索相应的方案。

3. 怎么设计初始的产品和探索方案？例如设计最小可行产品来验证假设，或以用户行为为中心设计可能的产品方案。

4. 怎么定性的验证和评估探索的结果并调整初始方案？例如针对问题和解决方案的客户访谈。

5. 怎么定量的验证和评估探索的结果并调整初始方案？例如应用精益数据分析方法，收集分析数据，验证初始的假设，并从中获得产品设计的灵感。

6. 如何有效地整合精益创业的探索和发现过程？如精益数据分析循环和影响地图等。

在实施过程中，我们需要综合选取和实施这些实践，形成有效的体系。

问题	实践
怎样确定初始方案？	商业画布，价值定位设计，精益画布，客户画像，体验旅程设计，用户使用路径设计
以什么样的顺序去验证和构建？	关隘模型，双菱形模型，NISI（先聚焦再规模化）模型
如何设计初始产品和探索方案？	精益产品设计，精益UX（用户交互），MVP（最小可行产品）设计，增长黑客
如何定性的验证？	精益客户开发，问题及解决方案访谈
如何定量的验证？	A/Bn测试，精益数据分析方法
如何整合价值发现和验证的过程？	精益数据分析循环，影响地图

图 3-5　精益创业实践及其解决的问题

小结

"探索和发现有用的价值"是精益产品开发的第二个核心原则，为此，我们要树立精益创业的理念，持续探索和发现价值融入产品交付过程，建立起有效的"开发、测量和认知"循环，并在理念基础上形成系统化的精益创业实践。本书不打算详细介绍精益创业的实践，读者可以参考附录三中推荐的书籍，做进一步了解。

本章要点

- 产品开发中最大的浪费是交付无用的价值。
- 精益创业中的创业是指"在高度不确定情况下开创新的产品和服务"。
- 精益创业的目标是做一个能卖出去的产品，而不是卖一个能做出来的产品。
- "开发、测量和认知"循环以及经过实证的认知是精益创业的两个核心。
- 为实现精益创业的目标，需要方法和实践的变化，例如引入精益产品设计和开发方法、精益客户开发方法以及精益数据分析实践等。

常见问题

 问题：精益创业适合所有的创业过程吗？

回答：精益创业适合市场、产品、技术或客户有不确定性的创业项目，而不确定性是今天几乎所有创业项目的共同特点。所以它适合绝大部分创业项目，既包括为创业而设立的公司和组织，也包括在企业内部开创新的产品和服务。

创业的成功离不开创业者的洞察力和执行力，精益创业方法可以起到一定的催化作用，它提供了一个高效的探索方法，让创业者的洞察能够快速被验证和调整，并让执行过程更加有针对性。

 问题：我准备开始实施精益创业，应该从哪里开始？

回答：精确地回答这个问题非常困难。这里只能提供两条建议。第一，走出办公室。创业过程中，我们会有很多想法，想法很重要，但不能过度迷恋于想法，应该尽早验证它们，必须走出办公室，尽早接触市场、用户、合作伙伴还有竞争对手。第二，不断问自己"我要创造的商业模式的风险和不确定性在哪里"，然后寻求最快速、工作量最小的方法加以验证，不断让自己的商业模式变得更加可行。

 问题：我们是做 2B 产品的，发现很多精益创业的实践不可用，怎么办？

回答：2B 产品有两个特点让很多精益创业的实践的确难以实施。其一，产品反馈周期长。其二，2B 客户一般不会接受不完整的产品，因此也不容易做早期的验证。同时，2B 产品的目标客户群有限，不总是适合过多的早期实验。

但是 2B 创业与其他创业的相同点是：它的不确定性和风险也很大，需要验证。只不过验证的方法不同，相对 2C 基于产品的实验和数据认同，2B 产品更强调与客户紧密接触，问题访谈和解决方案访谈更重要，也更有效。具体可以参见 *Lean B2B* 一书，书中针对 2B 产品的精益创业提供了大量实践。

注释

1. Herbert Simon 是美国著名经济学家、社会学家和计算机科学家，他在人工智能、信息处理、决策理论、辅助系统理论等方面具有开创性的地位，他是 1975 年图灵奖得主和 1978 年诺贝尔经济学奖得主。

2. 参见 http://t.cn/R6nUReO。

3. 参见《精益数据分析》，http://t.cn/R6nIiwP。

4. A/B 测试是一个产品验证和优化方法，它通过选择两个随机用户样本，分别发布两个待比较的产品设计变体，并通过实际应用的数据反馈来支持设计的相关决策。

第 4 章

精益思想和精益产品开发实践体系

前两章介绍了精益产品开发所要解决的两个核心问题：聚焦和改善流动效率，探索和发现有用的价值。本章将介绍精益实践和思想的源头，精益的价值观、方法学和实践，并总结出一个完整的精益产品开发实践体系。

精益思想的来龙去脉

既然讲到精益产品开发，就必须了解精益思想的来龙去脉。先从它的产生说起。

精益发端于丰田

精益植根于制造业，可以追溯到上世纪 40 年代，丰田对制造业的重新认识和成功实践，而"精益"一词最早出现在 1988 年《斯隆管理评论》的一篇文章中，文章标题为"精益生产方式的胜利"（Triumph of the Lean Production System）[1]，它比较了西方的生产方式和丰田生产方式在效率和质量上的巨大差异，挑战了规模化生产带来效益的神话。从此，精益走出日本，逐渐成为现代管理学的重要组成部分。

上世纪 90 年代，精益的实践为西方所接受

同样在 1988 年，《丰田生产方式》[2]英文版发行，作者是丰田生产方式的缔造者大野耐一，书中介绍了丰田的制造实践，阐述了准时化和自働化等丰田制造实践的本质。

如图 4-1 所示，准时化和自働化被认为是丰田生产方式的两大支柱，支持这两大支柱的是看板等具体实践，它们与西方管理中追求规模化效应的传统思维背道而驰，却在生产率、响应速度及质量等方面具有明显的优势。

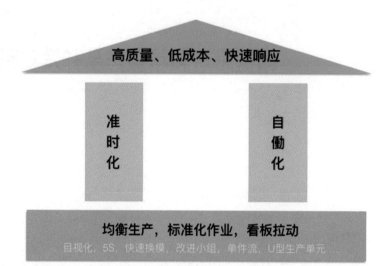

图 4-1　自働化和准时化是丰田生产方式两大支柱

准时化又称"即时生产"（JIT，Just In Time），强调只在需要的时间和地点生产需要数量的东西，降低工厂的库存，从而加速流动和即时暴露问题。"看板"是实现准时化的重要工具。

看板（Kanban）一词来自日文，本义是"信号卡片"（传票卡）。如图 4-2 所示，看板工具的实质是后道工序在需要时，通过看板向前道工序发出信号"请给我需要数量的输入"，前道工序只有得到看板后才按需生产。看板信号由下游向上游传递，拉动上游的生产活动，使产品向下游流动。拉动的源头是最下游的客户价值，也就是客户订单或需求。

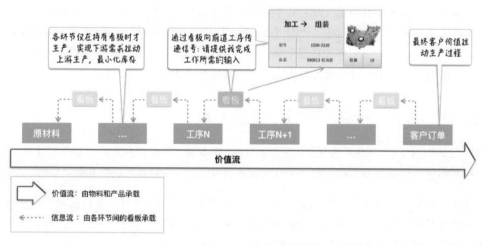

图 4-2　在生产制造中，看板是实现准时化的工具

"自働化"与传统意义上的"自动化"不同，它的日文注音是 Jidoka，英文译作 auto-no-mation，也就是"自动地不动"，指出现问题时机器和生产线自动停止，以触发现场现地解决问题，并发现问题根源。丰田认为，这相当于把人的智慧赋予了机器，称其为"人字旁的自动化"，所以用"働"而非"动"。

图 4-3 比较了自动化与自働化在概念和实践上的不同，自働化把质量内建于每一个制造环节，出现异常时，杜绝继续产出不合格产品，不把不合格产品输入到下一环节。这就是"内建质量"（Build Quality In），而不是让质量依赖于最后的检测环节。它带来"停止并修正"（Stop and Fix）的文化——发生异常时，立刻停止生产，分析根本原因，并加以解决，防止问题再次发生。"停止并修正"是持续改善的重要基础。

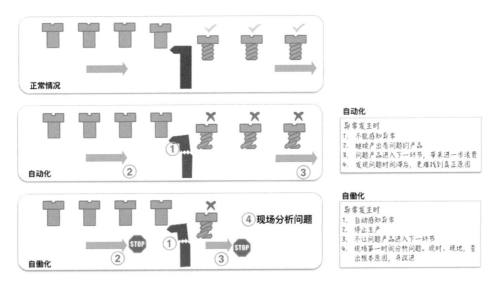

图 4-3　自働化与自动化是不同的

1990 年，麻省理工的两位教授 James Womack 和 Daniel T. Jones 出版了《改变世界的机器》[3]一书，第一次由西方人全面介绍丰田的精益生产实践，精益的概念得到了更广泛的传播，人们开始关注看板、安灯、U 型生产单元等精益制造中的实践。

精益作为方法学开始超越生产制造

1996 年，《改变世界的机器》的两位作者出版《精益思想》[4]，进一步阐述了精益实践背后的本质思想，该书的重要意义是总结了实践背后更通用的方法学，使精益超越制造领域，影响范围得到进一步扩展。他们把精益思想定义为"有效组织人类活动的一个新的思维方法，目标是消除浪费，以更多交付有用的价值。"《精益思想》总结了精益的

5个原则，这5个原则同时也是5个实施步骤（图4-4）。

1. **定义价值**：站在用户的视角定义什么是价值，并把它描述为具体产品或服务。

2. **识别价值流**：识别和映射创造价值的流程步骤，消除不增加用户价值的步骤和活动。

3. **让价值持续流动**：让用户价值在流程步骤中流动起来，使它们持续、顺畅地流向最终用户。

4. **用户价值拉动**：由用户价值拉动流动，避免不带来用户价值的浪费。

5. **精益求精**：不断重复步骤1到步骤4。追求完美的价值和价值流动，消除过程中所有浪费。

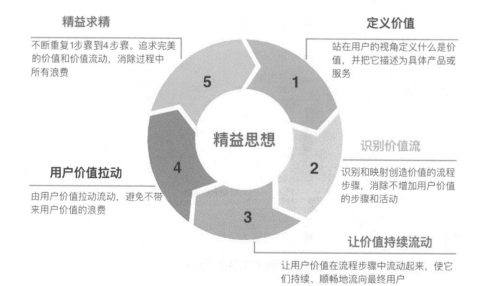

图 4-4　《精益思想》总结的 5 个原则步骤

《精益思想》中提到的5个原则既有很强的实践指导意义，又有超越精益制造的通用性，企业应用这5个原则步骤来指导行动，可以实现精益化，增进价值流动。从此，许多行业都兴起精益运动，今天在亚马逊英文站点搜索题名中带有精益（Lean）字眼的图书，你会发现它涵盖的领域无所不包，如精益政务、精益医院、精益市场、精益图书馆、精益领导力、精益出版、精益服务业、精益供应链、精益教育、精益财务等，当然也包括精益产品开发和精益创业。对于精益在各个行业的拓展应用，《精益思想》这本书功不可没。

上升至精益的价值观

关于精益思想的核心是什么，存在一定的争论。有人认为《精益思想》中的观点过于强调方法[5]，忽略了组织文化和价值观，而这才是核心。

关于精益的价值观，被引用最多、也最权威的是 2001 年问世的只有 16 页篇幅的《丰田之道》，它是丰田内部的价值观宣传手册，从来没有对外正式发行，却在业界广为流传，被称为"丰田之道 2001"。它指出，精益思想的两个支柱是尊重人和持续改进。如图 4-5 所示，在这两个主题下具体又包含 5 个价值观，它们分别是归属于持续改进的挑战现状、改善和现地现物；归属于尊重人的尊重和团队协作。

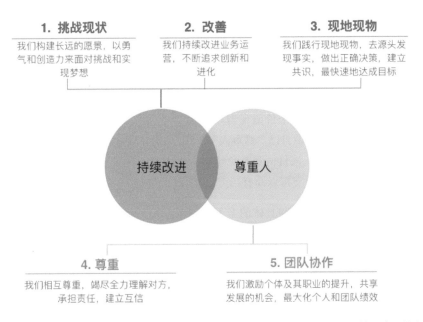

图 4-5　《丰田之道 2001》定义的两个支柱和 5 个价值观被广泛引用为精益的支柱和核心

2004 年，Jeffrey Liker 出版了《丰田模式》[6]，沿袭丰田内部的阐述，把尊重人和持续改进作为精益生产的两大支柱，他还定义了更具体的 14 条原则。他的陈述得到丰田的认可，甚至被作为内部教材。

精益的三个层面

从上面的回顾中，我们看到人们对精益的阐述各不相同，很大程度上是因为描述的层面不一样。如图 4-6 所示，我把精益的概念分成三个层面，分别是价值观、方法论和实践集。

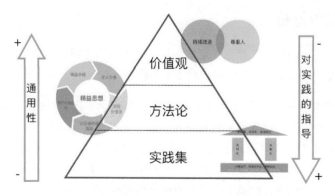

图 4-6　分别从价值观、方法学和实践层面描述精益

如图 4-6 所示，价值观层面最典型的阐述是来自《丰田之道 2001》的两大支柱和 5 个价值观；方法学层面，《精益思想》中的 5 个原则最具有代表性；实践层面则因行业各不同而不同，如制造业有自働化、准时生产和看板拉动等实践。

这三个层次越往上，通用性越好，但对实践的指导作用也越弱。价值观固然重要，但不能提供足够的指导。丰田的 5 个价值观当然好，但看上去与其他公司的价值观没有太大区别。几乎所有的公司都会说自己"尊重人"，但精益中的"尊重人"又有什么不同呢？脱离具体的方法学和实践，谈价值观难免空洞。丰田真正区别于其他公司的是，在这些价值观背后有完整的方法学支撑以及有与方法学和价值观相吻合的完整的实践集。

底层实践最具操作性，但实践与具体的上下文相关，每个企业有自己的特点，照搬实践往往弄巧成拙。图 4-7 总结了产品开发与制造的不同特征，它决定了产品开发不可能也不应该，直接套用生产的实践。我们必须从产品开发的特征出发，发展出与之相适应的实践。

方面	产品制造	产品开发	影响
工作对象可视程度	**可视** 具体、可见的物理产品	**不可视** 抽象、不可见的信息	产品开发的价值、价值流动不可见，管理价值流更加困难。有必要采取措施，可视化价值和价值流动
完成单个任务的时长	**固定** 完成前后两个加工任务的时间相同，且可以预测	**不固定** 每一个开发任务都是全新的，完成的时长不同，且不能完全预测	在生产中可以追求或逼近零库存。产品开发中，零库存可能会导致开发步骤间的等待，需要更灵活的管理方法
前后工作的关系	**独立** 前后两个工件的加工是独立的	**可能相互影响** 后面的需求可能影响已交付的需求	集成、回归测试、交付都带来成本，但自动化测试、持续交付等实践的应用可以极大改善这一问题
对可变性和错误的态度	**消除可变性** 制造是重复的过程，消除可变性能够提高质量，提高效率	**拥抱可变性** 不确定性是产品开发价值的一部分，完全消除可变性是不可能，也是不应该的	产品开发必须拥抱不确定性，并通过必要的试错来验证它们，以增加价值
资源调配的灵活程度	**较低**	**比较高**	开发中可以更多使用流动性资源，环节间任务分配也可以重新划分

图 4-7　产品开发与制造的不同特征

进一步总结会发现，产品开发相对生产有两个最本质的不同：其一，价值的不确定性，它决定我们无法一开始就明确定义价值，或者说"价值定义"的过程应该是一个持续探索的过程，因此才有了精益创业、精益数据分析等实践体系；其二，过程的不确定性，如每个任务的处理时长不等，且可能在过程中发生变化，它决定了价值流动的管理和改进方法不同，如产品开发中的看板方法就与生产中的十分不同。

在方法学层面，精益聚焦于用户价值的定义，和价值的持续流动，这适用于绝大部分场景——不管是生产制造还是产品开发都不例外。《精益思想》中提出五个原则，就很好地平衡了实践指导作用和通用性。但是方法学的落实需要适配不同的应用场景。

接下来，我会从精益的方法学出发，总结和整合已有的实践，构建完整的精益产品开发实践体系。

精益产品开发实践体系

我将从目标、原则和实践三个层面介绍精益产品开发实践体系，如图 4-8 所示，这三个层面共同构成精益产品开发屋 。接下来，我将从顶向下逐一介绍精益产品开发屋的各个部分。

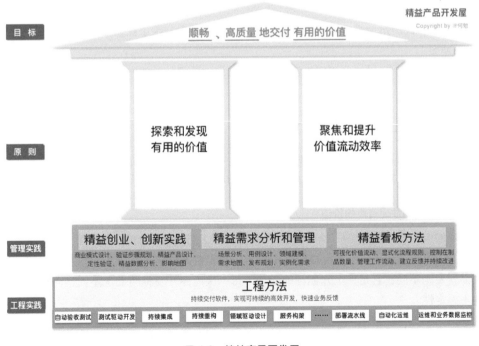

图 4-8　精益产品开发屋

精益产品开发的目标：顺畅和高质量地持续交付有用的价值

管理学之父德鲁克曾经说过[7]，任何组织的绩效都只能在它的外部体现。具体到产品开发，就是体现于能够产生绩效的用户价值，即有用的价值。德鲁克进一步指出，管理的作用是协调组织资源取得外部成效。对应产品开发就是：协调组织的资源，交付有用的价值。更精确地讲，精益产品开发的目标（图 4-9）是顺畅和高质量地交付有用的价值。

图 4-9　目标

这里面的三个关键词如下所示。

1. 顺畅：指价值交付过程要顺畅，用最短的时间完成用户价值的交付，而非断断续续，问题连连。
2. 高质量：高质量指符合要求，避免不必要的错误。它与为了探索而进行的必要试错并不冲突。
3. 有用的价值：交付的价值应该符合市场和用户的要求，并能产生业务影响，促进组织绩效。

精益产品开发的原则（方法论）

方法论层面，精益产品开发包含两个原则：其一，找到有用的价值，即探索和发现有用的价值；其二，让价值顺畅流动，即聚焦和提升价值流动效率。

原则一：探索和发现有用的价值

做正确的事是业务成功的根本。为此，《精益思想》把"定义价值"作为第一个原则（图 4-10）。生产制造是一个重复性的确定活动，预先定义价值是必要的，也是可行的。但产品开发则不同，它是一个开创性的活动，每一次产品开发都与上次不同，面临着很大的不确定性。

竞争日趋白热化的今天，选择权早就已经呈现出倒向用户一侧的趋势。产品的价值不可能完全预先定义，而是一个探索和发现的过程，拥抱和应对不确定性才是移动互联时代取得竞争优势的法宝。

图 4-10　原则一

应对不确定性的唯一选择是承认自己的无知，并不断探索和发现真正的价值。在产品开发过程中，我们探索更准确的目标用户；他们的问题是什么；怎样建立起有效的渠道；提供怎样的解决方案；怎样才能让他们买单；如何建立起合理的成本、收入模型，怎样设计交互过程，等等……这些探索的目标都是为了发现真正有用的价值。

团队对这些问题当然要有初始的设想，但设想只是探索的起点和初始的假设，需要被证实或证伪，过程中还会产生新的想法，发现更多的价值，通过探索和发现我们不断调整，找到可行的商业模式和有意义的产品功能，并持续优化它们。

从预先定义价值，到把探索和发现价值融入产品开发和交付过程，这是精益产品开发的一个范式转换。[8]

原则二：聚焦和提升价值流动效率

精益产品开发的第二个原则（图 4-11）：聚焦和提升价值流动效率。所谓流动效率，是指从用户的视角，审视用户价值历经各个流程步骤直至交付的过程，整个过程的时间越短、等待越少则流动效率越高。

图 4-11　原则二

丰田生产方式的缔造者大野耐一是这样描述的：

> 我们所做的一切不过是，关注从用户下单、开始生产，再到收回现金的时间线，通过不断减少过程中不增加价值的浪费来缩短这一时间线。

大野关注的是用户价值以及价值流动的过程，所谓的"浪费"也指一切从用户角度看无意义的行为和等待。这与德鲁克所说"任何组织的绩效都只能在它的外部体现"一致。

聚焦流动效率，就是要从外部绩效（用户的价值）出发，协调内部资源最快地交付用户价值。这并不是说流动效率是唯一的目标，而是因为它能撬动组织的有效协作，并全方位的改善组织的绩效，包括质量、效率、可预测性等。不同于传统管理方法关注内部资源效率，精益产品开发聚焦和提升价值流动效率，这是又一个范式转换。

精益产品开发的运作实践

看完方法论，再看具体的实践，它又分为管理实践和技术实践两个层面。

1. 管理实践

管理实践（图4-12）处于上层，它协调和运作开发过程，帮助组织探索和发现用户价值，聚焦和提升价值流动效率。管理实践又分成三个部分。

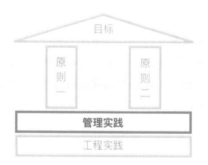

图4-12　管理实践

第一部分是精益创业和创新实践，解决的问题是探索、发现和验证价值。围绕它，业界已经形成了完善的精益创业实践体系，具体包括商业模式设计、探索步骤的规划、精益产品设计、定性验证、精益数据分析等。

第二部分是精益需求分析和管理实践，解决的问题是如何有效的拆分、规划、分析和沟通需求，确保团队能够一致理解需求，避免因分析和沟通不当而带来的缺陷，并为后面价值小批量的持续流动创造条件。具体包括场景分析、用例设计、领域建模、故事地图、发布规划、实例化需求等。精益需求分析和管理为价值的顺畅流动提供输入，对精益产品开发的有效实施非常关键。

第三部分是精益看板方法实践。它解决的问题是如何让价值顺畅和高质量地流动，具体包括可视化价值流动、显式化流程规则、控制在制品数量、管理工作流动、建立反馈并持续改进等。

2. 技术实践

最底层的是技术实践（图 4-13），它不可或缺。幸运的是，这些年敏捷开发的兴起，已经为技术实践铺平了道路。敏捷和精益有很多共通之处，它们都强调小批量的持续交付，这对技术实践提出了新的要求，例如怎么维护架构和设计的一致性，如何降低验证，回归和集成的成本，等等。

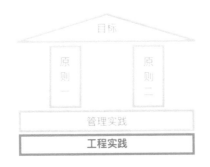

图 4-13　工程实践

DevOps 框架是对敏捷技术实践的集大成和发展。它按价值交付的流程整合技术和管理实践，如自动验收测试、测试驱动开发、持续集成、持续重构、领域驱动设计、服务架构、部署流水线、自动化运维、业务数据监控等。这些实践作为一个整体，在技术层面实现软件产品的持续快速交付，其中既包含系统的部署，也包含基础设施的变更维护。DevOps 与精益产品开发，在目标上高度一致，它们都寻求持续、快速和可靠地交付价值；在原则上也高度契合，追求价值的端到端流动效率。

一方面，DevOps 为精益产品开发提供了技术基础。另一方面，DevOps 的成功有赖于组织文化的深层次变革，例如：着眼于用户价值的流动，而非资源的效率；打破职能之间的藩篱，围绕用户价值深入协作，甚至融合。在这一点上，精益思想和精益实践为成功实施 DevOps 提供了方法学和实践的支持。

小结

本章从价值观、方法论和实践三个层面，回顾了精益的发展历程并加以总结。关于精益产品开发，我们从目标出发，基于精益方法学，构建了完整的精益开发实践体系，形成图 4-14 中的精益产品开发屋（此图很重要，以至于这里还要再展示一次），它也是第 II 部分和第 III 部分介绍具体方法和实施过程的基础。

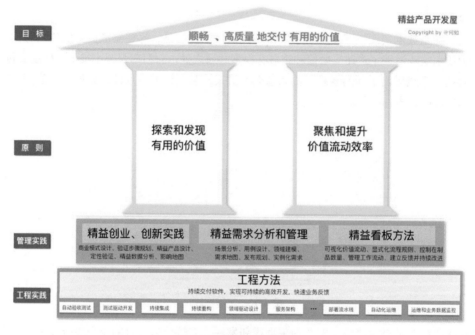

图 4-14　精益产品开发屋

本章要点

- 精益思想起源于生产制造领域，但应用范围已经远超生产制造。

- 可以分别从价值观、方法论以及实践三个层面来阐述精益思想和方法。

- 精益的思想和原则同时适用于生产制造和产品开发。

- 由于上下文和特征不同，精益产品开发需要不同于生产制造的实践。

- 精益产品开发的目标是顺畅和高质量地交付有用的价值。

- 探索和发现有用的价值，聚焦和提升价值流动效率。这是精益产品开发的两个基础性原则。

- 管理实践和工程实践是落实精益产品开发的具体实施和保障。

注释

1. 参见 http://t.cn/R6mB4LD。

2. 参见 http://t.cn/R6mH730。

3. 参见 http://t.cn/R6mTgZF。

4. 参见 http://t.cn/R6mHbiT。

5. 参见 *Lean Primer* 的评价，http://t.cn/RMbR9NV。

6. 参见 http://t.cn/R6m1qDx。

7. 参见《21 世纪的管理挑战》，http://t.cn/R6mBP3N。

8. 所谓范式，是指一门学科所赖以运作的理论基础和实践规范。范式转换是指底层基本理论和规范的改变，比如面向对象编程，相对结构化编程就是一次范式转换。函数式编程与前两者的范式又不同。

第 5 章

经典天文学演进对产品开发方法学的启示

经典天文学关于行星运动模型，经历了托勒密、哥白尼再到开普勒之后，大致发展成型，其间有很多故事值得分享和品位。而产品开发方法，先后也经历了从传统方法到敏捷和精益[1]。两个演进过程有很多相似之处，了解已经尘埃落定的天文学演化，对今天的产品开发有很多借鉴意义。

经典天文学的三个里程碑

托勒密，古代最伟大的天文学家

自古以来，人类从未停止过对日月星辰及其运动规律的探寻。满天繁星中，在地球上看来，所有恒星都是东升西落，而最神秘的是地球的 5 颗肉眼可见的行星，即"水、金、火、木、土"，它们时而顺行，时而逆行，飘忽不定。

托勒密是第一个建立模型并成功运用模型预测行星运动的人，他生活在公元 2 世纪的古罗马，是古代最伟大的天文学家，地心说的缔造者。

托勒密考虑过日心说，但想到"地球高速向东旋转，那为什么天空中的云朵不集体向西飘呢？"他还是否定了这个"荒唐"的想法。这一现象到 1500 年后才由另一位伟人做出解释——伽利略和他的惯性理论。

发现行星的运动规律困难重重，图 5-1 是地球上观察到的金星运行轨迹。第一次看到时，我想到的是小时候玩过的万花笔（图 5-2），一种大小齿轮相互嵌套且用圆珠笔来画出美丽图案的玩具。

图 5-1　地球上看到的金星的运行轨道

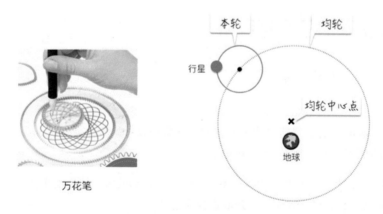

图 5-2　今天的万花笔可以帮助我们理解托勒密的地心模型

托勒密当然没有见过万花笔，但他的思路与万花笔的原理一致，他假设行星本身绕自己的轴旋转，构成一个圆，这个圆称为本轮，相当于万花笔中的小齿轮。而本轮又绕地球旋转，这个大圆称为均轮，相当于万花笔中的大齿轮。

本轮和均轮嵌套之后，就能模拟出与观测结果类似的复杂轨迹。但结果始终不如人意，直到托勒密把地球从轨道的中心，放置到稍稍偏一点的位置，计算结果才与观察渐渐吻合起来。为了提高计算与观测的吻合度，托勒密和后人不断增加本轮的数量，直到数量超过 80 个。

如图 5-3 所示，托勒密最终构建了由 80 个圆相互嵌套、地球稍稍偏离中心的模型。根据它计算日、月及行星的运行规律，预测日食、月食误差在一小时以内，行星的位置误差也不超过一天。

托勒密（约90—168）

地心说的理论和精确计算体系的构建者

其思想统治了其后1500年

图 5-3　托勒密和他的地心模型

根据这一模型，托勒密写就了天文学皇皇巨著《至大论》，成为后世 1500 年天文学标准教科书。他还根据计算制定了《实用天文表》，是之后 1000 多年西方制定历法和确定农时的依据，也是船员们绘制航海星图的依据。从此以后，天空变得有据可循。

托勒密本人深受毕达哥拉斯学派的影响，认为世界由完美的图形构成，而圆是最完美的。他相信天体一定是按正圆匀速旋转，因此模型全部由正圆构成。但模型太过复杂，一点也不美，而且地球偏离中心点，这简直是对毕达哥拉斯的背叛。就是这样一点的偏离，埋下了后世哥白尼要修正这个模型的种子。

哥白尼，一个虔诚的神父及其科学突破

哥白尼是波兰费劳恩译格大教堂的专职神父，业余天文学家。很年轻的时候，他就能熟练应用托勒密模型来计算天体运行的轨道和实际观测。他不满意托勒密的模型，原因有三：其一，过于复杂，上帝不可能这样设计天体的运行；其二，计算总是与观测存在误差，一定是我们还没有窥探到上帝的奥义；其三，地球很别扭地处于一个偏心的位置，上帝不可能这么不讲究。

年轻的哥白尼立志要修正这些问题。功夫不负有心人，经过不懈的观测与计算，哥白尼建立了自己的日心说模型。

哥白尼同样也是毕达哥拉斯的忠实信徒，坚定地认为行星的轨道应该由正圆构成。他的模型如图 5-4 所示，由于采用了正圆轨道，为了让计算与观测一致，哥白尼不得不再次引入那讨厌的本轮。最终在哥白尼的模型中一共有 34 个圆，比托勒密的模型少了 40 个。

哥白尼（1473 — 1543）
提出了日心说模型和计算体系

图 5-4　哥白尼和他的日星说模型，这个模型仍然过于复杂，结果也不够精确

图 5-4 是哥白尼的日心模型，基于这一模型，哥白尼写就了 7 卷本《天体运行论》并在临终前出版。哥白尼自始至终都是虔诚的天主教徒，他认为寻找宇宙和谐之美，正是向人们展示天主管理下的宇宙的庄严秩序。但哥白尼的日心说事实上颠覆了教会所主张的宇宙观，使天文学从陈旧科学观和神学的束缚下解放出来，自然科学也从此获得新生，在近代科学的发展上有划时代的意义。

哥白尼的模型，以其简单、美和实用性，松动了地心说的唯一统治地位，开启了天文学尘封 1500 年之久的大门。问题是，就精确性而言，哥白尼的模型并没有质的提升，这就很难让人心悦诚服地接受日心说。日心说的发展还必须在应用上有所突破，完成这一使命的是开普勒。

开普勒，天空立法者

高度近视的开普勒无法进行天文观测，这反而让他更专心地伏案计算。幸运的是，开普勒从他的老师第谷 [2] 那里继承了史上最详尽和准确的天文观测资料，而且虽然第谷反对日心说，而开普勒本人却相信哥白尼的日心说，只是不敢和老师说起罢了。

高超的计算能力、详尽的观测数据、正确的方向、不懈的努力，伟大的成就呼之欲出，这就是 1609 年开普勒出版的《新天文学》和其中的两大行星运动定律（图 5-5）[3]：

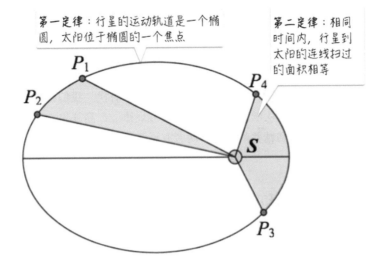

第一定律：行星的运动轨道是一个椭圆，太阳位于椭圆的一个焦点

第二定律：相同时间内，行星到太阳的连线扫过的面积相等

图 5-5　开普勒在 1609 年提出的两大行星运动定律

行星运动第一定律：行星（包括地球）运动的轨迹是一个椭圆，太阳位于其中的一个焦点上。

行星运动定律二：相同时间内，行星到太阳的连线扫过的面积相等。

如图 5-6 所示，开普勒的模型如此简洁，仅由 7 个椭圆（水、金、地、火、木、土、月亮）构成，而且计算结果与观测分毫不差。模型上的和谐之美以及应用上的精确性，震慑人心；其高度的实用性，也让天文学家和占星术士无法拒绝。开普勒之后，尽管日心说还不被教会承认，但它在天文学界的地位已经不可撼动了。

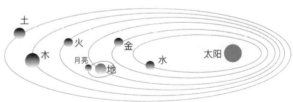

开普勒（1571 - 1630）
揭示了行星运动规律，被称为**天空立法者**

图 5-6　开普勒的模型用 7 个椭圆准确表达了行星和太阳及月亮的运动规律

开普勒以一人之力把人类的智慧拓展到了地球之外，从此人类可以精确预测天体运行了，

分秒不差，经典天文学的大厦就要落成。开普勒被后世称为"天空立法者"，他当之无愧。

经典天文学演化过程给产品开发的启示

从托勒密到哥白尼再到开普勒，代表经典天文学的三个时代。我们回顾经典天文学的发展历程，是为了理解一个方法学和实践体系的演进规律。产品开发方法同样经历了（或正在经历）从传统到敏捷和精益的演进。两者有许多类似之处，天文学的发展历程，对我们非常有借鉴意义。

范式转换是推动方法学和实践发展的根本

范式是指一个学科赖以运作的理论基础和实践规范。而范式转换是指对某个学科理论基础和假设的改变。

如图 5-7 所示，从托勒密的地心说，到哥白尼的日心说，再到开普勒完备的日心模型，这个过程就是范式转换的过程。过程中，模型越来越接近本质，也越来越简洁有效。一个明显的标志是从托勒密的 80 多个嵌套的圆，减少到哥白尼的 34 个圆，再减少到开普勒的 7 个椭圆，而计算结果越来越精确。

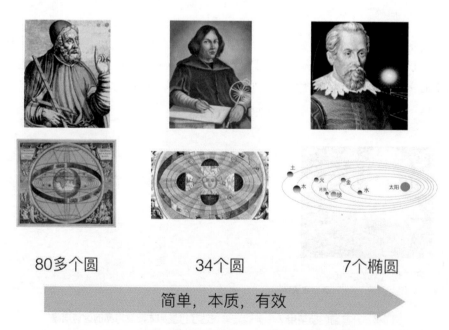

图 5-7　经典天文学演进的过程，也是范式转换的过程

再看产品开发方法的演进，经历了类似的过程，如图 5-8 所示，从传统到敏捷、精益，也是范式转换过程。

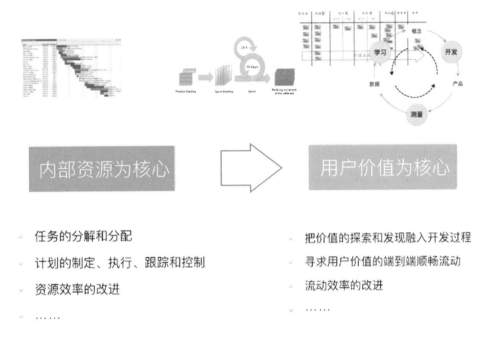

图 5-8 产品开发方法的演进过程

传统的产品开发把内部资源作为中心。在实践上强调任务的分解和分配，以及计划的制定、执行、跟踪和控制。假设通过局部资源效率的改进，可以提升整体效益。

敏捷开发开始把焦点从内部资源，转向用户价值，强调迭代价值交付，由多功能的小团队直接面向和交付用户价值，并通过迭代反馈，不断调整。它同时也为精益产品开发在实践上做好了准备，比如敏捷的需求和技术实践，使得小批量、可持续交付软件成为现实。

精益产品开发则完成了范式转换。它明确把用户价值作为核心，围绕用户价值的流动，协调和优化端到端和整个组织的交付过程。实践上，以精益看板为代表，协调整个组织，可视化、管理和改进端到端的用户价值流动；同时精益产品开发把价值的探索和发现融入产品开发过程，交付有用的价值。实践上，以精益创业为代表，形成了完整的价值探索和发现实践体系。

从传统到敏捷和精益，完成了从以内部资源为核心，到以用户价值为核心的范式转换。

拓扑心理学创始人 Kurt Lewin（1890—1947）说："没有什么比一个好的理论更实用了。"开普勒模型的实用性，源自它建立在一个好的理论（范式）之上。产品开发也需要一个经得起实践检验的新范式。

范式必须经得起实践的检验

开普勒的模型为世人的接受，靠的不是他的雄辩，也不仅仅是因为它的简洁之美，而在于它高度的实用性和精准性。1620 年，培根 在《 新 工具》一书中提出："知识就是力量。"并指出："知识的考验不在于究竟是否真实，而在于是否能让人类得到力量或权力。"实用性是对方法学和实践的终极考验。

敏捷软件开发的流行，绝不仅仅是靠敏捷宣言的宣导或各个机构的鼓吹，而是因为它在实践应用中取得的效果以及不断完善的方法体系。当传统开发方法变得越来越臃肿，失败率越来越高，而业务对灵活应变的能力要求越来越高时，敏捷应解决这一问题的实践能力而生。

精益产品开发的实用性，同样要建立在解决真实问题的基础之上，这就是我在第 2 章中讨论的端到端的价值交付，协调复杂产品和复杂组织中的和价值流动；以及在第 3 章中讨论的发现和探索真正的价值。正确的问题，正确的范式，再加上与之配套的经得起检验的实践，是精益产品开发得以发挥作用和发展的基础。

尊重历史，更要面向未来

托勒密、哥白尼和开普勒在他们的时代中都是最伟大的天文学家，他们的工作也为后世天文学发展奠定了基础。我们不能用今天的知识，评判甚至否定前人的工作。托勒密实现了从 0 到 1 的突破，也为后世奠定了方法学基石；哥白尼对传统的突破更是毋庸置言；而开普勒则最终构建了完整和实用的日心说模型。

同样，传统产品开发方法相对作坊式软件开发，进步巨大，它让产品开发有矩可循，让项目和产品的成功可以重复；而敏捷则把焦点转向价值，并且敏捷的需求和技术实践让小批量、迭代交付成为可能，奠定了精益开发中价值的持续流动的基础。精益产品开发建立了以价值和价值流动为核心的范式，并基于新的范式重构和优化实践。

今天，学科的发展速度早已今非昔比，尤其在 IT 行业，我们面临更多的知识更替和交织，传统、敏捷和精益同时并存，交织在一起，也因此更需要不断更新知识结构和心智模型。我们需要尊重历史，更应该面向未来。

小结

马克·吐温说过："真正带来麻烦的不是那些我们不知道的东西，而是我们知道但不正确的东西。"我们理解不同的方法学及其背后的范式，是为了更好地为今天、为未来做出决策，我们无法看着后视镜开车，只有向前看，才能不断前行。

本章要点

- 总结经典天文学关于行星运动模型的发展，旨在说明范式转换在学科发展中的影响和地位。
- 从传统到敏捷和精益，完成了从以组织内部资源为核心，到以用户价值为核心的范式转换。
- 理解精益和敏捷产品开发背后的范式，可以帮助我们在不同上下文中做出更好的决策。

注释

1. 敏捷和精益并非泾渭分明，如同开普勒和哥白尼都是日心说模型的代表一样，但为了澄清概念，我刻意强调了它们的不同。

2. 第谷生活的年代，望远镜还没有发明。他是最后一位也是最伟大的肉眼天文观测学家，通过长期不懈的观测，积累了当时历史上最完整、最精确的天文观测记录。

3. 开普勒共定义了行星运动三大定律，1609 年提出的两大定律就足以预测行星的运动规律，第三定律是时隔十年后提出的，定义了行星的轨道位置排布规律。

第II部分 精益产品开发的方法

第II部分介绍看板方法，它是一个可操作性强、实用范围广的精益方法，也是让组织变得更加敏捷的强大工具。我们将系统介绍看板方法实践，并通过大量真实的案例帮助大家掌握看板方法的应用。

第 6 章

看板方法和看板实践体系

看板方法是精益产品开发的重要实践。与其他敏捷精益方法相比，它在很多方面优势明显，例如更强的可实施性、提升端到端价值交付能力、更好支持规模化实施和更系统的改进等。同样重要的是看板方法可以与持续交付、DevOps 和精益设计等现代软件工程方法无缝地结合。

作为一个较新的实践，看板方法经常被误解，因而极大影响到它的实施效果。本章将从看板方法的起源讲起，系统地介绍看板方法实践体系。

看板方法的起源

看板的中文意思带来误解

看板的英文是"Kanban"，与汉语拼音一样，这当然不是巧合。看板的概念源自日本，其日罗马文注音恰巧也是"Kanban"。在日文中，它既可写作"看板"，也可以写作假名"かんばん"。两种写法发音相同，用法上却有细微的区别，写作"看板"更多用来指"可视化的板"；写作"かんばん"时，更多用来指"信号卡"。

软件开发中的看板首先指的是"信号卡"。但在国内，大家顾名思义会把看板理解为"可视化的板"而忽略其更本质的意义，这是看板方法在国内被普遍误解的一个重要原因。在这一点上，西方人没有望文生义的问题，对看板方法中用到的"可视化的板"，英语里有一个专门的称法"kanban board"。为避免误会，后文中凡是指代可视化板的，我将一律称其为看板墙。

看板是精益制造系统的核心工具

"信号卡"的概念源于精益制造，最早出自丰田生产系统（Toyota Production System，TPS）。尽管生产制造与产品开发有许多不同，但正本清源，理解生产制造中的看板十分必要，它可以帮助我们理解本质，消除误解。

图 6-1 是丰田看板系统的一个简单示意。生产过程有多个工序构成，我们截取其中的两个工序。上游工序是方向盘生产，下游工序是汽车总装，上下游工序之间是临时存放工件的货架。图中橙色和蓝色卡片就是看板，蓝的是"取货看板"，橙色的是"生产看板"。让我们配合图解来认识看板的用途。

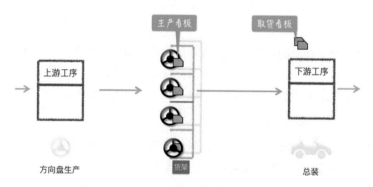

图 6-1 丰田生产系统内中的看板应用示例

第一步：如图 6-2 所示，下游工序需要某种型号的工件时，凭"取货看板"到货架上领取对应数量和品种的工件。工件被取走后，原先贴附在工件上的橙色卡片"生产看板"被留在货架上。

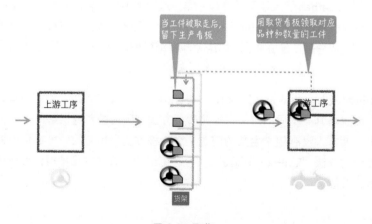

图 6-2 取货

第二步：如图 6-3 所示，货架上空下的生产看板被传递至上游工序。[1]

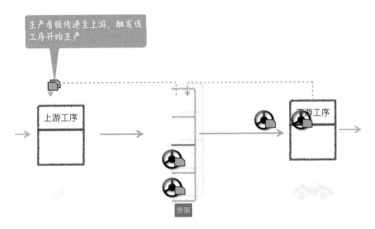

图 6-3　传递生产看板

第三步：如图 6-4 所示，上游工序得到生产看板后，开始生产对应数量和品种的工件，并补充货架。

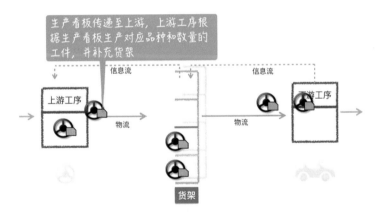

图 6-4　按看板生产和补货

看板是丰田生产方式的两个核心工具之一 [2]，看板向上传递形成的信息流拉动了向下的物流，直至交付用户价值，最终拉动生产的源头是用户的需求。通过看板及其配套运作机制形成了拉动式生产系统，我们称其为看板系统。后面我们将看到，产品开发从生产中借鉴的正是看板系统的拉动思路。

> 看板是精益制造的核心工具，通过它形成的拉动式生产系统
> 又称为"看板系统"。

看板形成拉式生产方式带来的收益

与拉式生产对应的是传统的推式生产。在推式生产中，各工序按预先安排的计划生产，并将完成的工件推向下游，追求每个工序的产能最大利用。图6-5用回形针构成的链条来比喻推式生产和拉式生产带来的不同效果，一个乱象重生，一个井然有序。拉式生产究竟能带来什么样的好处，下面是一个大致概括。

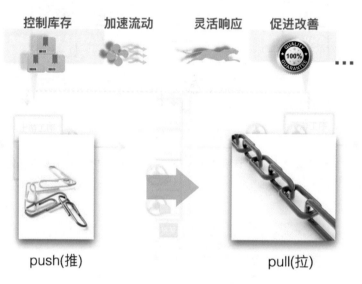

图6-5　拉式和推式生产方式比较

1. **控制库存**：下游需要时上游才开始生产，有效控制了库存。库存控制水平是工厂管理的核心指标。

2. **加速流动**：进入生产环节的物料和半成品，很快被拉入下一环节，直至变成成品，实现了保证安全库存的前提下物料最快的流动，提高了工厂的运转效能。

3. **灵活响应**：用户需求的变化通过看板形成的信息流快速传递至上游各个环节，系统做出最快的响应。同时低库存水平降低了负载，让响应更加迅捷和低成本。

4. **促进改善**：库存的降低和流动的加速，让生产环节的问题可以在第一时间暴露，例如，生产环节的质量问题很快被下一环节发现，产能不足的环节得以凸显。这为现场现地解决问题和发现问题背后的根本原因提供了便利，也提升了系统改进的动力。

> 精益制造体系通过看板形成拉动系统，带来控制库存、加速流动、灵活响应和促进改善等好处，最终让用户价值顺畅、高质量地流动。

前面简要介绍了看板在制造领域的应用。然而，产品开发和生产制造有本质的区别。我们可以从精益制造中借鉴思想，但实践上我们却不能照搬，产品开发需要独立的方法体系，而这就是产品开发中的看板方法。

产品开发中的看板方法

产品开发中的看板方法诞生于 2006 年左右

2006 年在 Don Reinertsen[3] 的启发和鼓励下，David J. Anderson 最早在软件开发中借鉴和应用看板实践，并总结成为一个完整的方法体系"看板方法"。

不同文献对看板方法的核心实践的组织略有区别，比如 2010 年 David 在《看板方法》一书中定义了 5 个核心实践，而近年来 David 在文章和培训中普遍使用 6 个核心实践；《看板实战》一书中使用的是 3 个核心实践，*Kanban Primer* 一书把它们细分为 10 个实践。但究其本质，它们所涵盖的内容没有大的区别，只不过组合方式不同。

基于可实施性的考虑，本书将按两组共五个核心实践来介绍，第一组是如何建立看板系统的三个实践，分别是可视化价值流动、显式化流程规则和控制在制品数量；第二组是运作看板系统两个实践，分别是管理价值流动及建立反馈和持续改进。

看板方法的第一组实践：建立看板系统的三个实践

应用看板方法的第一步当然是建立看板系统，接下来介绍的三个实践将帮助团队建立起看板系统。

看板方法实践一：可视化价值流动

与生产制造不同，产品开发中的价值流动是不可见的，因此也更加难以管理和优化。为此，看板方法的第一个实践就是要让工作和工作流动过程可视化。图 6-6 体现了可视化价值流动的三个重点。

- 首先要可视的是用户价值。产品开发的目标是交付用户价值，看板的可视化也应该从用户的视角来组织。图中每一个蓝色卡片代表一个用户价值，典型的是一个可验证、可交付的用户需求。

- 接下来可视的是用户价值端到端的流动过程，所谓端到端，是指价值提出到价值交付的整个过程。它通常由多个环节构成，这其中既包括工作环节，也包括等待环节——图中灰色阴影的列。用户价值流经这些列，直至交付给用户。

- 最后，问题和瓶颈也要可视出来。问题是指那些阻碍用户价值流动的因素，如需求不明确、技术障碍、外部依赖等；瓶颈指价值流动不畅的环节，工作在瓶颈处积压形成队列。

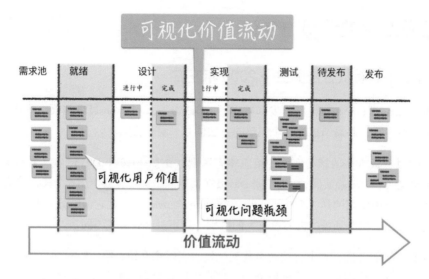

图 6-6　可视化价值流动的三个重点要素

可视化价值流动是看板方法中最基础的实践，它涉及可视化用户价值、价值的流动过程，以及价值流动过程中的问题和瓶颈等方面。

现实中，产品开发团队的价值流会更复杂，因目标和上下文不同而各有区别。

看板方法实践二：显式化流程规则

价值流动过程也是团队协作交付价值的过程。为了更好地协作，团队还需要明确价值流转的规则。如图 6-7 所示，流转规则是工作项从看板墙上的一列进入下一列所必须达到的标准。另外团队还应该明确其他协作规则，例如：各种活动的节奏和组织方式、优先级的确定方式、问题处理的机制等。

所谓显式化流程规则，是指明确以上两类规则，并在团队内形成共识。流程规则是团队协作的依据，由团队共同拥有；它更是团队改进的基线，必要时，团队应该调整改进。

显式化流程规则是指明确价值流转和团队协作的规则并达成共识。显式化的流程规则是团队协作的依据，更是团队改进的基线。

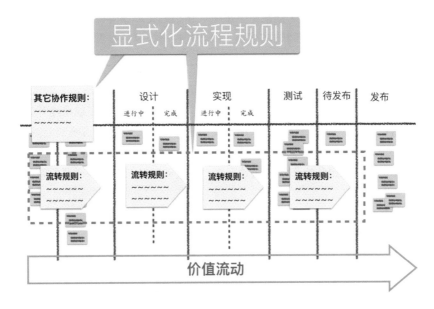

图 6-7　显式化指的是明确并达成共识，它与可视化不同

看板方法实践三：控制在制品数量

在制品是指特定环节内所有的工作项——包括进行中和等待的。如图 6-8 所示，红色的数字是在制品数量的限制，环节内在制品数量小于这个数字时，可以从上一环节拉入新的工作，否则不允许拉入新的工作。

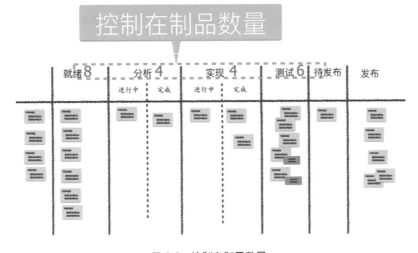

图 6-8　控制在制品数量

控制在制品数量让环节内并行工作减少，单个工作项的完成加等待时间缩短，工作项从进入看板系统到完成交付的时间随之缩短。因此，控制在制品数量加速了用户价值的流动，对产品开发的敏捷性至关重要。

更重要的是，控制在制品数量帮助团队暴露瓶颈和问题。如图 6-9 所示，测试环节的在制品数量达到了上限，再拉入新工作就被禁止了，团队应该聚焦于完成已经开始的工作，即时处理出现的问题。如果测试工作长时间受阻成为瓶颈，它更会影响到上游环节。在这里是开发环节，让其完成的工作无法进入测试，也很快达到在制品上限。这让瓶颈和问题更充分暴露，激发团队协作解决瓶颈问题，让流动顺畅起来之后再开始新的工作。

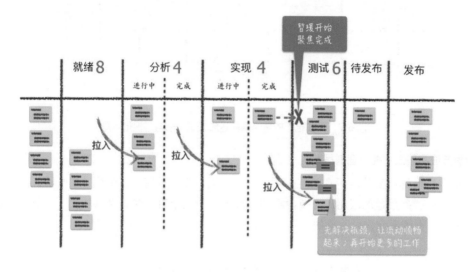

图 6-9　当测试环节达到在制品上限后，就不允许拉入新的工作

限制在制品事实上形成一个拉动机制，下游顺畅时才能从上游拉入新的工作，最终拉动整个价值流动的是用户价值的交付。图 6-10 把制造与产品开发中的拉动机制做了一个映射，在制品限制数目大致相当于制造中的物理看板的数目，环节内工作不管处于进行中还是处于完成状态，都占用一个看板。看板方法中并没有物理的看板，而在制品限制起到了类似的作用，形成拉动机制，这是我们称之为看板方法的缘由，可以这么说，没有在制品的控制，就不是真格的看板方法。

> 看板方法通过限制在制品形成虚拟看板拉动机制，它加速了用户价值的流动，并暴露瓶颈和问题。

控制在制品是看板方法的核心，也是最容易引起争议的地方，其中一个争议就是实施过于困难。后面，我将用第 10 章到第 12 章来讨论控制在制品的具体方法、实践和案例。我们将发现，如果方法得当且实践到位，控制在制品就是一个很自然且难度并不大的实践。

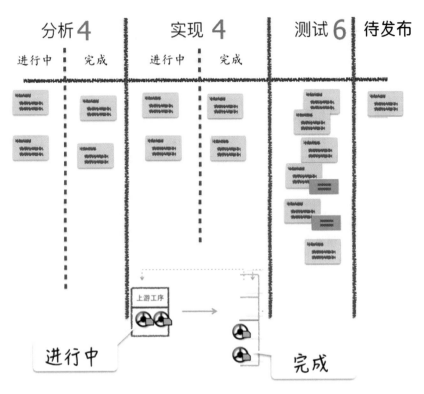

图 6-10　生产制造和产品开发中的看板表现形式不同，但机制类似

如图 6-11 所示，通过以上三个实践，团队建立了看板墙和看板系统，但只有通过良好的运作它才能发挥效用。接下来介绍运作看板系统的实践。

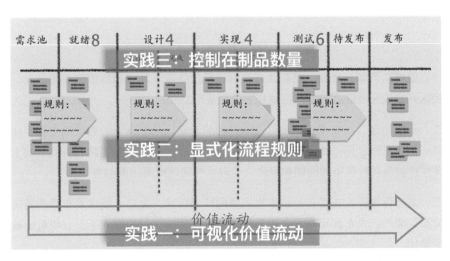

图 6-11　通过以上三个实践团队可以建立可用的看板墙和看板系统

看板方法的第二组实践：运作看板系统的 2 个实践

运作看板系统是为了让用户价值在看板系统中顺畅和高质量地流动，它对应两个具体的实践：管理价值的流动；基于价值流动建立反馈系统并持续改进。

看板方法实践四：管理工作项流动

为了让价值顺畅流动，团队首先需要管理好价值的流动。如图 6-12 所示，它具体包括管理价值的输入、中间过程和输出，分别对应三个分项实践。

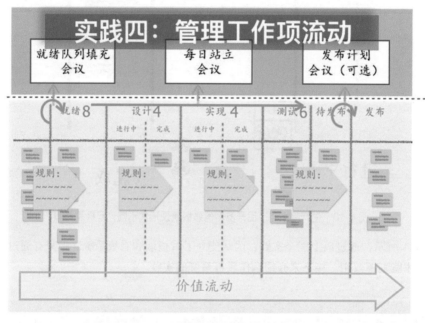

图 6-12　管理工作流的三个分项实践

实践一：就绪队列填充活动。就绪队列是看板系统的输入环节和价值流动的源头，管理好就绪队列的填充对价值的顺畅流动和质量非常重要。

实践二：看板站会。站会是管理价值流动过程的活动，一个典型的看板站会发生在每个工作日、同一时间、同一地点（看板墙前），团队成员从右至左走读看板墙上的卡片，重点关注价值流动过程中的问题和阻碍，处理这些问题或提出跟踪方案。

实践三：发布评审。发布评审是需求发布前的计划活动，决定上线或发布哪些需求以及相关发布策略等。发布评审是一个可选的活动，在持续交付的模式下，它很可能被例行机制所替代。

管理工作流的目的是使用户价值顺畅、高质量地流动，它包含三个分项实践，分别对应着用户价值的输入、中间过程和输出。

看板方法实践五：建立反馈，持续改进

即使我们对价值的流动做了有效的管理，现实中总会有各种问题让价值流动不畅或者带来质量问题。问题同时也是改进机会，前提是团队必须建立有效的反馈系统，从问题中发现模式和根本原因。

基于价值流动，看板方法形成了一套独特的反馈和度量体系，它们大致分为两类，一类是关于流动是否顺畅的反馈，如阻碍问题分类、影响和原因分析，再现价值流动过程的累积流图等；第二类是关于质量问题的反馈，如开发环节或测试环节遗漏缺陷的正交分类和分析。

反馈的目的是为了改善。如图 6-13 所示，团队根据反馈形成系统的认知最终必须落实到具体的改进行动，这些改进中的一部分——如团队协作流程——可以落实到看板系统的调整当中，有一些则要落实到看板之外——如产品的设计及内部质量、团队的结构及人员能力、环境及工具的改进等。但无论哪类改进，其效果都要通过看板系统中价值流动的状态和度量来考察，形成看板方法的改进闭环。

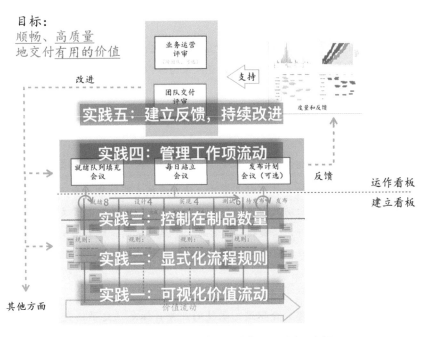

图 6-13 看板方法的 5 个实践自成体系，形成一个闭环

建立反馈系统是为了反映和度量价值流动的状态，从中发现问题和模式，从而激发和指导团队系统性的改进，并衡量改进行动的效果，形成一个持续改善的闭环。

小结

本章介绍了看板的起源以及什么是看板及看板方法。看板方法的核心机制是控制在制品数量的拉动系统，通过它暴露系统的问题和瓶颈，触发组织系统改进，从而提高组织的交付能力。

本章要点

- "看板"起源于丰田生产方式，它的本意是"信号卡"，用来向上游传递生产信号。

- 在精益生产中，看板形成拉动系统，从而带来控制库存、加速流动、增进灵活性、提高质量和促进改善等好处。

- 产品开发中的看板方法参考但并不是直接照搬生产中的看板，它通过限制在制品形成虚拟看板拉动机制，目的是加速用户价值的流动，暴露瓶颈和问题，并支持和促进系统改善。

- 看板方法由5个核心实践构成，分别是可视化价值流动、显式化流程规则、控制在制品数量、管理工作流动和建立反馈持续改进。

常见问题

问题：精益生产中的看板是"卡片"，对应到产品开发，它的看板是什么？

回答：精益生产中的看板可以是卡片，持有看板才能取货或生产。它起着限制库存的作用，并形成拉动式生产，实现"即时生产"。而产品开发的看板方法中，并不使用物理卡片作为"看板"，它是一个虚拟机制，比如限制某个阶段最多允许的并行需求的数目，它的原理与生产中的物理卡片类似，也起着拉动的效果。

问题：看板方法和敏捷有什么关系？

回答：我们在第I部分介绍过，敏捷的业务目标是"更早地交付价值和更灵活地应对变化"。看板方法通过限制在制品的数量，促使价值快速流动，更早地交付，而更少的在制品也使对外部的响应更加灵活。

同时，看板方法通过限制在制品，让系统的问题即时暴露，并促进持续改进，从而改善组织的交付能力和灵活响应的能力。看板方法是让组织变得更加敏捷的方法。关于看板方法和敏捷的关系，我们在第 15 章还会详细讨论。

问题：看板方法 5 个实践需要按顺序实施吗？

回答：看板方法 5 个实践的实施是有一定顺序关系的，前面的实践是后面实践的基础（除了第二条和第三条之间没有顺序关系）；另一方面，实施的顺序也并非总是严格的，在按顺序建立基本的框架后，就不再需要严格的顺序，团队可以按实际状况选择加强某个实践。

问题：如果是拉动式的，会不会存在下游等待上游的问题？

回答：一般不会。看板方法追求的是均衡和持续的价值流动。产品开发中的拉动不同于生产，它是一个虚拟的拉动机制，并不是下游提出需求，上游才开始生产；而是指，下游有能力（在制品未达到上限），才能从上游拉入新的工作。另外，精益产品开发，并不追求生产中追求的零库存，而是要保留合理库存，以应对可能的波动。体现在看板系统上，就是在制品限制不会是 1。

问题：看板方法主要关注和优化的是需求的流动过程，而没有再去衡量需求是否有价值，对吗？

回答：是的。精益产品开发的目标是，顺畅和高质量地交付有用的价值。其中，看板方法解决的是顺畅和高质量，它并不能保障交付的价值有用。保障价值交付的有用，需要持续的价值探索和验证，涉及看板方法之外的实践，例如：精益客户开发、精益产品设计和精益数据分析等，这在第 3 章有一些介绍。看板方法所发挥的作用是加速反馈，以更好地支持价值探索和验证。

注释

1. 为简化起见，我们假设生产看板空出立即被传递至上游工序。而现实中会有相应的机制，让看板积累到一定数量后才传递出去，以确保适当的生产规模。

2. 丰田生产方式的奠基人大野耐一曾经说过："看板和自働化是丰田生产方式的两个核心工具。"关于自働化，请参见第 2 章的介绍。

3. Don 在他的书中系统分析和总结了产品开发中流动管理的实质，发展出完整且独立于精益制造的精益产品开发理论，是精益产品开发理论体系的奠基人。

第 7 章

可视化价值流动（上）：案例

第 6 章介绍了什么是看板方法，总结了看板方法的 5 个核心实践。接下来，我们将逐一解析这些实践在具体上下文中的应用。这一章介绍"可视化价值流动"，如图 7-1 所示，它是看板方法中第一个也是最基础的一个实践。

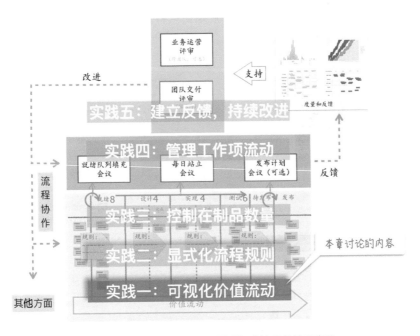

图 7-1　"可视化价值流动"是看板方法的最基础实践

这一章将展示一个重新设计看板系统的案例，旨在帮助大家理解看板系统和看板墙设计的原则。

案例背景介绍

这是一个初具规模的创业公司的创新团队，为行业客户开发本地部署的私有网盘产品。团队当时共有开发测试约30人，以及负责不同行业及总体负责的产品经理共6人。我之前辅导过他们需求和测试实践，团队基本能贯彻敏捷需求方法，较为持续地交付用户价值；接口自动测试能与开发同步完成，并做到基本的功能覆盖。但总体上团队的交付能力满足不了产品的需要，内部协作略显无序，质量问题严重。

企业网盘开发明显分成两类技术，一类偏底层，例如分布式文件系统、集群管理，以及包括性能监控、负载均衡等在内的底层服务；另一类偏前端，如与PC资源浏览器的深度融合，Web应用开发，IOS和Android移动客户端开发，等等。

前端和后端在部署上相对独立，技能方面相差很大。所以团队很自然地被分成前端和后端两个团队，各自有所属的测试，并分别按两周的固定周期迭代开发，表面上看还算敏捷。

初始的看板系统设计

图7-2是团队看板系统的初始设计，前、后端团队各自用Jira[1]构建了看板墙，另外还有一个独立的Bug管理系统。

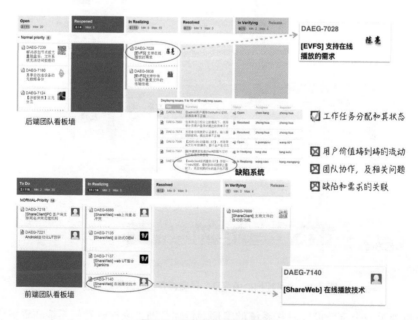

图7-2　团队的初始看板设计

看上去不错，任务从左往右流经各个阶段，状态清晰，分配给谁也一目了然，团队成员能很方便地了解自己要做的工作。但它也有明显的不足。

首先，看板系统对产品经理不友好。用户需求被分解成前后端团队任务，在各自的看板上流动。一旦分割，产品经理就很难再找到对应的任务，也不再关注这些任务。图7-2中"视频文件在线播放"这个用户需求，就被拆分成了前后端的任务，各自管理。对产品经理不友好只是表象，产品经理代表的是用户，问题的实质是"这个看板系统并没有反映用户价值端到端的流动过程"。

其次，它并没有反映团队协作过程。需求被拆分成前端和后端任务后，后端团队一般先行开发，在迭代中安排自己的任务，而前端团队则滞后一个迭代，并基于后端提供的服务集成和联调。由于任务之间缺乏关联，团队间的协调，相当程度要依赖项目经理，这其中既包括计划的同步，联调的安排，也包括问题的界定和Bug的处理等。例如：测试过程中发现的后端Bug，通常是前端团队过滤后再转过去的，而后端这会儿正在开发下一批需求。新需求和老Bug哪个优先级更高？我们当然希望优先解决Bug。而事实却正好相反，新需求一般有明确的期望完成时间，而Bug却没有，再说bug多没意思，这时就需要项目经理来重新安排，项目经理成为团队运作的枢纽和瓶颈。

最后，它不能即时和清晰地展示问题和瓶颈。没有清晰展示价值流动过程，导致价值流动中的瓶颈和问题也不能很好地体现出来。比如，我们无法从看板墙上看出哪些用户需求出现了停滞，哪个环节是瓶颈。这些问题更多地存在于团队及个人之间的协作中，而不是单个人或单个团队中。

看板系统的重新设计

如图7-3所示，质量管理之父戴明说过："如果你不能以一个清晰的过程来展示你所从事的工作，你就不会真正了解自己在做什么。"这句话用在这个看板系统上是合适的，正因为没有清晰的展示，团队才无法基于它协作交付价值，瓶颈和问题才无法即时暴露出来。

If you can't describe what you are doing as a process, you don't know what you're doing.

如果你不能以一个清晰的过程来展示你所从事的工作，你就不会真正了解自己在做什么。

— 戴明，质量管理之父

图7-3 戴明是质量管理之父，也是"系统思考"的布道者，他的很多思想即使在今天敏捷和精益的背景下，也充满真知灼见

为解决以上的问题，我与团队一起重新设计了看板系统。图 7-4 是重新设计的看板系统。这一次我们用了物理看板墙，并把前后端团队的看板墙进行了合并。让我们从左到右，来解释一下它的设计。

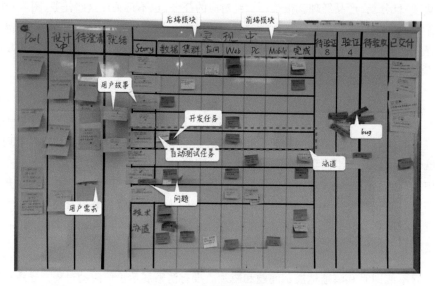

图 7-4　重新设计后的看板

1. **原始需求的提出**：左边的蓝色卡片是原始用户需求，产品经理对它们简单归并和过滤后，统一放入需求池（pool），等待进一步处理。

2. **需求的设计**：产品经理团队从需求池中选择优先级较高的需求进行产品设计，决定要不要满足该需求，以什么方式满足等。设计完成的需求，进入待澄清列，等待与开发团队澄清。

3. **需求的澄清和就绪**：每周，开发团队和产品经理进行会议，选择适当数量的高优先级需求[2]进行澄清，充分讨论和更详细的描述这些需求，确保产品、开发和测试对需求达成一致的理解[3]，并明确定义验收标准，需要时还会对需求进行拆分。经过这一步处理，原始需求被转化并称作故事（story）[4]。为了区分故事和原始需求，团队不再用蓝色纸条，而是用白色的纸条来代表一个故事，从这一步开始，产品经理也将基于故事来跟踪沟通和验收需求。故事放入"就绪"列等待实现。

4. **故事的拆分和开发实现**：经过充分沟通后"就绪"的故事随时可以开始实现。开发要做的第一件事是分解它——相关前、后端人员在一起，将工作分解为子任务。图中蓝色和黄色纸条就是这些任务，它们隶属于不同的模块，分别是后端的数据、集群和应用模块；前端的 Web、PC 和 Mobile 模块。注意，这些模块虽然从左到右排列，但它们之间是并列的没有先后关系。蓝色的是开发任务，黄色的是接口自动化测试任务，这也是黄色纸条只出现在后端模块的原因。所有的子任务和它们所属的故事被放在同一行，称为"泳道"。其中，最下方一条是技术泳道，放置并非直接来自用户的工作，例如：代码重构和技术预研等。

5. **故事的开发**：单个任务完成后被放入"实现中"阶段的最后一个子列——"完成"列，它代表的是子任务而不是故事的完成。一个泳道中所有的子任务都完成后，则对应的故事也就完成了，可以进入"待验证"阶段等待测试，这时子任务就可以从看板墙上清理出去，泳道也空出可以接受下一个需求了。现实中，对较为复杂的需求，团队会指定一个开发人员作为总体协调。在将需求移入待验证前，协调人会再次确认所有集成和自测工作都已经完成。

6. **测试人员验证故事**：测试人员从"待验证"列将故事拉入"验证"列进行测试，并用红色纸条标记发现的 Bug，与开发人员沟通解决。测试工作完成以及对应的 Bug 被解决后，需求进入"待验收"列。

7. **产品经理做最后的验收**：产品经理定期验收实现和验证完毕的故事，确保其与最初的设想一致并解决了用户的问题，再根据市场的最新情况确定发布计划。

案例总结

重新设计的看板解决了前文所提及的问题，它究竟起到了哪些实际作用呢？图 7-5 体现了它的特点。

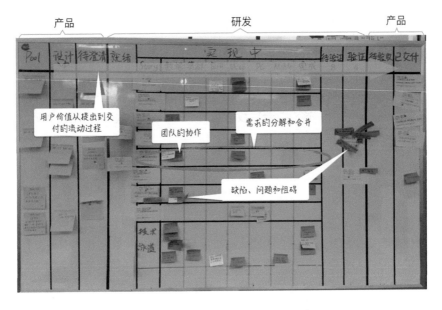

图 7-5　重新设计后的看板系统的特点

首先，它体现了用户价值端到端的流动。在这个看板系统中，流动的单元回归了用户的价值（需求），而不再是原先的任务。并且它体现了价值端到端的流动——从用户提出问题开始，到交付用户解决方案结束。上图中，看板墙的最左边是代表用户的产品经理的工作，中间是开发和测试工作，最右边又是产品经理的工作。

其次，它反映了团队协作交付价值的过程。团队工作的本质是协作交付用户价值，这个看板系统体现了这一本质，它包括了各个环节间的移交和等待；也包括实现阶段内需求如何被拆解成各个模块任务，拆分后子任务又是如何合并和整体移交的。这为团队基于看板系统协作提供了基础。

最后，它反映了价值交付过程中的缺陷、问题和瓶颈。问题和 Bug 即时体现到看板墙上，并与所属需求关联，促进团队更快解决。如果某个环节流动不畅，需求就会在该环节积压形成瓶颈，这为团队指明改进方向。例如：站会上团队从右往左审视每一列需求，当靠右的测试有问题或有 Bug 阻碍时会优先解决，而出现拥塞的瓶颈列也是团队要重点关注的。

这个看板系统的设计不花哨，但忠实反映了团队协作交付价值的过程。也正因为此，才更接近团队工作的本质。看板系统改造完，我问了团队以及负责这个产品的副总裁下面三个问题。

> 1. 看板系统能全面地反映需求交付过程吗？
> 2. 瓶颈和问题能在看板墙上得到即时体现吗？
> 3. 团队可以根据看板墙上的信息协作和做决定吗？

对这三个问题的肯定回答，一直是我设计看板系统的要求。前两个他们给出了明确且肯定的回答。第三个问题的回答则没有那么肯定，这个看板系统能提供了决策时所需要的大部分信息，但团队要据此协作和做决定，还需要清晰的价值流转和团队协作规则。规则也是看板系统的一部分，这对应着看板方法的下一个实践"显式化流程规则"，我们将在第 9 章讨论。

小结

可视化价值流动是看板方法的第一个实践，也是其他几个实践的基础。例如，经常有人告诉我"控制在制品的数量"这个实践实施难度很大，但每次进行深入分析，往往发现价值流还没有理清，要控制的在制品是什么都不清晰，控制从何谈起？又例如，没有很好的价值流的呈现，又何谈显式化流程规则？何谈流动管理？更不要说持续改进了。当然可视化价值流动只是第一步，是必不可少的基础，看板系统的应用和运作，还要靠其他几个实践。

本章要点

- 可视化价值流动是实施看板方法的最基础实践。

- 可视化要体现团队交付的价值，以及价值端到端的流动过程。

- 可视化要反映团队的协作过程。

- 可视化要能即时反映出交付过程的问题和瓶颈。

- 团队应该能够基于看板墙上的信息协作和做决策。

注释

1. Jira 是一个电子项目管理工具，它也支持敏捷和精益的交付模式。

2. 何为数量适当？优先级如何确认？我们将在介绍管理工作流实践时讨论。

3. 在这一步团队会采用"实例化需求"实践澄清需求，"实例化需求"是一个敏捷需求实践，以会议或小型工作坊的形式进行。在开始开发前，产品、开发和测试针对需求进行沟通，澄清需求的目标、用户使用流程和业务规则，三方达成一致并最终生成需求验收标准。

4. 故事是敏捷开发中表示需求的术语，它以简短语言描述用户的具体需求，故事应该是完整可测试的，且规模相对较小，以便团队可以在此基础上进行充分的沟通和迭代交付。

第 8 章

可视化价值流动（下）：看板系统建模

第 7 章通过一个案例大致分享了看板墙设计的基本目标和实践。本章讲述如何从头开始设计团队的看板墙和看板系统。

看板系统设计的原则和步骤

看板系统设计的原则

团队应用看板方法的目标是"顺畅和高质量地交付有用的价值"，看板系统设计也要服务于这一目标。为此，看板系统设计要遵循以下基本原则。

- **体现价值**：对外交付价值是团队存在的理由，这些价值通常包括三点：其一，来自用户和业务及产品团队的需求；其二，为消除技术和业务不确定性进行的探索，例如产品的技术预研以及为验证市场的尝试等，它们是价值的一部分；其三，支持价值交付的工作，如代码的重构，开发环境的改善，运营支持，等等，它们也是价值的一部分。

- **反映协作**：价值交付的过程也是团队协作的过程，具体包括三点：其一，步骤之间的协作，如需求移交开发团队的过程，开发转测试的过程等；其二，环节内的协作，如实现过程中前后端开发人员间的协作等；其三，价值在流动过程会被分解并由多个人共同完成，然后再合并，这一过程也是团队协作的过程。

- **暴露问题**：为更好地交付价值，团队需要识别并处理价值流动中的问题和阻碍。看板系统应能即时反映出这些问题，通常包括三个：其一，价值流动过程中遇到的问题，如需求不清楚，技术障碍，等等；其二，在测试过程中发现的缺陷；其三，价值流动不畅，导致积压而形成的瓶颈。

看板系统设计的基本原则：“要真实和清晰地反映团队协作
交付价值的过程，做到体现价值、反映协作和暴露问题。”

看板系统设计的步骤

理解了看板设计的目标和原则。接下来，我们开始讨论看板设计的操作实践。如图 8-1
所示，我把看板系统的设计分成三个步骤进行，分别是：1）分析价值流动过程；2）选
取可视化设计元素；3）用看板墙建模价值流动过程。接下来将逐一介绍这三个步骤。

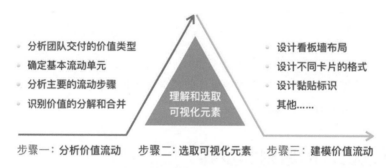

图 8-1　看板系统设计的三个步骤

步骤一：分析价值流动过程

分析价值流动过程是看板设计的基础。为了分析价值流，首先要识别团队交付的价值类
型，确定其中的基本流动单元，分析它的流动步骤和过程，并识别流动过程可能出现的
价值流分层。

> 看板系统的设计应该从分析团队交付的价值类型和价值流动
> 过程开始。

识别团队交付的价值类型

管理学大师德鲁克说：“一个组织的价值只能存在于其外部。”从团队外部视角审视团
队提供哪些服务，是识别团队交付的价值类型的基本方法。

以某银行开发团队为例，他们要交付来自不同业务方和产品的需求；交付来自其他团队
的关联需求；为更好和持续地交付外部价值，还要完成不直接带来用户价值的内部需求，
如代码的重构、测试及开发环境的建设，等等；还要做一些支持性的事务，如运营的支持、
线上问题的反馈和修复，等等。

图 8-2 列出了该团队交付的四种类型的价值。识别了价值并进行分类后，接下来要分析这些价值的基本属性，包括它们来自哪里、是什么内容、到达的频率、对响应的要求以及所占工作比例等。这些都是将来设计看板系统以及定义流程规则的依据。

价值类型	来源	内容	到达频率	处理规则	占比
业务需求	用户或产品规划	产品特性需求	每周一次正式输入 平时会有少量插入	每周进行一次计划 一般按优先级排列 少量紧急需求需立刻响应	~45%
关联需求	其它开发团队	其它团队开发过程中对本团队的依赖	随时提出 每周一次汇总安排	双方协商交付时间 存在很少量紧急需求	~30%
技术改进	团队自身	内部提出的改善性需求，如代码重构、测试优化等	随时提出 比较均匀受控	重要但不紧急 空闲时安排相对较多 希望能持续有规律地投入	~10%
其他任务	多种来源	运营类支持、线上的问题修复、文档的整理、能力建设等	部分随机出现：如线上问题，运营支持 部分周期出现：如月度运营汇总等	各不相同，因事而异	~15%

图 8-2　某银行开发团队的价值类型分析

确定看板系统的基本流动单元

接下来，要从团队的交付中确定看板系统的基本流动单元。通常，我们会选择工作比重比较大的价值类型来作为基本流动单元，这样一来，看板墙的整体结构就可以围绕着基本流动单元进行设计。

除基本流动单元外，还会有一些占比相对较小的价值类型，它们流动过程一般相对简单，我称之为次要流动单元，在反映基本流动单元流动的基础上，看板系统也要把这些次要的流动单元包含在内。图 8-3 是依据前面分析的价值类型，分别确定的基本流动单元和次要流动单元。

图 8-3　区分主次

分析流动单元的流动步骤

确定了基本流动单元，接下来就可以分析它的主要流动步骤了。

如图8-4所示，首先要确定的是价值流动所经历的主要工作步骤，如分析、开发、测试等，在图中我们用绿色的方框表示；在这些工作步骤之间可能会发生明显的交接或等待，如计划后等待开始实现，开发完成后向测试移交等，在图中我们用红色方框表示。等待环节虽然没有具体的工作，却也占用了价值流动的时间，并可能产生积压，也需要识别出来。

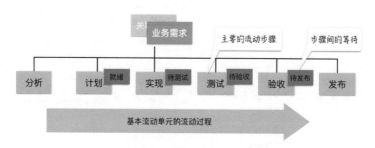

图 8-4　主要流动单元的工作和等待步骤

识别流动过程中的价值分解和合并

在流动过程中，价值可能会被分解并由多个人完成后，再进行合并。它往往发生在工作量占比较大的阶段。

图8-5中，在实现阶段，工作被分解为各个模块的开发和联调任务，完成后再进行合并，并将整合的需求移交测试；测试阶段发现的Bug，也会单独跟踪和处理，直到解决后需求才会移交至下一阶段。这时，价值流就会出现层级关系。

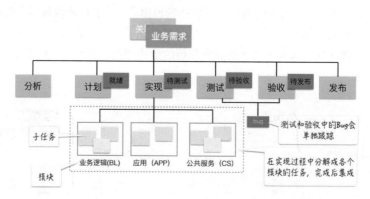

图 8-5　流动过程中，价值发生分解和合并，体现出层级关系

步骤二：选取可视化设计元素

设计看板墙就是用可视化元素建模和反映价值流动过程。在看板墙设计前，我们需要知道有哪些可视化元素可供选择，才能从中选取适当地加以组合。以下将逐一介绍这些可视化元素的用法。

队列

用户需求在某个状态停留会形成队列。停留的原因有两种，第一是工作正在被处理，如开发中和测试中等；第二是等待进入下一个环节，如开发完成或等待验收等。对应的，看板上的列也分为工作列和等待列。

如图 8-6 所示，典型情况下，看板墙上的工作列和等待列交替出现，需求从左至右流经各个列。

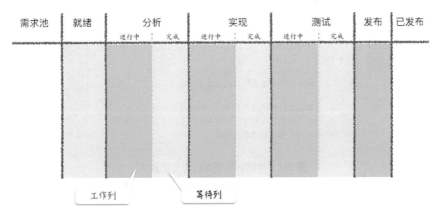

图 8-6 队列包含工作列和等待列

列的划分可以很细，比如开发阶段细分为设计、编码、自测、评审等多个子列；也可以划分得很粗，比如合并开发和测试阶段，统称为"实现"。

具体细化到哪一个级别，依赖于两点：其一，工作是否会在该阶段显著停留，如某团队的需求总是因得不到即时评审而无法继续，这时可能就有必要增加单独的待评审列；其二，使用者是否需要特别关注这些阶段，比如业务团队的看板可能就不需要区分开发和测试，对他们来说那都是实现。

另一个问题是从哪个阶段开始，到哪个阶段结束。理论上，端到端的看板应该从用户的问题开始，到用户的问题被解决结束，形成业务的闭环。而在实际应用中，团队可以从自己能够影响到的局部流程开始，并随着时间的推移，再寻求向上游（市场和业务侧）

和下游（实施和运营侧）延伸看板，以促进整个组织的协作和需求端到端地顺畅流动。延伸可以是对现有看板系统的拓展，也可以是通过建立分层看板系统，在上层看板系统中关注更全局的价值流动，具体实施将在第 18 章中讨论。

确定了看板的起止阶段后，就可以设置"就绪"（ready）队列了。"就绪"一般位于需求池之后，团队正式承诺计划之前。它是等待队列中最特殊的一个，是团队的输入，其意思是需求准备好了，处于可以开发的状态，比如：用户的需求已经清楚；团队理解了用户的需求；相应的关联系统已经确认等。

IT 圈里有一句术语"输入的是垃圾，输出的还会是垃圾"（Garbage in, Garbage out）。管理好就绪队列，确保输入的质量，是需求顺畅流动和交付有效价值的保障。如图 8-7 所示，就绪队列是团队与上游环节的交接点，是看板系统设计的必选项。第 14 章还会详细讨论就绪队列和就绪队列的填充。

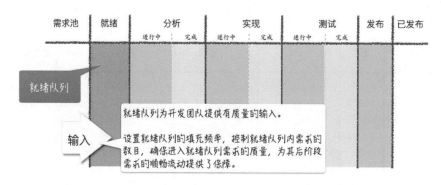

图 8-7　就绪队列是团队工作的输入

泳道

列之后，自然就是行了。行又被称为"泳道"，起到分割作用，所谓"各行其道"。如图 8-8 所示，有两个常用的划分泳道的依据：其一，处理规则不同，如对常规需求和线上问题的处理规则是不一样的；其二，需要给予不同的关注，如需求的受益方不一样。

泳道的另一个重要用途是：表达流动单元的层级关系。典型的有两种层级关系——需求和子需求，以及需求和任务。

首先看需求和子需求（故事）的层级关系，需求是最基本的发布单元，而故事则是基本的开发和测试单元，它们的流动范围不同。如图 8-9 所示，需求被拆分成多个故事。需求和下属故事被放在同一个泳道，故事单独流经待开发、开发、测试和完成各个列。需求一直停留在首列，直到其下所有的故事都完成后，再进入待验收列，故事则从看板上移走，或附在它们所属的需求上一起流动。

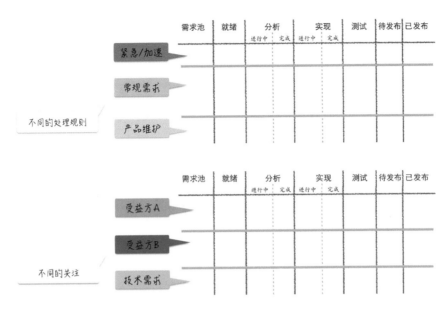

图 8-8　划分泳道的不同依据

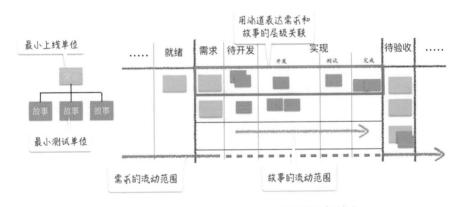

图 8-9　用泳道配合子列表达需求和子需求的层级关系

再看另一种的层级关系——需求和任务，需求是对外交付的基本单元，而任务是内部可分配的基本单元。如图 8-10 所示，需求进入开发阶段后，被拆分成各个模块的任务，进行中的任务放在各自模块所对应的列中；任务完成后则暂时放入完成列；所有的任务都完成后，对应的需求可以进入待验证列。

上面两个例子都综合应用列和泳道，直观表达需求的拆分和合并过程，同时还反映了团队的依赖和协作。每个人在关注自己任务的同时，也能在更高层次上看到其对整体交付的影响。这将让个人有条件做出有利于整体的决策，促进团队有效协作。

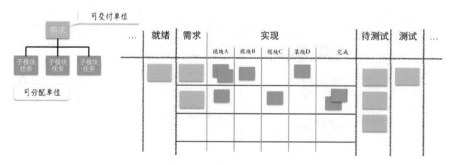

图 8-10 用泳道配合子列表达需求和任务的层级关系

在上例中，泳道还起到了另一个重要作用，即限制实现阶段并行需求的个数。如图 8-11 所示，当看板上所有的泳道都占满后，团队就不应该再开始新的需求，而是要聚焦于完成已经开始的需求。泳道数事实上是并行开发需求的数目上限。限制并行需求数目让交付过程中的问题可以即时暴露，促使团队尽快协作解决这些问题。问题解决后，流动自然就会顺畅，空出泳道开始新的需求。泳道赋予了限制在制品更直观的含义——聚焦完成已经开始的需求，而不是一味开始新的需求，这提高了限制在制品的可实施性。

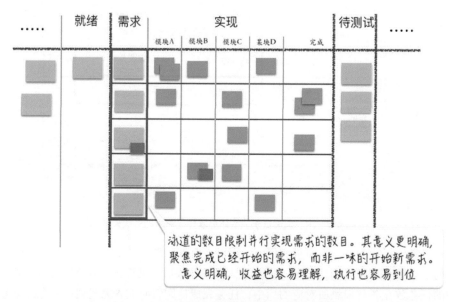

图 8-11 用泳道约束并行需求数是比较有效的手段

区域

除了队列和泳道，我们还可以在看板上划分出特定区域来表达特定的信息。图 8-12 中的抛弃区和搁置区就是很好的例子。

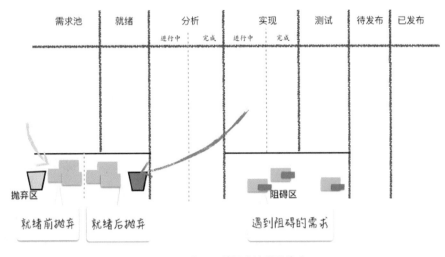

图 8-12　利用区域标表达特殊信息

图中，抛弃区用于收纳中途放弃的需求。具体又分为就绪前抛弃，也就是开发开始前就被过滤并放弃的需求；和就绪后抛弃，也就是开发开始后才被抛弃的需求。

抛弃意味着投入了资源但没有创造价值，带来浪费。然而，没有或者很少的抛弃同样是问题，它意味着团队没有大胆尝试可能的想法，或者是在开发过程中没有去挑战这些想法，即时止损。设立专门抛弃区，可以帮助团队统计抛弃比率，并分析抛弃原因，发现不足和改进机会，鼓励创新的同时，避免非必要的浪费。一般越是创新和不确定的产品，合理的抛弃比例越高。

图中，下方偏右是阻碍区。把需求放入阻碍区，是因为遇到团队暂时不能解决的阻碍。设置专门的阻碍区域，可以让团队和管理者更明显地看到影响需求顺畅流动的原因，并采取及时的行动来恢复顺畅流动。定期分析阻碍原因，可以指导团队的长期改进，系统性地促进价值顺畅流动。

除了专设的区域外，也可以在列中细分子区域，图 8-13 提供了一些例子。

- 把需求池划分为多个区域，分别放置不同业务方和来源的需求，为就绪队列的填充和计划提供更明确的信息。
- 把就绪队列划分为两个区域，分别放置本发布周期和下一发布周期内要完成的内容，以明确优先顺序。
- 把待发布队列分成多个区域，分别放置要部署到不同目标系统的需求，以更好地安排发布计划。

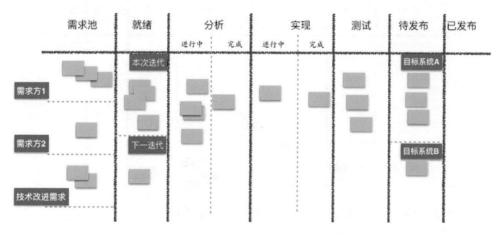

图 8-13　在队列中划分不同的区域

卡片及标识

以上的列、行和区域可以定义出看板墙的基本结构，而接下来要关注的是看板墙上的具体内容，也就是卡片和附属标识。

卡片的空间是有限的，其设计应该尽可能简洁，这样才能突出重点的信息。图 8-14 分别是需求和任务卡片设计样例。

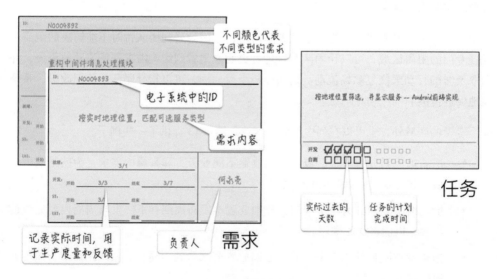

图 8-14　需求和任务卡片示例

需求卡片上的信息有两大类：1）需求的基本信息，包括标题，负责人，ID索引等；2）时间信息，记录主要阶段的开始和结束时间，它们将用于生成统计度量，在第16章和第17章介绍建立反馈和持续改进时详细讨论。

任务卡片存在的时间较短，上面的信息也更少。除了内容和负责人外，就只有时间信息，用以记录已经花在上面的天数。图中每个小格表示一天，之所以用5个大框，是为了提示团队拆分的任务原则上不超过5天（具体因团队而异），大框后面紧跟的小框是为了实在际执行中超过5天时，还可以继续记录。不过这些只是图例，团队应根据实际情况，设计自己的模板，定制和增减信息。

卡片之上还可以黏贴报事贴和磁铁等。图8-15是其中一些示例。

- **名字贴**：可以是磁性的头像或名牌，表示谁正工作在这个需求或任务上。
- **阻碍项**：表明遇到了什么样的问题和阻碍，以及其开始出现的时间
- **缺陷**：和特定需求关联的bug
- **其他的标记**：如红色五角星表示重点关注，同一数字的磁铁表示一组相互关联的需求等。

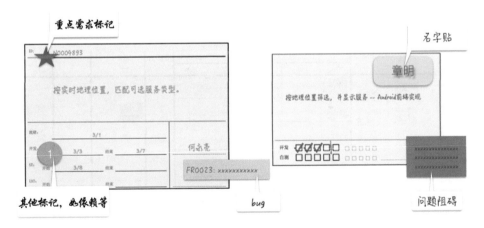

图8-15　附加与卡片之上的各种磁贴或报事贴，可以丰富看板墙的表达能力

需要特别声明的是，这里列出的是可供使用的元素，并非都要采用。而是根据团队的情况，选择性地采用和定制。特别是，对于需求交付周期短的团队，卡片上信息完全可以更加简单。

大家可以进入作者的微信公众号"精益产品开发和设计"（LeanAction），回复"模板"，即可获取相关卡片模板。

步骤三：建模价值流动

在前两步的基础上，我们可以着手设计团队看板墙了，看板墙的设计过程就是综合选取和利用上述可视化元素，建模价值流动的过程。实际上，前两步工作到位，建模过程自然会水到渠成，即用看板墙建模和可视化价值流动过程。

图 8-16 的例子反映了看板墙建模的步骤和结果。

步骤一：分析团队对外交付的价值和价值的流动过程。

步骤二：选取和应用可视化元素。

步骤三：综合和权衡，建模并产出反映价值流动的看板墙设计。

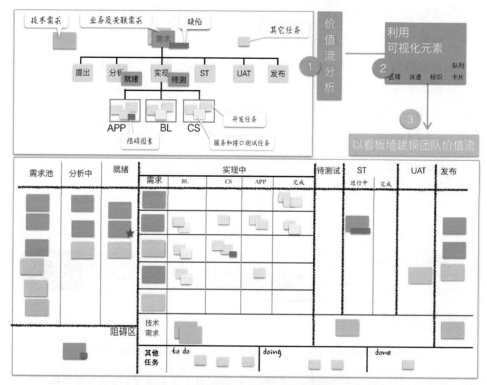

图 8-16　从价值流分析到看板墙建模的实例

这一个看板墙设计体现了团队交付的价值类型；直观呈现了基本流动单元（在这里是业务及关联需求）的流动过程；也包含了次要流动单元的流动过程；用卡片表达了需求及任务的基本信息；通过队列、泳道、区域以及标识等表达需求的状态、异常和其他属性；表达需求和任务的层级关系。

看板墙的目的在于使用，在满足可用性的前提下，看板墙应尽可能简洁，最好的状态是刚好满足团队的使用要求，并且没什么可以裁减的。重要的是，团队应该在使用过程中不断优化看板墙的设计。

小结

每个团队的上下文下不同，提供不同的服务，交付不同类型的价值，价值流动过程也不同。看板系统设计必须从分析团队具体的价值流开始，选择和应用最合理的视觉元素，设计出适合团队自身的看板墙。看板系统建模是其他实践的基础，一个好的开始，能让其他实践上的投入事半功倍。

本章要点

- 良好的看板设计是其他看板实践的基础。
- 看板要反映团队协作交付价值的过程，具体要做到几点：体现价值及价值交付过程；反映团队协作；即时暴露问题。
- 看板设计要从分析团队的价值交付过程开始。
- 综合利用列、泳道和区域表达价值交付和团队协作的过程。
- 合理设计卡片及其黏贴物提高看板表达能力和可用性。
- 在使用过程中演进和优化看板设计和运作。
- 在够用的前提下，尽量保持看板墙的简洁设计。

常见问题

问题：看板墙上要包含团队所有的工作吗？

回答：看板墙要反映团队协作交付价值的过程，与之相关的信息应该包含。这样做的目的是，团队可以利用看板系统管理价值流动，并展开协作。基于这一点，一些与团队协作关联不大的常规性的任务，并不需要体现在看板墙上，除非它会影响团队做决策。

问题：看板系统设计太过复杂，怎么办？

回答：原则上一个团队看板系统的设计不应该太复杂，它应以用户价值交付为线索，反映价值交付的过程。如果还是太复杂，我们应该考虑团队协作和交付流程是不是出了问题，还能不能简化。还有，本章讲述的方案相对完整，现实中并不是都得采用，可以根据实际需要进行增减。

问题：需求一定要拆成任务吗？

回答：不一定。有些团队的需求在前期已经拆分得比较小了，大部分需求都可以一个人完成，而且这些需求也相对独立，可以分别测试和上线。这时把需求拆分成任务的必要性就不大了。但是能在前期就把需求细化到这个粒度的团队并不多。

问题：本章提到的全部是物理看板，为什么没有推荐使用电子看板工具呢？

回答：市面上有很多做得不错的电子看板工具，我在附录二中介绍了一些，也比较了电子看板和物理看板。电子和物理看板各有优势，并没有明确的好坏之分，关键要看具体的上下文和场景。但还是有一个建议，从物理看板开始，因它参与感强、方便调整等特性对初始使用很实用。物理看板使用顺畅的情况下再考虑是否要迁移到电子看板是一个比较好的路径。

第 9 章

显式化流程规则

本章介绍看板方法的第二个实践"显式化流程规则"（图 9-1），它是看板方法实践体系不可或缺的一部分，却也最容易被低估和忽略，而影响整个看板方法的实施效果。

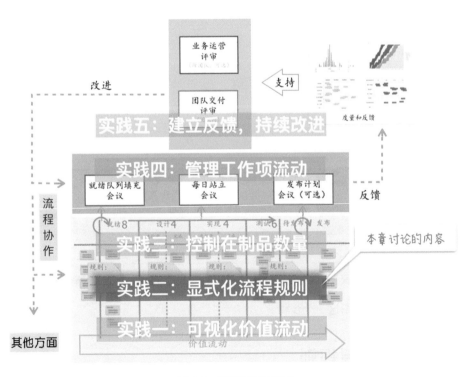

图 9-1　显示化流程规则

团队运作离不开各类规则，例如：需求的准入条件是什么；优先满足哪类需求；怎么应对紧急需求；移交给测试前，需求要达到怎样的质量标准；短期进度和长期质量冲突时，如何决策；多长时间进行一次需求排期；等等。这些正式或非正式的流程规则，在背后影响团队成员的行为和组织的绩效。

显式化规则为团队提供明确的决策依据，它最核心的要求是：团队成员对流程规则形成一致的理解和承诺，并真正"拥有"这些规则。

如图 9-2 所示，我把显式化流程规则分为以下三个步骤。

步骤一：组织并明确流程规则。按照价值流动和团队协作有序组织和明晰流程规则。

步骤二：让团队共同拥有流程规则。通过流程规则赋权给团队，让团队加强自主协作和决策。

步骤三：持续改进流程规则。以显式的流程规则作为改进的基础，进一步加以改进落实到其中。

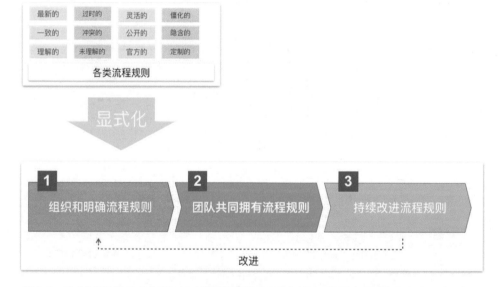

图 9-2　显式化规则的意义在于组织、明确流程规则，使团队一致理解、承诺和拥有这些流程规则

接下来，我们将逐一介绍这三个步骤。

组织并明确流程规则

流程规则种类不同，有些是正式定义的，有一些则隐含在决策过程背后。它们散布在不同地方，更好地组织能方便团队成员理解和应用，发现不足。为此，我把流程规则归为以下三类。

- **价值流转规则**。它指的是价值项——如用户需求——从一个阶段进入下一阶段所要满足的标准。

- **周期性事件相关的规则**。它指的是与团队运作中的定期事件相关的规则，如站会和就绪队列填充的规则。

- **其他协作规则**。它主要指与团队日常协作和运作相关的规则。

显式化价值流转规则

"价值流"是组织价值流转规则的自然线索。看板方法的第一个实践——可视化价值流动——为组织流程规则提供了极大的便利。如图 9-3 所示，黄色箭头框内标记的内容是价值进入某个阶段所必须达到的标准。比如：需求可以开始分析的接收标准；需求进入就绪的标准；代码提交和任务完成的标准；功能转测试的标准；功能提交验收的标准；需求发布的标准；等等。

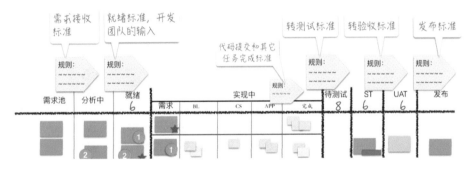

图 9-3　按价值流组织起来的价值流转规则

按价值流组织流程规则，更方便团队记忆、理解和应用这些规则。但应该如何确定它们呢？让我们以需求进入就绪队列的标准为例来看一看。

正如 IT 领域的术语所说"进去的是垃圾，出来的也会是垃圾"（Garbage in, Garbage out），就绪队列作为开发团队的输入环节，其需求的质量直接关系后续环节的顺畅和最终的输出质量。在《精益开发实战》中，Henrik Kniberg 把就绪队列的入口标准称为"就绪准则"Definition of Ready，对应于 Scrum 中常用的"完成准则"Definition of Done。因上下文和团队成熟度不同，每个团队的就绪标准也不同，图 9-4 抽取了几个真实团队的共性，虚拟了一个对话来表述就绪标准的确定过程。

图 9-4　从目标出发，对话引导得出了就绪标准的四个原则

从这个对话中我们看到，一旦就绪，团队当然希望需求能够顺畅地向后流动，而不是问题不断，走走停停。需求进入就绪队列时，问题还没有发生。按项目管理的术语，还没有发生的问题应该被称作风险。

就绪队列填充时，应尽可能识别和应对相关风险，具体包括业务风险（需求是否清晰并理解一致）、关联风险（识别对外依赖和得到承诺）和技术风险（方案基本可行）。同时需求要拆分的足够小，这样才能充分讨论，避免问题被隐藏。

以上的讨论确立了就绪标准的大的原则，适用于大部分团队。针对特定团队还需要具体化，补充团队特有的内容，图 9-5 是一个具体实例，它反映了团队特定的上下文、他们使用的方法和工具以及当前的成熟度等。

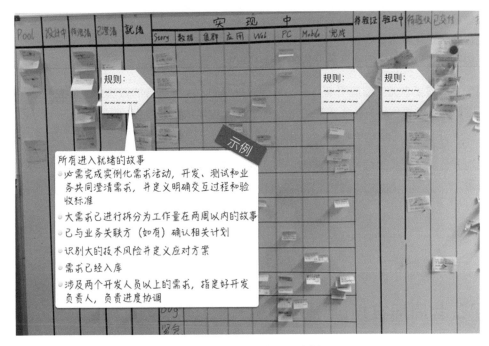

图9-5　某团队就绪标准的实例

显式化定期事件相关的流程规则

除价值流转外，定期事件也是组织规则的有效线索。看板方法中主要的定期事件有：每日站立会议、就绪队列填充会议、产品发布规划会议以及定期的改进活动等。团队需要明确它们的节奏、内容及相关规则。以就绪队列填充为例，团队需求明确。

1. 事件的频率，如每周进行一次就绪队列填充。

2. 组织的形式，例如要完成哪些目标，和大致的流程。

3. 适用的规则，例如怎么选择需求，一次选择多少需求。

4. 例外情况，例如正常的就绪队列填充节奏之外，出现紧急需求如何应对。

后面讨论到管理工作流动和持续改进时，还会单独描述这几个事件。这里不再具体深入，但无论如何团队需要明确相关规则并达成一致理解。

显式化其他协作规则

价值流和定期事件能够组织起团队大部分的流程规则，但并不是全部。剩余没有覆盖的流程规则，主要与团队的日常运作和协作相关，统称为"日常协作规则"，如看板墙的更新和可视化规则；在制品限制的规则；度量、反馈的收集和分析机制；改进行动的制定和跟踪规则等。我们在看板方法的其他实践中，还会讨论到这些规则。

团队并不需要事无巨细地明确所有的日常协作规则，一个可行的做法是，首先明确那些对团队运作和协作影响较大流程规则，并通过结果的反馈来完善和调整它们。

最后，显式化并不是可视化，尽管团队可以选择将明确的规则可视呈现在看板墙或其他地方。但真正重要的是，团队对它们达成一致的理解和承诺，并基于它们进行协作和决策。

> 团队可以按照价值流转、定期事件以及日常协作来组织和明确流程规则。规则的明确并不需要一步到位，而是在应用中不断完善。

团队共同拥有规则

流程、规则的明确是第一步，这时它们还只是没有生命的信息。赋予流程规则生命力的是应用它们。为此，团队要达成对规则的一致理解，这样才能依据这些规则更加自主的决策和协作，在需要的地方能够即时做出决定，而不依赖于更上层或中央节点的控制。

团队才是流程规则的拥有者。例如，团队的规则是"当前工作完成后，应该从就绪队列中选取靠前的需求开始开发"，开发人员就可以自主从就绪队列中拉入新的需求，而不需要其他人的安排；或者规则是"站会上从右往左检视需求，当有 Bug 时优先解决Bug"。这时，如果解决 Bug 和开始新任务冲突，团队自然知道应该怎么决策，而不用等待批准；又如规则告诉我们："所有进入待测试的需求，都应该按验收条件完成自测"，那么开发人员把需求移入待测队列时，就应该满足这一条件，而不需要谁来督促和检查。

理解并共同拥有规则，是对团队的赋权，是团队自我组织和高效运作的基础之一。同时规则是保障交付结果的手段，它让团队把产品的交付质量内建于流程的每个环节，而非依赖于最后的检查。团队要对交付结果负责，就必须明确和理解规则，实施和改进规则，也唯有这样，团队才可能真正对结果负责。

> 团队拥有规则是对团队的赋权，也是在开发过程中内建质量的保障。

持续改进流程规则

流程规则不是一成不变的。初始规则的定义可能不合理，外界环境可能发生变化，团队的成熟度也会提高，相应的规则也需要改善和演进。显式化流程规则的另一个重要作用是作为改进的基线。

以显式化规则为基础讨论改进

现有的流程规则是团队讨论和发现改进机会的基础，只有基于同一基础的讨论，才能做到客观和理性。否则，没有清晰的基线，对改进的讨论就没有基础，容易陷入主观和情绪化。

如图 9-6 所示，如果没有清晰的流程规则基线，说法可能是"质量差就是因为团队没有起码的责任心"，这是主观和情绪化的讨论。而如果流程规则是清晰的，靠谱的做法是"我们一起看一下，质量问题究竟根源于哪个环节，是规则不合理，不清楚，还是执行不到位，还是可执行性有问题？"这样的讨论更加客观和理性。

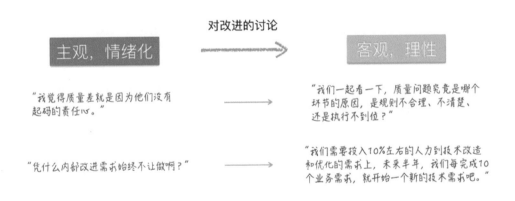

图 9-6　客观和理性而非主观和情绪化

将改进落实到显式化的流程规则中

有了显式化流程规则，团队就可以把改进落实到其中，成为新的基线。否则，改进落实不明确，其效果就容易出现反复。

如图 9-7 所示，改进行动没有具体落实，就会出现这样的情况："怎么搞的，这个问题几天不强调就又出现了？难道需要派人一直盯着？"而基于显式化的流程规则，更好的做法应该是"我们需要把改进落实到规则中去，并确保其理解和执行到位。"

对改进的实施

反复 → 有序

"怎么搞的，这个问题几天不强调就
又回去了？难道需要派人一直盯着？"

"我们需要把改进落实到规则中去，
并确保其理解和执行到位。"

图9-7 改进应该可靠和有序而非反复

显式化流程规则让改进更加可靠和有序，避免反复。即便改进没有达到预期的效果，我们也能明确的区分是改进方案的问题，还是落实的问题，并针对性调整。

> 显式化的流程规则是改进的基础，让团队对改进的讨论更客观和理性，避免不必要的主观和情绪化。同时它也让改进落实成为新的流程规则，确保改进的可靠和有序，避免脆弱和反复。

当然，显式化规则只是改进的基础和落实改进的载体。至于如何改进，则需要建立建立完善的反馈机制，系统地分析改进机会，并应用科学的方法定义改进行动，衡量改进效果，形成有效的改进闭环。我们将在第16章和第17章中将详细讨论这一主题。

小结

"显式化流程规则"是"可视化价值流动"的自然延伸，它是团队运作和协作的基础。团队基于价值流动和定期事件组织和明确规则；以此为基础，团队一致的理解并应用这些规则，更多地自主决策，成为规则的拥有者；最后，团队要在实践过程中基于现有的规则发现改进的机会，并将改进落实成为新的流程规则基线。

流程规则是影响团队行为模式的DNA，同时它应该能够不断演进，构建组织的适应性。

本章要点

- 按照价值流转和团队协作来组织规则并达成一致的理解。
- 规则包含工作流转规则，定期事件相关的规则和其他协作规则。
- 显式化规则是团队协作和决策的基础，规则应该为团队所共同拥有。
- 显式化规则是持续改进的基线，它让关于改进的讨论更加客观、理性和有序。

常见问题

 问题：显式化和可视化有什么区别？

回答：显式化是指要明确规则，并在团队内达成一致的理解，成为协作和决策的依据。显式化不一定要可视化，可视化了但还不明确，或理解不一致，也不能叫显式化。

 问题：详细定义规则是不是一种微观管理，而剥夺团队的自由发挥？

回答：恰恰相反，显式化规则应该是一种授权。团队要想能够自我管理，就应该明确并拥有规则。一方面，团队在规则范围内，明确可以发挥的空间，才更可能却发挥主动性；另一方面，规则应该由团队拥有，规则明确后，团队才能够更好地改进它们。

注释

1. 内建质量（Build Quality In）是精益的基本原则之一。产品开发中，明确流程规则是内建质量的手段之一，其他手段还包括自动回归测试、测试驱动开发、小批量开发和验收等。

第 10 章

控制在制品数量（上）：为什么要控制

本章开始介绍看板方法的最重要，却也被认为是最难实施的实践——控制在制品数量。我们将分三章介绍，每章以一个故事为开始，分别是"束水攻沙""停止开始，聚焦完成"和"湖水岩石"，分别对应着为什么要控制（why）、控制什么（what）和怎么控制（how）。

首先介绍为什么要控制在制品数量，也就是控制在制品的本质目的。

束水攻沙

让我们从"束水攻沙"的故事讲起。故事的主人公潘季驯是明朝治理黄河的水利专家，被称为"千古治黄第一人"，他也是少数被誉为"世界级的水利泰斗"的古代中国人。我们今天要讲的就是他治理黄河的故事。

治黄河难，难在泥沙的不断淤积。清淤是治理黄河的传统办法，问题是清了又会淤积，年复一年。大批的河工聚集，又为造反提供条件，元朝的覆灭就与之关系甚大。不治则生灵涂炭，治则劳民伤财，这是摆在历代统治者面前的两难决定，明朝也不例外。

嘉靖到万历年间潘季驯四次临危受命治理黄河，取得前所未有的成效，并总结了切实可行的理论和实践体系，其中最为重要的思想就是"束水攻沙"。

什么是"束水攻沙"呢？潘季驯在治理黄河时既没有蛮力清淤，也不是一味地加高加宽河堤。他反其道而行，收窄河堤——在大堤内（称为遥堤）再修筑一道更窄的缕堤，遥堤用以防溃，缕堤用以束水。河堤收窄了，水流的速度就会加快，将沉积的泥沙带走，这就是所谓"束水攻沙"（图 10-1）。

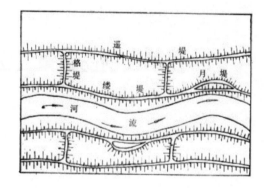

图 10-1　潘季驯（1521—1595），"千古治黄第一人"，我们要讲的是他的治黄方略"束水攻沙"

"束水攻沙"是潘氏的首创，成为后世几百年治理黄河的基本方略。但它与在制品限制有什么关系呢？"束水"加快了水的流速，也带走了泥沙。对应的，产品开发中控制在制品数量的目的是：缩短需求从开始到完成的平均交付周期——加快流速，并即时发现和处理交付过程中的问题——带走泥沙。我们来看具体的例子。

在图 10-2 中，泳道数约束了并行需求的数目。并行需求减少了，需求从开始到完成的时间随之缩短。这一原理也可以表示为"利特尔法则"：

平均交付周期 = 平均并行需求数 / 平均交付速率

平均交付周期：指需求从进入开发团队到完成交付的时长；并行需求数：指整个系统中并行需求的数目，是处于各个阶段的需求数之和；平均交付速率：指单位时间交付的需求数。

利特尔法则告诉我们，并行需求越少，单个需求从开始到结束的交付周期就越短。缩短交付周期让组织可以更快地响应市场，和更快地学习改进，移动互联网时代这是核心竞争力。

比缩短交付周期更重要的是，控制在制品可以暴露产品开发过程中的问题和阻碍。我们还是以潘季驯的话来做类比。

急则沙随水流，缓则水漫沙停。　　—— 潘季驯

潘季驯说："缓则水漫沙停。"对应于产品开发，如果需求总是积压在特定阶段，流动不畅，各种问题和风险也容易蔓延和积累。有效控制在制品可以即时暴露交付过程中的问题。例如，在图 10-3 中，并行需求少了，对应的阻碍和问题也会凸显出来；需求完成后很快进入下一环节，上一环节的错误很快被发现；瓶颈处需求积压形成的队列会非常显眼，团队也容易感到瓶颈的存在。

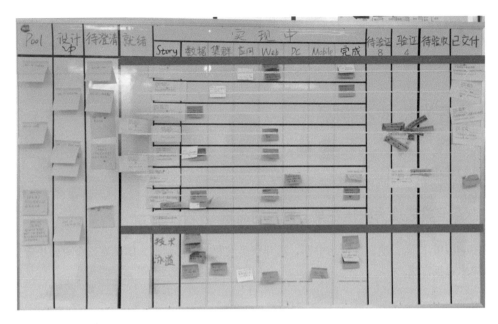

图 10-2　在制品（需求）减少了，其从开始到完成的时间也会变短

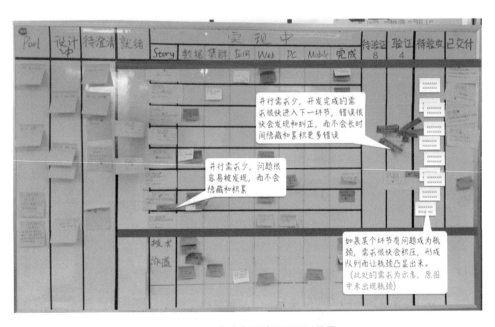

图 10-3　控制在制品让问题即时暴露

更进一步，为了控制在制品，团队就必须采取行动尽快解决暴露出来的问题。即时暴露和解决问题的循环，让价值流动得以顺畅，团队交付能力得以提升。

通过"束水攻沙"的隐喻，我们看到了控制在制品的两个目的：其一，加速价值交付，也就是缩短交付时间；其二，即时暴露问题，也就是让价值交付过程中的问题和瓶颈即时显现出来。

产品开发中的在制品

让我们回到产品开发，其中的在制品是指所有做了投入，但还没有实现价值交付的工作，让我们看几个例子。

在制品经常表现为积压在某一阶段的需求

图 10-4 中的团队，项目进行到中期，遇到很多问题，一再延期，团队在这个时候决定尝试应用看板方法。

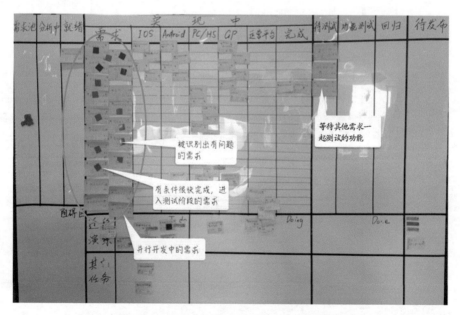

图 10-3 瀑布项目中，需求集中在某一阶段形成在制品

第一步，我们将目前团队的工作可视化，于是就呈现了图中看板墙的状态。可以看到团队采取的是瀑布开发模式，大量需求积压在开发阶段形成队列，显然这些工作都是在制品。

可视化在制品后，团队的问题变得清晰起来，积压在开发阶段的需求，相互等待影响，很多问题被隐藏了起来，加大了协调和管理的难度。而且，这些需求的测试被延迟，质量问题不能及早发现，可以预期在测试阶段问题还会集中爆发。

基于这一情况，我们进一步分析了并行开发中的需求，识别出已经完成的需求，将其移入待测试，尽快开始验证，及早发现问题，识别出很快可以完成的需求（图中用绿色磁贴标记），尽快完成它们使其进入测试，减少开发中的并行，识别有问题的需求（图中用红色磁贴标记），重点关注这些问题，逐个解决，以促使需求可以快速向下流动。这三个步骤都促成了在制品下降，恢复了需求的流动。

从这个例子中，我们可以看到，产品开发中的在制品经常表现为并行工作或等待的队列，它们阻碍了用户价值的顺畅流动，也容易隐藏问题。

必须端到端地关注整个系统的在制品

图 10-5 是另一个团队的状况。他们刚开始应用看板方法，对并行开发"需求"的控制取得了一些效果——减少了开发的并行和多任务切换。但问题出现在了后面，大量"需求"被积压在测试和等待上线阶段。

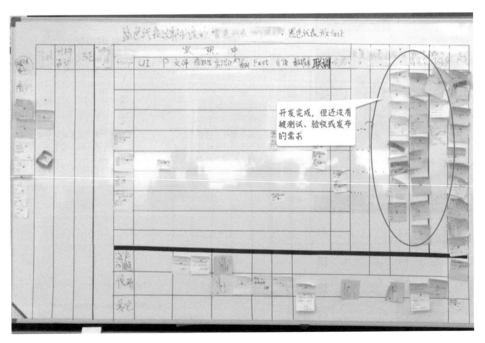

图 10-5　开发完成任务，如果不能即时的集成、测试和发布就仍然是在制品

进一步分析发现，后期积压的主要原因是前期需求划分不合理，开发完成的"需求"并不能单独验证或上线，而是要等待一批需求一起验证和上线。所以，这里的"需求"并

不是真正的用户的需求，而只不过是团队内部的任务。单纯按任务来控制在制品，往往无法实现最终加速价值流动和即时暴露问题的目的。

在这个例子中，我们可以看到：控制在制品并不能只看单个阶段，而是要端到端地关注整个系统的在制品，只有整个系统的在制品降下来了，才能实现用户价值顺畅流动，并尽早发现问题、交付价值和获取反馈。

用户视角是判断在制品的最终标准

再看一个例子，图 10-6 中用户价值（在线播放视频文件）被拆分成了前端和后端团队各自的子需求。在单个团队看板墙上，子需求处于完成状态，似乎在制品并不多。但单个团队完成的工作并不能交付，而是要等待与其他团队集成验证后才能交付，问题仍然可能被隐藏，也未获得外部的有效反馈，显然它们都还是在制品。所以团队内部工作是否完成并不能作为判断在制品的标准，从用户的角度出发是判断一个工作是否是在制品的最终标准。

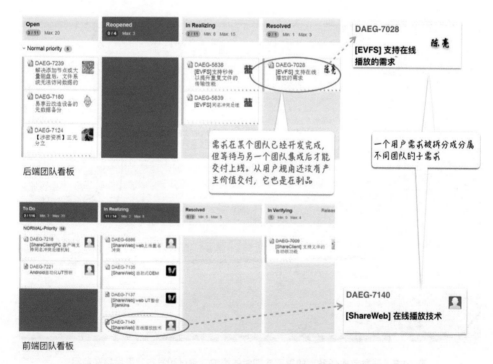

图 10-6　单个团队的子需求即使完成，不能交付就仍然是在制品

以上三个例子中，由于没有有效地"束水"，都看到了水流停滞（需求不能尽早交付）的现象，最终也都会导致水漫沙停（问题积累或被隐藏）。总结前面的例子，我们得出

以下结论：

> 在制品是所有已经开始但还没有完成价值交付的工作，控制
> 在制品必须从用户的视角出发，关注端到端交付过程，降低
> 整个系统的在制品数量。

以下列出产品开发过程中常见的在制品：

- 已经承诺但还没有开始的需求

- 已经编码但还没有集成的任务

- 已经集成但还没有测试的需求

- 没有被发现或发现了但还没有修复的 bug

- 测试完成但还没有发布的需求

- 等待联合发布的需求

在制品带来的问题

以上我们了解了什么是在制品以及如何判断在制品。那在制品究竟带来什么问题呢？
Don 在 *The Principles of Product Development Flow* 一书中说道："队列（在制品的积压）
是造成产品开发糟糕表现的单一最重要因素"，他还列举了在制品带来的 6 类问题：延
长交付时间；隐藏风险；增加管理和协调负载；提高系统的波动性；降低团队激励程度；
损害质量。

Don 对这些问题的成因做了强有力的论证，这里不再重复。但在制品带来如此多的负面
影响，为什么却被长期忽视呢？一个重要的原因是它们在财务和物理上都不可见。

在生产制造领域，在制品是资产负债表上的"库存"，减少库存释放现金、提高运转效
率是企业财务官和管理者梦寐以求的，是企业运营的重点目标之一。物理上，生产制造
中的在制品也非常明显，它们或者在工序上排队，或者堆积在货架上和仓库内，随时可见，
是工厂运营者不遗余力降低的东西。

而产品开发则完全不同。财务上在制品是不可见的，所有投入的人力都算作既成事实的
沉没成本。在物理上，产品开发的在制品体现为代码、创意和文档等，也是无形和不可
见的。

产品开发中在制品的不可见，并没有改变它是许多负面影响根源的事实。相反，正是因
为不可见，才需要我们在意识和实践上格外重视。我们要把它视同库存，正确地应对和

努力地降低，提高产品开发的运营效率。

通过正确实施"可视化价值流动"实践，我们能够清晰展现本来在物理上不可见的在制品，为有效控制它们创造了更好的条件。控制在制品的具体方法是下一章的重点。

小结

本章介绍了什么是在制品，产品开发中在制品的表现形式以及控制在制品的目的。理解这些可以为我们有针对性、有效地控制在制品并通过它改进产品开发过程和提升绩效打下坚实的基础。

本章要点

- 控制在制品可以加速需求的交付，提高对外响应能力。

- 控制在制品可以进一步即时暴露问题，促进改进。

- 产品开发的在制品是指所有做了投入但还没有实现价值交付的工作。

- 从用户视角出发是判断在制品的最终标准。

- 产品开发中的在制品物理上不可见，可视化价值流动可以帮助我们识别和更好地控制在制品。

常见问题

问题：我们是做企业网设备的，发布周期比较长，还有必要控制在制品数量吗？

回答：当发布周期比较长时，端到端的控制在制品是困难的。但是，还是有必要控制住其他阶段，如控制开发中的、测试中的并行需求。控制在制品的其中一个目的是尽早发现问题和获取反馈，从这一目的出发，我们应该控制那些我们可以控制的阶段，比如控制从需求导入直到内部验收完成阶段的在制品。

我接触过几个做企业网设备的，他们采取的策略是定期将版本部署到自己的办公环境中，虽然严格意义上，还没有向真实的用户发布就还是在制品，但通过这样的方法，它们极大降低了其他过程的在制品，提高了过程质量，最终还实现了面向真实用户的更高频次发布。

问题：文中有一个例子里，在制品都积压在测试阶段，与我们的情况类似，应该怎么处理呢？

回答：看板系统负责暴露问题，而解决方案还需要团队结合具体上下文进行分析。很多敏捷开发实施表现出的问题和瓶颈都是测试跟不上，但测试问题的解决方案常常并不在测试本身。

在文中的例子中，问题出在需求分析和规划阶段，在这个阶段它们没有很好地规划和组织需求，导致交付给测试的需求往往不完整，无法即时测试。这个团队，后来是通过引入故事地图实践解决的这一问题，通过故事地图团队按场景组织前期需求，保证了任何一个场景都单独可测试、上线和发布，因此测试也能很快开展，完成场景的测试，并移交给产品做验收和发布。

注释

1. "束水攻沙"是潘季驯最核心的治黄攻略，但不是全部，比如到下游束水攻沙不再有效，他又采取"蓄清刷黄"的策略，引洪泽湖水冲刷黄河。

2. 利特尔法则由 MIT 斯隆商学院的教授利特尔提出。它是一个有关交付周期与在制品关系的简单数学公式，这一法则为如何有效缩短交付周期指出了方向。

第 11 章

控制在制品数量（中）：控制什么

上一章介绍了控制在制品数量的两个目标：束水（加速流动）和攻沙（暴露问题）。本章介绍控制在制品具体是要控制什么。

暂缓开始、聚焦完成

我们还是从一个故事讲起，更确切地讲是一个标语——"暂缓开始，聚焦完成"。

图 11-1 是对"暂缓开始、聚焦完成"的形象描述。交通路口出现拥堵，两个方向的车挤在一起，警察做的正是"暂缓开始"——那边的车别进来了，"聚焦完成"——这边的车快走。

面对产品交付中的问题，团队和管理者正确的应对也应该是"暂缓开始，聚焦完成"。道理很简单："完成越多才交付越多，而不是开始越多交付越多"。用它来描述控制在制品的数量再合适不过。

面临交付压力，让工作尽快开始是自然反应。但已经开始的工作不能即时完成就会成为在制品，同时带来第 10 章所说的在制品的副作用，反而不利于工作的顺畅完成。为此，精益产品开发倡导"暂缓开始、聚焦完成"（Stop Starting, Start Finishing），它是精益产品开发社区最著名的口号，也是欧洲精益看板会议历年的标语，甚至有一本讲看板方法的小书，书名就是"Stop Starting, Start Finishing"，副标题的意思是"为什么要限制在制品？怎么限制？"

图 11-1 "暂缓开始，聚焦完成"是在精益开发社区广泛传播的口号

以用户价值为单位控制在制品数量

"暂缓开始，聚焦完成"就是要控制在制品的数量，快速完成已经开始的工作。原则上，价值交付了才算完成。为了做到真正的完成，控制在制品必须以价值交付为基准。

现实中，很多团队把并行任务数作为控制的对象。但，任务完成，并不表示需求可交付。如此，它们即使完成了，也还是在制品，没有实现及早交付价值的目标，问题也会隐藏在这些在制品中。同样重要的是，以任务为基础的限制，其业务意义不明确，经常得不到管理层和团队的理解和支持，很难落实和坚持。

图 11-2 反映的是，为了有效实施在制品控制，团队必须把焦点从"限制并行任务"转移到"控制并行的用户价值"。只有这样，才能即时暴露价值交付中的问题，并促进团队围绕价值紧密协作，尽快交付价值。这也更容易得到业务方、管理层与团队的理解和支持。

很多开始应用看板方法的团队问我："在制品的控制总是无法实施，怎么办？"我总是让他们先检视一下自己的看板系统，它究竟有没有反映用户价值的流动，或者仅仅是一个任务板？团队真的聚焦于快速完成用户价值了吗？没有处理好这些问题，是我看到的那些无法实施在制品控制或限制的团队的共性，只不过背后的具体原因会有不同。

> 控制在制品的目的是促进团队围绕价值交付更紧密地协作，即时发现和处理问题并快速完成已经开始的需求。为此，我们必须以用户价值（而非任务）为单位控制在制品。

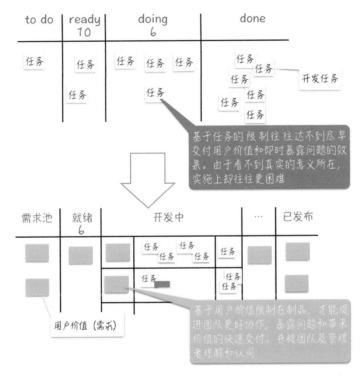

图 11-2　基于任务数控制在制品效果往往不好，更好的做法是基于用户价值控制在制品

对于复杂的产品，往往必须由多个团队协作交付用户价值，因此在制品的控制也需要跨团队。这时，就需要使用分层看板及相关运作机制。我将在第 18 章介绍看板方法的规模化应用时再讨论具体实践。

控制而不仅仅是限制

大多数文献使用"限制在制品数量"这一说法，而我更倾向使用"控制"而非"限制"。相对而言，控制更加主动，提供更多可能的手段，而限制只是手段之一。控制也与尽早交付价值的目标更吻合。

图 11-3 列举了一些常用的在制品控制手段。

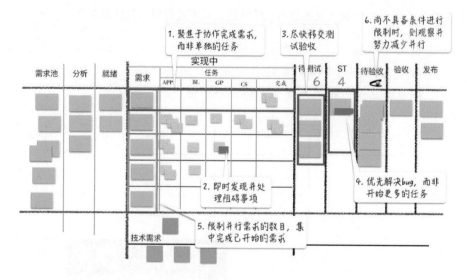

图 11-3　控制在制品的常用手段

1. 以用户价值为单位组织开发任务，让任务直接关联到用户的价值上，使任务的完成尽快体现为价值交付。

2. 即时发现并处理阻碍事项，尽快完成已经开始的需求。

3. 尽快将开发完成的需求移交测试及后续阶段。

4. 优先解决测试发现的 Bug，而非开始更多的任务。

5. 限制并行需求的数量，集中完成已开始的需求。

6. 在还不具备条件的情况下，可以先把队列可视化出来，观察并努力减少等待和并行。控制在制品的方法，应该落实到具体操作中，例如每日站会上的实践，或问题处理与计划活动的规则等，这样才能保障其有效落实。如图 11-4 所示，控制在制品将帮助即时发现问题，尽快交付价值，而价值的即时交付，也促进了在制品的有效控制。

控制在制品与即时发现、处理问题，快速交付价值，互为因果，相互促进，形成良性循环。

图 11-4　控制在制品与快速价值交付，两者互为因果，相互促进

小结

"暂缓开始，聚焦完成"，价值交付了才是完成，在制品控制的对象必须是用户价值。做到这一点，控制在制品也就是自然而然、水到渠成的事。

本章要点

- 控制在制品应该以价值交付为目的，控制并行用户价值的数量，才能加速价值交付。
- 应用综合手段促使已经开始的工作尽快完成，这样才能事实上降低在制品。
- 围绕价值的快速交付设计和运作看板系统，可以更容易、更有效地控制在制品数量。
- 聚焦完成，暂缓开始。

常见问题

 问题：现实中交付压力非常大，控制在制品数量很难执行下去，怎么办？

回答：控制在制品并不是要做更少的事，而是在同一时间更加聚焦，这样反而能提高单位时间的有效产出。面临压力就增加并行，这是自然反应，但不是正确的反应，它往往会降低有效产出。但思维的转变并不容易，以下做法有一些帮助。

其一，将控制在制品与快速交付联系起来。尽可能赋予控制在制品业务的含义，如控制测试中的需求数量的目的是尽快解决问题以交付这些需求；控制并行的开发需求的目的是尽快完成和移交已开始的需求。需要再次强调的是，控制的对象一定是需求（而不是任务），这样才能和交付关联。

其二，提高团队和管理者聚焦完成的意识。考察团队和管理者是否成熟的一个重要标志，是面对压力时的应对。面对进度压力时，正确的做法是想方设法完成已经开始的工作。不得不传递压力时，正确的传递方式应该是"抓紧完成已经开始的工作，以尽快开始还在等待中的需求"。

第 12 章

控制在制品数量（下）：如何控制

前两章介绍了控制在制品的目的（why）以及具体控制什么（what），本章介绍如何控制在制品（how），它也是控制在制品实践的终章。我们仍然以一个故事作为开头，它就是"湖水岩石效应"。

湖水岩石效应

第 11 章提到了几个控制在制品数量的方法，其中直接限制在制品数量是比较常用的，它帮助暴露流程和组织的问题，湖水岩石效应很好地隐喻了这一过程。

图 12-1 中，湖水水位相当于在制品的数量，岩石相当于组织内部的问题。当水位较高时，问题被隐藏，我们看到的是平整的水面。水位降低，岩石就会逐渐显露出来。

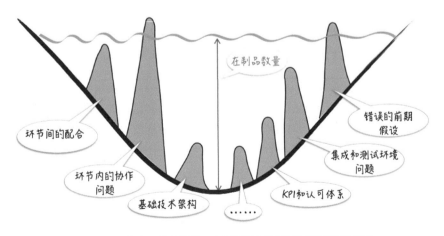

图 12-1　湖水岩石效应隐喻了在制品数量和问题暴露之间的关系

对应的，降低在制品数量使交付过程中原先不容易发现的问题暴露出来，如开发与测试的配合问题，需求环节所做的错误假设等。解决这些问题，让价值交付更顺畅和高效。而水位的进一步降低，还会暴露更深层次的问题。在不断暴露和解决问题的过程中，组织的交付能力也将得到持续提升。

限制在制品的原则

所谓限制就是设置最大允许的在制品数量，当实际在制品数量达到这个值时，则不允许开始更多的工作。一个经常有人问的问题是"限量多少合适？"

回答这个问题必须回到目的本身。限制必须服务于暴露问题和加快价值交付这两个目的。它应遵循两个原则：现实；有用。

所谓"现实"是指，与团队的能力匹配。如果设置的数量根本无法实施，动辄超限打断团队的正常工作，限制的数量就过于激进了。水位降得太低，一下露出太多石头。

所谓"有用"是指，限制上限要能发挥作用，至少偶尔触及，给团队发出"这儿有问题，需要关注"的信号。如果设置的在制品限制从来或极少被触及，说明限制就过于宽松，失去了其存在的意义。

合适的在制品数量的度应该是"偶尔达到，但不总是达到"。至于什么是偶尔，不同团队的理解会有不同，我个人的经验是，每一两周达到上限一次，是一个合适的初始值。

> 合适的在制品限制数量，应该偶尔被触及，从而为团队发出
> 信号；但也不总是被触及，避免频繁打断团队的工作。

限制在制品数量，目的是暴露问题并引导团队解决问题，从而提升交付能力。前期，限制相对宽松，暴露的问题往往也容易解决，例如：团队内协作和习惯的问题，通过明确团队的协作规则并把它们落实到具体的活动中，往往就能取得不错的效果。

随着前期问题的解决和团队能力的提升，应逐步降低在制品的限制数。这时，暴露的问题也会更深层，例如组织结构的问题和技术基础设施的问题。解决这些问题往往需要更深层次和更困难的变革，比如对组织结构及团队绩效考核的调整，持续交付流水线的打通。好在前期容易的问题已经解决，团队也能更加聚焦于这些困难的问题。

看板方法为变革提供了更清晰的方向，引领团队渐进地实施变革，并为变革的成果提供反馈。但这并不意味着变革本身简单，正因为它不简单，才需要渐进实施，不断反馈。一次暴露有限的问题，并聚焦解决这些问题，再暴露和解决其他问题，这也是对组织改进的在制品限制，也是"暂缓开始，聚焦完成"的体现。

在制品的限制不需要一步到位，而应该从一个可行但有挑战的值开始，暴露和解决最迫切的问题。再寻求更小的限制值，渐进改进组织的交付能力。

限制在制品的常见形式

理解了设置在制品限制的基本原则，我们再看如何限制在制品。

图 12-2 中的团队使用了三种限制在制品数量的形式，正好也是最常用的三种形式。

1. **用泳道限制。** 泳道数限制了实现中的需求的最大个数，促使团队尽快完成已经开始的需求。泳道是我使用过的效果最好的限制方法，它意义明确，清晰可见，最容易得到支持和有效落实。

2. **限制特定阶段最大需求数。** 明确限制某个阶段所允许最大并行数。例如，图中的数字 10 是待测试的需求的最大个数，它促使团队尽快移交完成的需求进行测试，以获取反馈和交付价值。

3. **限制每个人并行任务数。** 图中，每个开发测试人员有三个磁性名字贴，从事某个任务时就把名字贴放上去，名字贴用完后，就不能再开始更多的任务了，避免过多的并行任务，降低任务切换损耗。

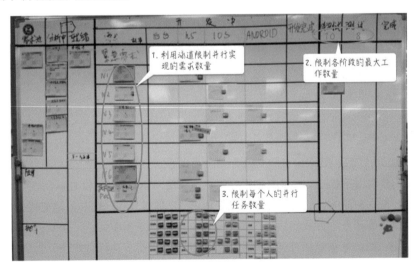

图 12-2　限制在制品常见的三种形式

用泳道限制并行需求，限制单个阶段的最大并行数，限制每个人最大任务数是常见的限制方法。

确定初始限制值

针对特定团队，还必须确定一个具体的初始限制值。如何确定初始值呢？以下是我经常用到的几个方法。

1. **从现状导出**。先应用看板方法可视化当前的工作，并去除明显的不合理并行，例如，将并未开始的需求拿回需求池，将长期搁置的需求放到搁置区，将不必要的并行撤回就绪列。根据调整后的看板系统，得到实际并行的数目，把它作为初始的限制数目。这一方法的优点是，一方面它源自现状，具备可实施性。另一方面，它是现状基础上的改进，需要团队一定程度的努力才可以维持。对于项目中途开始引入看板方法的团队，我优选这一方法。

2. **由团队的人数导出**。根据团队的人数，乘以合理的并行系数，可以得出初始的限制值。这一方法相对简单，而且有事实依据，更容易为团队所接受。它是现实中用得最多的方法。

3. **从目标交付周期导出**。当团队有明确的交付周期目标时，可以通过交付周期目标和交付速率，应用利特尔法则，反推出最大在制品数。利特尔法则是：交付周期 = 在制品数量 / 交付速率。由此我们可以推导出：在制品数量 = 目标交付周期 × 交付速率。例如目标交付周期是两周，统计表明团队平均每周可以交付 10 个需求，则得出在制品限制数 "2 周 × 10 个 / 周"，20 个。安全起见，还可以减去一个余量，比如不超过 15 个。由这个公式得出的是系统端到端的在制品数，团队还要把它分解到各个阶段。这个方法相对抽象，适用于把缩短交付周期作为重要目标的团队。

> 从现状导出，根据人数设定，由目标周期时间反推是确定
> 初始在制品限制的常用方法。

小结

至此，我们分别用三章三个故事串起了控制在制品的 Why，What 和 How。"束水攻沙"告诉我们控制在制品的目的是围绕价值更好地协作，即时暴露问题和尽早交付价值；"暂缓开始，聚焦完成"告诉我们用户价值是控制在制品的基本单元；"湖水岩石效应"告诉我们限制在制品数量要从可行但有用的值开始，寻求小步地降低水位，暴露和解决问题，渐进改善组织的交付能力。

本章要点

- 随着在制品数量的降低，问题会暴露得更加充分，层次更深。

- 在制品数量的初始值应该做到两点：现实（与团队能力匹配）和有用（可以起到暴露问题的作用）。

- 用泳道限制并行需求、按阶段限制最大并行数、按人限制并行任务是常用的在制品限制方法。

- 确定限制的初始值，可以采用三种方法：其一，整理现状并适当优化；其二，按团队规模确定初始值；其三，按交付周期目标限制。

常见问题

 问题：我们的系统很复杂，必须通过多个团队的协作才能交付用户价值，而你说控制在制品必须面向价值交付。对此，我们团队似乎无法做到。怎么办？

回答：这本质上是一个精益开发的规模化实施的问题，我们后面会详细讨论。简单的回答是，这时可能要用到层次化看板系统的方法，每个层次的看板系统流动的价值的粒度不同，比如在方案层限制并行的用户需求数量，而在团队层限制并行功能需求数量。具体参见第 18 章中的案例。

第 13 章

管理价值流动（上）：看板站会

前面介绍了看板方法的前三个实践：可视化价值流动、显式化流程规则和控制在制品数量，它们统称为"建立看板系统的实践"。

如图 13-1 所示，建立看板系统是为了应用，它对应两个相关实践，分别是实践四"管理价值流动"和实践五"建立反馈并持续改进"其中管理价值流动具体包含管理价值的流动过程、价值的输入和价值的输出，本章介绍关于管理价值流动过程的实践"看板站会"。

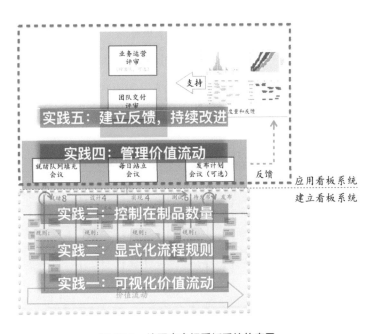

图 13-1　接下来介绍看板系统的应用

站会的目标

提起站会，人们最熟悉的是 Scrum 站会，其典型形式是团队围成一圈，依次回答三个问题：昨天做了什么？今天准备做什么？有什么阻碍或问题？通过站会，Scrum 团队的成员了解其他成员的工作，从而更好地协作，达成迭代目标。

看板方法应用得当，可视化价值流实践执行到位，以上三个问题完全可以清晰地展示在看板上，回答这些问题也就没有必要了。那么看板的站会又有什么目的呢？

这就要回到看板方法本身的目标：顺畅和高质量地交付用户价值。相应的，看板站会应该聚焦于价值的流动，而非个人工作。它的目的是检视价值流动的状态，促进价值顺畅流动。站会的组织形式也要服务于这一目的。

站会的组织形式

如图 13-2 所示，典型的看板站会，发生在每个工作日、同一时间、同一地点（看板前）。站会开始前，团队成员应该已经更新了看板信息，使其反映团队最新状态和问题。

| 每一天 | 同一时间 | 看板前 | 看板已提前更新 |

图 13-2　站会设置

站会通常需要一个协调人，他／她可以是固定的人，如团队负责人或开发、测试人员，也可以轮流担任。站会上，协调人带领团队成员从右至左走读看板（图 13-3）。

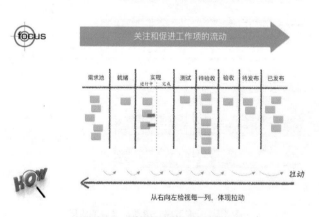

图 13-3　看板站会的总体结构

之所以从右往左，一方面是为了体现价值拉动的方向；另一方面是为了贯彻"暂缓开始，聚焦完成"的原则，比如测试中的 Bug 一般在看板墙上偏右的测试列，从右往左更方便安排优先解决 Bug，快速完成需求交付，而不是开始更多的需求开发。

站会重点关注的信息

站会上不需要检视每一张卡片。本着"检视价值流动的状态，促进价值顺畅流动"的目的，我们应该重点关注影响价值流动的问题。如图 13-4 所示，它们中的绝大部分都可以很清晰地体现在看板墙上，具体包括以下 6 个方面。

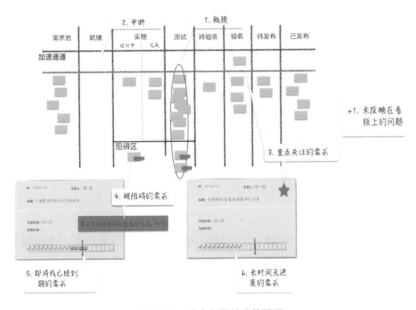

图 13-4　站会上要关注的问题

1. **瓶颈**：指某个环节流动不畅时，需求积压形成队列，这就是瓶颈所在。瓶颈是站会第一关注重点，因为系统的流量由瓶颈解决，只有解决了瓶颈问题，价值才能够顺畅地流动。瓶颈出现的原因各不相同，如资源配置不合理、上游输入质量差及流程不合理等，其应对的方法也不同。

2. **中断**：指某个步骤供给不足，价值流动出现中断。比如图中，实现中的需求已经快要清空，但上游的就绪队列还不能即时供给。

3. **需要重点关注的需求**：指涉及重大的商业利益或风险的重点需求，这也是站会上要特别关注的。例如，看板墙上用不同颜色或特殊标贴标识出的重点需求，或者加急通道中的需求。

4. **被阻碍的需求**：指因为外部（如依赖）或内部（如设计缺陷）原因无法正常进展的需求。团队需要关注被阻碍的需求，跟踪和推动问题的解决，即时恢复它们的流动。在看板墙上这类需求，通常会被标记上阻碍事项贴，或者是放在特定的阻碍区域内。

5. **即将或已经到期的需求**：部分需求有明确的完成时间要求，例如存在对外承诺。如果它们即将或已经到期，就需要特别关注，以确保承诺的达成。通过在卡片上标注到期日期，并每天标记已过去的天数，能够帮助我们方便地识别这类需求。

6. **长时间无进展的需求**：当需求在某个状态下长时间停留时，说明流动可能发生阻滞，这也是团队需要关注的。在上图的看板墙示例中，我们通过每天对各状态下的卡片分别做时间标记，能够很方便地识别出这些需求。

以上问题都应该尽量反映在看板墙上，但难免会有例外。所以在走读完看板之后，还需要增加一个问题，就是问全体团队成员："是否有未反映在看板上的问题需要沟通？"

团队当然也需要关注没有反映在看板上的问题。同时，团队和站会的协调人应该有意识地思考，这类问题是否可以和应该反映在看板上，以提高可视化设计和执行的效果。

综上所述，站会上要讨论的是反映在看板墙上的六类问题以及最后附加的没有反映在看板墙的问题。为了便于记忆，我把它们合并称为"6+1"站会。

站会过程

站会上，团队讨论上述问题，促进价值顺畅流动。同时，尽量避免在一个问题上花费过长的时间，耗时较长的讨论应放在会后小范围进行。会上和会后的讨论带来的变化，都应该即时更新到看板上。

15 人以内的团队，看板站会应该能在 10 分钟内完成。在现实中，效果不好的站会，往往耗时也比较长。为了确保站会的效果，我们要做到下面几点。

- 确保会前看板已更新，并反映最新的状态和问题。
- 以价值流动为线索组织站会。
- 聚焦阻碍价值流动的问题。
- 长时间的讨论安排在会后进行。

图 13-5 给出了看板站会应该做到的和应该避免的问题。还有一点必须明确，站会只是团队沟通的一个场景，更多的沟通应该在平时和更小范围内即时发生，而不是过度依赖站会。

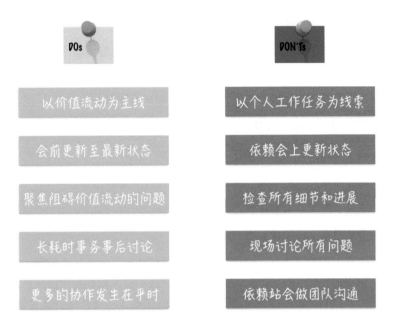

图 13-5　站会规则

让我们回顾和总结一下看板站会的过程。如图 13-6 所示，我们把它的过程分为会前、会中和会后。

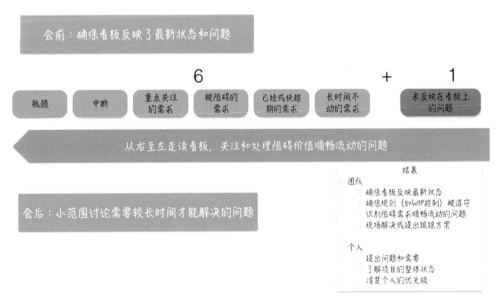

图 13-6　站会流程及内容汇总

- 会前：确保看板更新至团队理解的最新状态。

- 会中：从右至左走读看板，重点关注和处理阻碍价值流动的各类问题，讨论和应对这些问题，或者是安排会后的讨论。

- 会后：小范围讨论会议上的发现和遗留要解决的问题。

站会结束时应该达成以下几个结果：

- 看板处于最新的状态，反映站会讨论的结果。

- 识别阻碍需求流动的问题，并现场解决或安排了会后跟踪。

- 每个成员了解项目的整体状态

- 每个成员清楚工作的优先级

最后补充一点：前面提到了 Scrum 站会的形式，即团队成员回答三个问题。这只是早期定义和目前大部分 Scrum 团队的会议形式，敏捷社区早有人对此提出过反思，也采取了不同的形式。其中 Mike Cohn（Scrum 联盟主席）和 Martin Fowler（敏捷宣言起草人之一，多本有重大影响书籍的作者）都有专门的文章[1]讨论。他们提出的方案都是：应该按需求，而不是按人来组织站会。这与看板站会的思路是一致的，而本文介绍的实践，也适用于 Scrum 站会的改进。

小结

一个良好的站会，应该帮助团队了解整体的价值流动状况，促进有效的协作，并即时处理价值流动中的问题，保障价值顺畅流动。

本章要点

- 不应该依赖站会来检查每个人的工作，价值交付的状态和问题应该清晰地体现在看板上。

- 站会的目的是促进价值顺畅地流动和交付。

- 站会要以价值交付为线索，聚焦于发现和处理价值流动中的问题。

- 不应该完全依赖站会来进行团队协作，更多的协作应该即时发生。

注释

1. 参见 http://t.cn/RMKZJzp 和 http://t.cn/RMKZ1fY。

第 14 章

管理价值流动（中）：就绪队列填充

上一章介绍了看板站会，它是管理价值流的实践之一，对应价值流动过程的管理。本章介绍管理价值流动的另一个实践——就绪队列填充。如图 14-1 所示，它对应价值输入的管理，是看板方法中最主要的计划活动。

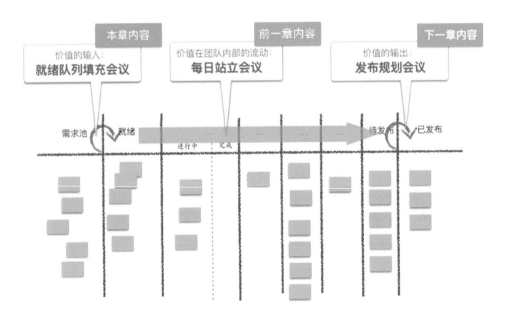

图 14-1　管理价值流动的三个实践，本章介绍就绪队列填充

什么是就绪队列和就绪队列填充

如图 14-2 所示，就绪队列一般在需求池之后，团队正式开始设计和实现之前。它是开发团队[1]的输入列，用以放置就绪（准备好的，随时可以开始实现的）需求。不同的文献中，对就绪队列的叫法不同，强调了不同方面，但大致意义相同。

- **已承诺**（Committed）队列：强调团队承诺开发这些需求。

- **已计划**（Planned）队列：强调进入就绪队列意味着计划完毕。

- **已选择**（Selected）队列：强调从众多机会中选择当前时刻最重要的需求。

- **就绪**（Ready）队列：强调进入该列的需求要达到就绪的标准。

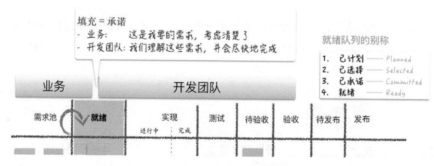

图 14-2　就绪队列是开发团队的输入

就绪队列是开发团队的源头，必须管理好。否则，其后的环节不会顺畅，最终的输出结果也无法保障。

理解了就绪队列是什么，就绪队列填充的含义就很明显了，它是指业务方与开发团队从需求池中选择接下来要做的需求，充分澄清和做出承诺后，将需求放入就绪队列的过程。如图 14-3 所示，需求进入就绪队列，意味着业务方和开发团队双方的承诺。

- **业务方**：这是我要的需求，原则上不会再变。

- **开发团队**：我们理解这些需求了，会尽快开发完成。

既然是双方的承诺，就绪队列填充就是双方共同责任，参加会议的通常包含业务方（如产品经理）和开团队（如开发和测试人员）。他们一起准备好足够下一次填充会议前团队去实现的需求。

就绪队列是开发团队的输入列，就绪队列填充是一个计划活动，意味着业务方和开发团队的共同承诺。

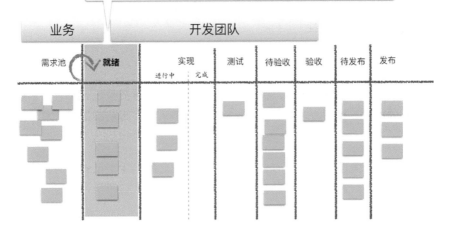

图 14-3　就绪队列填充是团队的计划活动，也是开发和业务的共同承诺

建立就绪队列填充的节奏

为了团队运作有序，建立合适的就绪队列填充节奏十分有必要，那么什么样的节奏（频率）才合适呢？

填充频率过低会损害决策的质量和团队的敏捷性

填充频率低，则两次填充之间的间隔长，必须一次填充更多需求，填充的需求需要很长时间才能交付完成。这带来一系列问题。

1. **降低决策的质量**：一次要准备很多需求，其中包含当前还不清晰的需求。缺乏足够的信息，却不得不做出决策，决策的质量很难保证。

2. **导致范围蔓延**：填充间隔过长时，业务方会倾向于将那些只是"可能有用"的需求也计划进来，因为此时不计划，下一次就要等到很久以后了。这样就会产生很多猜测的需求，导致需求范围蔓延。

3. **降低需求澄清的关注度和效果**：填充的需求要等很久之后才做，团队关注度就会大打折扣，难以保证需求澄清的效果。

4. **不能很好地支持有效学习和创新**：计划时做出假设，交付后得到反馈，验证假设并作出调整，这是互联网产品试错和创新的重要模式。一次填充过多需求，反馈速度慢，极大降低学习和创新的机会。

5. **降低团队灵活响应市场变化的能力（敏捷性）**：一次填入很多需求，发生变化或出现新需求时，就只能等很久以后的下一次填充了，这对组织响应变化的能力显然是不利的，损害了组织的敏捷性。

填充频率过高带来额外的成本

填充的频率越高，则敏捷性越好，决策时信息越充分，决策质量也越高。但是频繁填充也带来额外的成本。相关的人在一起进行会议，业务人员要提前准备好需求，这都会带来协调成本。

除了成本外，还要考虑频繁填充的必要性。两次填充之间产生了足够多的支持更好决策的新信息，分开进行需求填充才是有意义的。否则，必要性就很低。例如，业务方完全可以确定一个月的需求，为什么不一次性计划好呢？

新信息可能和业务相关，如用户、市场的反馈以及竞争对手和技术环境的变化等；也可能来自开发团队内部，如团队对产品理解的变化或者是开发的进展情况等。市场、技术和开发的不确定性越高，越需要频繁填充。

二级填充是一个可选的方案

对于某些团队，外部信息变化并不频繁，也就是业务需求相对稳定；但开发团队内部，则不断有新信息产生，需要更灵活的调整。

我曾经一起工作过的某电信产品团队，就属于上述情况。业务方与团队每个月做一次业务需求的填充，已足够响应业务需求的变化要求。但开发团队感觉每月一次确定一大批需求，在内部操作上缺乏灵活性，应该每周一次根据实际情况，调整和安排接下来的需求开发更合适。经过分析发现，更频繁填充的诉求来自开发团队内部，而开发团队内部也有足够的信息做出调整。为此，他们引入了二级填充机制。

如图 14-4 所示，所谓二级填充，就是按高低两个频率进行填充。具体到上面的团队，就是：第一级填充：每月进行一次。由业务方和开发团队的代表参加，共同计划和确认接下来的一个月要做的需求，初步的沟通和确认后，放入计划队列。第二级填充：每周进行一次。在开发团队内部进行，团队从计划队列中选择接下来要做的需求，详细澄清后，放入就绪队列。团队决定填充什么需求时，一方面会考虑需求的优先级，也会结合上一周开发实际完成情况做调整。

两级填充带来了以下好处。

1. 小批量的需求澄清，让团队的需求沟通更加专注和高效。需求澄清后基本会很快开始开发，参与澄清的人会更投入，澄清的效果更有保障。

2. 避免小瀑布带来的质量危害。小瀑布是指在一个迭代中需求集中开始，并集中完成，它导致问题在迭代末期集中爆发，而影响长期质量，这也是很多敏捷团队失败的原因。两级填充保证了需求的分批开始和持续完成，从而避免了小瀑布所带来的问题。

3. 开发团队内部能根据实际开发情况即时调整和安排工作，这样做增加了操作上的灵活性，同时却没有增加与业务方的协调成本。

4. 团队专注短期工作（如本周工作）的同时，也能兼顾更长期的目标（如月度里程碑）。

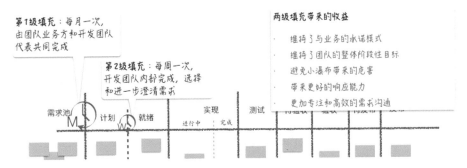

图 14-4　某电信团队的二级需求填充机制，平衡了团队的要求和业务方的成本

两级填充同样适用于互联网产品。我一起工作过的一个电商平台团队采取了类似的模式。他们每个月规划一个里程碑（一级填充）；每周在这个里程碑之内再做一次小的计划（二级填充，计划更短期的发布目标）。

业务方（运营的代表和产品经理）除了参与每月填充会议外，也会参与每周的填充会议，一方面是为了进一步澄清需求，另一方面在需要时，也会根据获得的反馈和最新的业务信息，适当调整里程碑内尚未开始内容。这样除了上面已经提到的好处，二级填充还为业务方提供了额外的灵活性，每周可以有一个小的调整机会。

团队级别的每周填充是适合大部分产品开发组织的节奏

综上所述，我们得到确定就绪队列填充频率三个原则。

1. 越频繁地填充，带来越高的敏捷性，也有助于提高决策的质量和团队关注度。

2. 合理的填充频率还取决于填充带来的成本及其必要性，往往取决于新信息系的到达频度。

3. 在特定场景下，二级填充可以更好地平衡前面两点。

基于这些原则，我深入辅导过的组织，在团队级别最后大部分都选择了每周填充，其中既包括互联网产品团队，也包括传统的电信或金融产品团队。每周填充可以满足大部分产品开发团队响应内部和外部变化的要求，而它形成的节奏感，也可以降低填充会议的协调成本。只不过，对外部响应要求较低的团队，一般会采取二级填充机制，与业务方的计划按更低频率进行。

这样就有了两个推荐的填充频率方案。

方案一：开发团队与业务方，每周填充业务需求。

方案二：二级填充，在团队内按周填充，与业务方按更低频率填充。

这两种方案可以涵盖绝大部分产品开发团队 [2] 的要求。

组织就绪队列填充

如图 14-5 所示，就绪队列填充会议要达成的目标是：选择和准备好适当数量的满足标准的需求。就绪队列填充会议的过程中也要服务于这一目标。这里面的两个关键词是"适当数量"和"满足标准"。

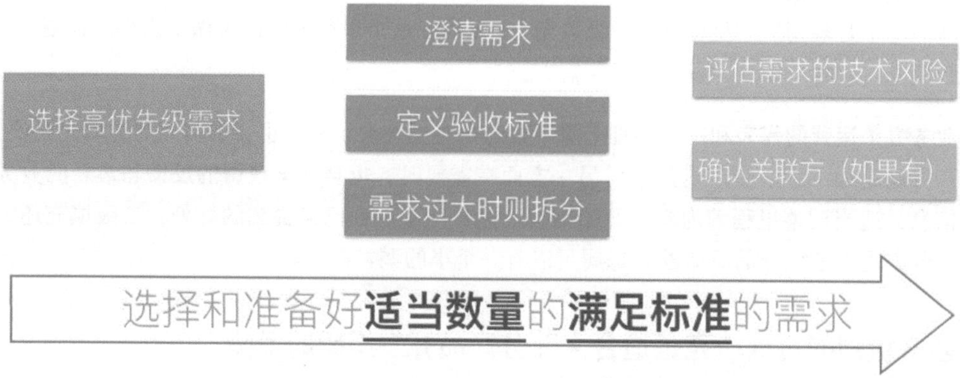

图 14-5　就绪队列填充的目标和主要活动

多少是适当数量的需求？

所谓适当数量，是指保证在下一次填充前，团队有足够的需求做，但也不应该过多，填入的需求数量，下一次填充前能做完或者稍有富余就可以。

如果填充频率是一周，那么预估接下来一周的工作还是容易做到的，并不需要什么特别的方法学支持。看板方法追求的是持续流动，本次填充的内容，并不一定在下一次填充前就全部完成交付，这也进一步降低了对预估准确度的要求。与其在精确的工作量估计上花费时间，不如更详细地澄清需求，让团队自然而然地充分把握需要填充多少需求。

填充需求要满足什么标准？

进入就绪队列的需求所要满足的标准，称为"就绪标准"（Definition of Ready，DoR）。就绪队列是开发团队的输入环节，就绪标准也是整个开发团队的入口标准，它的定义和执行，对后续环节的顺畅十分关键。

如图 14-6 所示，定义就绪标准，首先要考虑的是否对需求做了充分澄清，做到"以终为始"，也就是在开始需求开发之前，明确最终的结果要求——验收标准。"实例化需求"是澄清需求最有效的方法，它帮助团队和业务方充分沟通以下三点。

1. 要解决的问题是什么。

2. 用户与系统的交互流程是什么样的。

3. 涉及到哪些业务规则，并生成具体的验收标准。

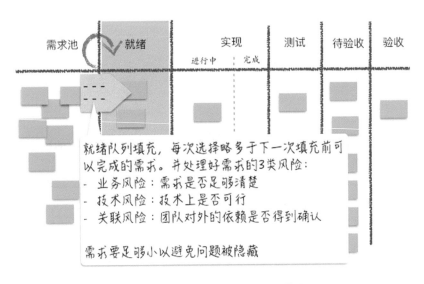

图 14-6　定义需求就绪标准是应该考虑的方面

实例化需求活动保证开发、测试和业务对以上问题的一致理解。团队在做需求填充时，还应该关注下面两点。

1. **技术风险**：评估重大潜在技术风险，必要时做出应对。

2. **关联风险**：评估需求对外的依赖，需要时并做出安排。例如，确认依赖外部服务的接口标准和交付时间。

除此之外，我们还需要保证需求足够小，从而避免问题被隐藏其中。我一般按预期交付时长来评估需求是否足够小，比如团队自己评估这个需求能否在 1 周内完成，如果超过一周，则这个需求就要拆分，至于这个需求，可以由几个人一起做，则由团队自己决定。

用时长而不是工作量评估，更符合快速交付和反馈的目标，在操作上也更简单，而且事后验证也更客观。在讨论看板方法度量时，我还会深入介绍，基于前置时间（时长）而不是工作量的度量体系。

具体多长时间可以交付的需求就算足够小，要因团队的具体情况而定。我工作过的一个做企业网设备的团队定义的标准是两周内交付系统测试；而另一个电商团队则是一周内做到可以发布。超过这个标准，则需求需要进一步拆分。这都是适合他们各自团队的标准，运行的效果也都不错。

综上所述，就绪队列填充会议上：

> 业务方和开发团队选择下一次填充前可以完成或略多的需求，
> 澄清这些需求，处理好相关的业务风险、技术风险和关联风险，
> 并确保需求已经拆分得足够小。

小结

就绪队列是看板系统的输入，就绪队列填充会议是看板方法中最重要的计划活动，做好它将为其后价值的顺畅流动打下良好的基础。

本章要点

- 就绪队列填充的目标是为开发团队准备下一次填充前足够数量的满足标准的需求。

- 设置恰当的填充频率，形成节奏。频率越高，则敏捷性越好，但过高的填充频率也带来协调成本，所以确定合适的填充频率还应该考虑必要性和成本。

- 实践上，团队级别按周填充适合大部产品开发团队，当业务侧因成本、必要性

或协作的原因还做不到或不需要每周填充时，可以考虑引入二级填充机制。

- 填充需求所要达到的标准，称为"就绪标准"（Definition of Ready），就绪标准的定义应该考虑业务风险、关联风险和技术风险并保证需求足够小。

注释

1. 此处开发团队是相对业务而言，它是包含设计、实现、验证等在内的广义的开发。

2. 之所以强调产品开发团队，是因为这不一定适合其他形态的组织，例如对于响应要求高的运维或维护部门，按需填充可能是更好的选择。

第 15 章

管理价值流动（下）：发布规划会议

管理价值流动具体包含管理价值的输入、流动过程和输出（图 15-1）。前两章介绍了管理价值输入（就绪队列填充会议）和管理价值流动过程（看板站会）。本章介绍管理价值输出（发布规划会议）。

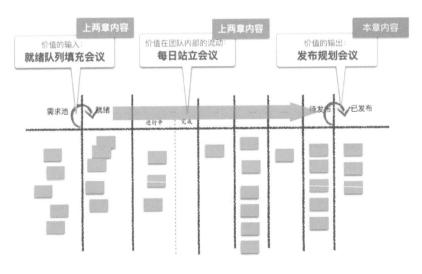

图 15-1　管理价值流动的三个实践，本章介绍发布规划会议

发布规划会议的内容和节奏

发布规划会议的内容

发布规划会议的目标是确定发布哪些需求，并安排与之相关的工作，典型内容如下

所述。

- 确认哪些需求已经具备发布条件。

- 确定发布哪些需求，评估它们在业务上的完整性。

- 如果涉及软件部署，还要安排与之相关的工作。

- 评估发布风险，并做出针对性的规避和缓解方案。

- 安排发布前后的相关事务，比如写版本说明，与运营工作的协调等。

- 确定与发布活动相关的责任人和跟踪事项。

发布规划会议的节奏

除非可以做到持续发布，否则团队都要尽量形成发布节奏，如每周、每月或每季度发布一次。固定的发布节奏可以降低召开发布规划会议和安排交付活动的协调成本，并更好地管理外部期望。确定合适的发布节奏，需要综合考虑频繁发布的要求和每次发布的成本，并在两者之间做出平衡。

频繁发布的要求来自业务和开发两个方面。

- **业务对频繁发布的要求**：更频繁的发布，即时将需求推向用户，可以更好地响应市场需求。越是多变和竞争激烈的环境，越需要频繁发布，力求掌握市场先机，赢得竞争优势。

- **开发和产品团队对频繁发布的需求**。及早发布、获取即时反馈，能够暴露技术及业务问题和风险。技术和产品的不确定性越高，越需要频繁发布，力求支持快速试错和产品创新。

发布越频繁，对外响应的灵活性越好、越敏捷，持续发布则是最敏捷的。但确定合理的发布节奏还要考虑额外的成本，包括组织内部的开销和给用户带来的负担。

- **组织内部的开销**：每次发布都给团队带来额外的工作，如发布前的打包、测试验证、部署及其他工作。非本地部署系统时，软件分发的成本更高。

- **对外部用户的负担**：发布也可能给用户带来负担，如移动应用的每一次发布都需要用户做版本升级；传统电信软件的发布则带来很大的系统升级成本，甚至需要中断线上业务。

图 15-2 总结了确定发布节奏的原则：

频繁发布，带来更好的敏捷性，而持续发布（单个需求完成后即刻发布）带来最大的敏捷性。但是合理的发布节奏应该是业务和开发团队的要求，与内部和外部开销之间的平衡。

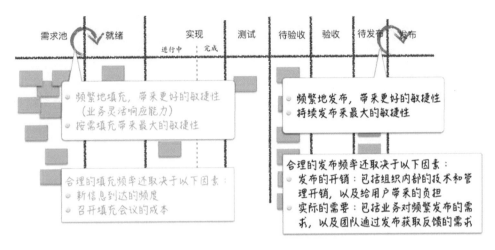

图 15-2　确定发布节奏的基本原则

部署和发布应该是两个不同的概念

很多组织把部署等同于发布，认为发布就是在生产系统中部署软件。这带来了负面作用，既降低的部署的灵活性，让部署不能随时进行；也增加了发布的风险，可能因技术问题而导致发布失败。

为更好地管理发布，团队应该区分发布和部署。部署是属于技术范畴的概念，发布是属于市场范畴的概念。它们具有如下意义。

- 部署（deployment）：将软件安装到一个特定的环境。
- 发布（release）：让一个或一组特性对用户可见和可用。

分清并区别对待发布和部署，对提升组织交付能力至关重要。

让我们看图 15-3 的例子。我写下这些文字是在 2017 年 1 月 22 日，离过年还有 5 天。支付宝除夕夜红包的功能，大部分应该已经开发完毕并部署在服务器上了。但这些功能用户还看不到、用不了，它们部署了，但还没有发布。

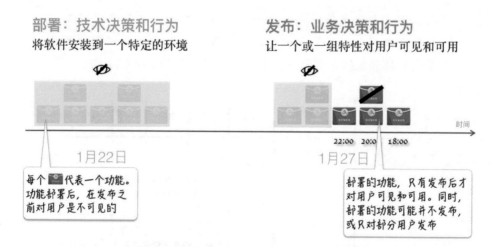

图 15-3　部署是一个技术决定，而发布则是业务决定

发布要等到年三十当天，分次进行，用户在不同时刻，如 18:00 和 24:00 看到的功能是不同的。这些功能都已经提前部署好，即时再通过特性开关之类的机制发布。

部署的功能也并非一定发布。比如，关键节点上可能有多套预案，并根据实际效果和竞争对手的策略，适当调整决定发布什么、不发布什么。

通过上述案例我们知道，部署是技术决策——功能开发和验收完毕就可以部署；而发布则是业务决策——业务需要时才发布。把两者混在一起，就会相互牵扯，想要更持续地部署，却受业务约束及决策的拖累；而业务上更灵活发布，也受制于部署能力。

解耦部署和发布

部署和发布是分属于技术和业务范畴。然而，相当多的产品开发组织还停留在"以部署实现发布"的阶段。为了更持续地部署和更灵活地发布，组织必须解耦部署和发布，也就是：让部署可以独立于发布单独进行；而特性部署后，业务部门可以灵活决定何时发布，向谁发布。

> 解耦部署和发布是指，让部署可以独立于发布单独进行；特性部署后，业务部门可以单独决定是否要发布，何时发布，向谁发布。

解耦部署和发布是实现持续部署的重要前提，是几乎所有领先的互联网企业的标准实践，它也应该是大部分组织的目标。以下是业界常用的解耦发布与部署的实践。

蓝绿部署

所谓蓝绿部署[1]，是指维护两套尽可能独立的生产环境，一个蓝区，一个绿区。同一时刻其中一个环境在线，用户的访问被路由到这个在线环境。

如图 15-4 所示，完成的特性先部署到离线环境（图中的绿区），并做充分验证。一组特性部署完毕后，通过切换路由，变更离线环境和在线环境，就可以发布已部署的特性。而之前的在线环境转换成为离线环境，可以接受接下来的部署。蓝绿部署解耦了部署和发布，通过它，团队得到以下好处。

- 让部署可以持续进行，并在发布前对部署的需求做充分测试。
- 避免部署只能在业务量低潮时集中进行的限制，极大减少凌晨加班部署的痛苦。
- 发布时机的选择更加灵活，不再受制于部署计划。
- 极大降低了发布的风险，出现问题时，可以迅速回滚到先前的生产环境。

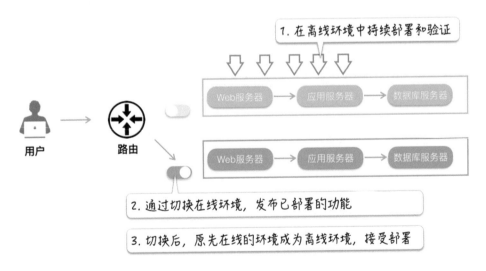

图 15-4　蓝绿部署

蓝绿部署是解耦部署与发布较为安全和技术要求相对较低的方法，它很实用，但也有局限性，通常只能一次发布所有已部署的功能，所以灵活性不足。

特性开关

特性开关 [2] 是提高发布灵活性的常用实践。如图 15-5 所示，它包含三个要素。

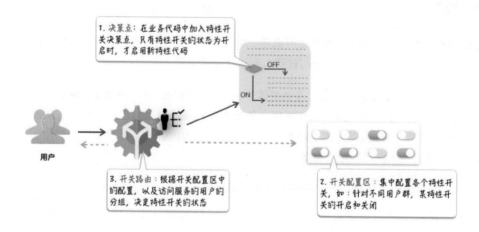

图 15-5 通过特性开关解耦部署与发布

1. **决策点**。在业务代码中加入特性开关决策点，根据开关状态，决定启用新的特性或是维持原先的行为。

2. **开关配置区**。在集中的配置区设置特性开关，比如某个特性对某类用户是否开启，通常可以通过脚本或图形界面进行特性开关配置。

3. **开关路由**。用户访问系统时，开关路由会获取用户的属性和特性开关的配置，并由此决策特性是否对该用户开启。

应用特性开关，团队可以更持续地部署，并在需要的时候灵活发布，团队可以得到以下好处。

- 持续部署并验证特性：可以将特性持续部署到生产环境。特性对用户不可见时，开发团队可以做线上验证。

- 大特性分次部署：需要较长时间才能开发完成的特性，可以在整个开发过程中，实现分次的持续部署，全部特性部署完后再一次性发布。

- 针对不同用户灵活发布：可以在单个特性上决定何时发布，以及发布给哪个用户群。有效地支持 A/B 测试 [3] 和灰度发布 [4]，支持产品实验和创新的同时，降低发布的业务风险。

- 动态调整特性可见性：特性发布后，可以再行关闭，动态调整特性的可见性。这一功能也可以用于用户权限管理。

模拟环境

蓝绿部署和特性开关适用于本地部署的系统，如互联网应用和 SaaS 服务等。需要分发和异地部署的软件则没有这么灵活，比如电信软件要分发并部署到不同运营商的设备当中。

针对非本地部署的软件，创建模拟真实应用场景的环境，并在模拟环境中更持续地部署，可以很大程度上降低发布的风险，并提高组织的交付能力。以下是一些实例。

- 某微型无线基站团队，每半年对外发布一次正式版本。但产品开发部门，每周都会将最新的软件版本部署到公司食堂的基站中，并称其为"食堂验证"，如果软件版本出现问题，则整个公司员工就餐时就无法刷朋友圈。

- 某企业网交换机开发团队，每天都将最新软件版本，自动部署到办公环境当中，版本有问题，第一个影响到的是开发团队自己的办公环境。

- 某提供企业私有云盘的产品团队，每两周会将最新的版本部署到自己公司的办公系统，而他们对外的版本发布是每个季度一次。

尽管模拟部署与真实部署有区别，但这些团队还是一定程度实现了部署和发布的解耦。在模拟环境的部署和验证，提供了尽可能真实的反馈，让产品随时处于接近可发布的状态，为更灵活发布打下基础。蓝绿部署和特性开关等技术也可以用在虚拟环境中。

> 蓝绿部署、特性开关和模拟环境，都是解耦部署与发布的有力工具，它们可以独立使用，也可以混合使用，共同提高团队持续部署和灵活发布的能力。

在看板系统中区分部署和发布

部署和发布解耦后，在看板系统中，应该把它们区分为独立的阶段。如图 15-6 所示，开发完成后团队可以自主决定，尽快完成部署，而发布则由业务决定。部署和发布相互独立，可以各自改进。

部署的频率，只由团队当前的技术水平决定，如单次部署的成本等。持续部署应该是大部分团队的最终目标，团队应该建立软件部署的管道（Pipeline），消除管道中不畅通的节点，并通过自动化等手段不断降低单次部署的成本，为持续部署创造条件。实现持续部署后，部署的节奏也就不存在了。

发布是一个业务决策，持续部署为更灵活发布创造了条件。灵活的发布已经越来越成为竞争优势，最终应该由市场的实际要求和产品的特征决定发布的节奏，而非受制于部署能力。

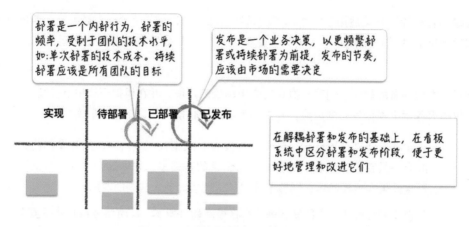

图 15-6　在看板系统上解耦部署和发布

完美的敏捷愿景

至此，我们用三章篇幅介绍了就绪队列填充、看板站会和发布规划会议，它们分别对应着价值的输入、流动过程和输出。通过它们来更好地管理价值流动，也是实现业务敏捷的有效手段。

从业务视角看，敏捷指更早地交付价值和更灵活地响应变化。如图 15-7 所示，对应价值流动管理，一个组织要达成业务敏捷的最佳状态，需要做到三点。

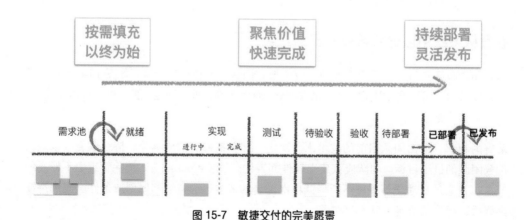

图 15-7　敏捷交付的完美愿景

1. 按需填充，以终为始

"按需填充"指在需要的时候，也就是团队可以投入开发时，才填充需求，此时决策的信息最充分，能够响应最新的业务变化。我们之前建议的每周需求填充，在实践上接近按需填充。

"以终为始"指需求填充时要明确最终的交付和验收标准，确保交付有用的需求，"实例化需求"实践就很好贯彻了以终为始的目标。

2．聚焦价值，快速完成

"聚焦价值"指按用户价值来组织开发任务和限制并行的工作，确保整个团队协调一致，协作完成业务价值。

"快速完成"指在操作上限制过多并行，并即时发现和处理价值流动中不顺畅的地方，确保价值顺畅流动，快速交付用户价值。

3．持续部署，灵活发布

"持续部署"指价值完成后，能够在第一时间部署到生产环境。对分发型软件系统，可以尝试部署到接近真实的模拟环境当中，为灵活的发布创造条件。

"灵活发布"指在持续部署的前提下，根据用户的要求和产品的特征，决定何时发布、发布什么、向谁发布。

> "按需填充、以终为始；聚焦价值、快速完成；持续部署、灵活发布"，这三点分别对应看板方法中管理价值流动的三个具体实践，也是达成业务敏捷的三个重要方面。

"按需填充，以终为始；聚焦价值，快速完成；持续部署，灵活发布"，从价值交付角度看，这是业务敏捷的完美愿景。团队敏捷和精益实施，应逐步向这个目标靠近。

小结

发布规划会议关注的是价值的输出，其目的是规划和安排发布活动。就绪队列填充、每日站会、发布规划三个活动分别对应价值的输入、中间过程和输出，它们一起形成了看板方法中的流动管理，促进价值的顺畅和高质量交付，提高组织的敏捷性。

本章要点

- 发布规划会议的目的是规划发布活动，如规划需求的部署或发布及安排相关的工作。

- 为发布规划建立节奏，需要平衡频繁发布的要求和每次发布的成本。

- 区分部署和发布，部署是一个技术决策和活动，发布是一个业务的决策和活动。区分它们才能更好地管理和改进它们。

- 应用蓝绿部署、特性开关、模拟环境等技术，解耦部署与发布提高持续部署的能力，根据业务的需要和特征，灵活决定发布的节奏。

- "按需填充，以终为始；聚焦价值，快速完成；持续部署，灵活发布"，从交付视角看，这是支持业务敏捷的完美愿景和目标。

注释

1. 参见 http://t.cn/RxZC4RK。

2. 参见 http://t.cn/RxZ0J1v。

3. A/B 测试是互联网产品优化和创新的常用实践，它对两组选定的随机用户群分别发布两个不同的解决方案，并收集和比较实际产生的用户数据，判断两个设计方案的优劣和验证设计假设。

4. 灰度发布是一种阶段性发布特性的实践，它分阶段地向更大用户群发布特性，并监控性能参数和业务数据，以降低发布的业务和技术风险。

第 16 章

建立反馈，持续改进（上）： 定性反馈和改进

至此，我们已经介绍了看板方法五个核心实践中的四个，它们都服务于"顺畅和高质量地交付价值"这一目标。然而，实际运作与目标之间总会存在差距。差距是问题，更是改进机会，前提是正确地看待差距，并采取行动。这也是接下来要介绍的"建立反馈，持续改进"。

如图 16-1 所示， "建立反馈，持续改进"是看板方法的最后一个核心实践，我们将介绍如何建立反馈、建立什么反馈以及如何应用反馈持续改进价值交付能力。

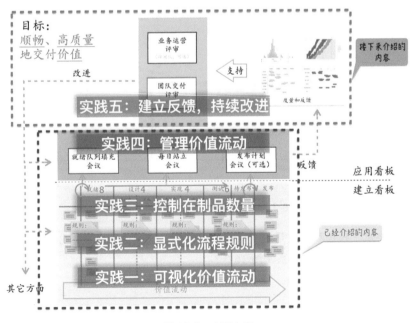

图 16-1　本章内容

如何建立良好的反馈

看板方法的目标是顺畅和高质量地交付价值，看板方法的核心实践也服务于这一目标。然而，实际执行和目标总会有差距，目标本身也会变化和提高，这就需要团队不断利用反馈，实施改进。

如图 16-2 所示，团队应该把反馈内建到价值的流动过程，实时衡量状态与目标间的差距，并系统性地分析差距背后的共同原因，形成改进行动，从而提高团队的能力，缩小实际状态与目标的差距。有效的反馈应该符合以下三个原则。

1. **方便获取**。最好的反馈应该内嵌于价值流动过程中，而不是通过单独的过程来获取，这样才能保证反馈的即时和真实。

2. **易于理解**。反馈的含义应该一目了然，否则团队只能忙于理解和解释反馈的含义，很难用它来指导改进。

3. **与目标相关**。团队必须明确反馈是用来做什么的，怎么帮助达成目标。与目标无关的反馈和度量非但无益，还让团队无法聚焦应该关注的反馈。

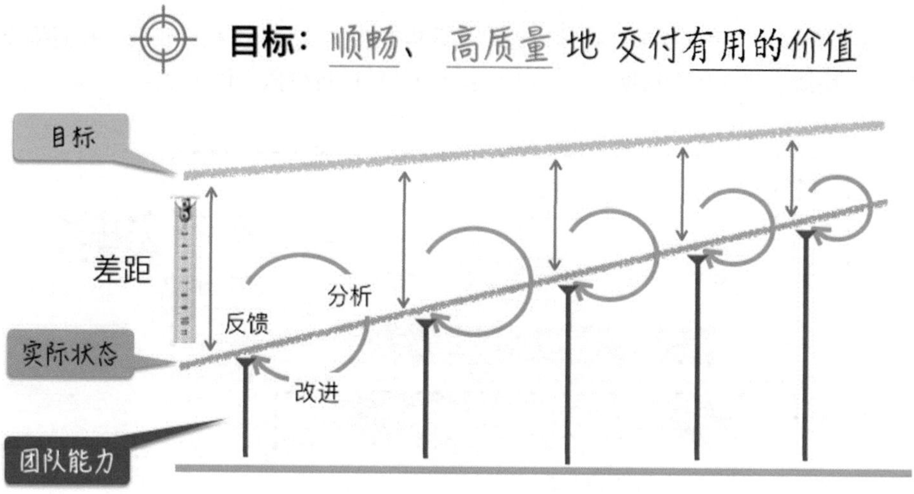

图 16-2　将反馈和改进内嵌于开发过程中

我们接下来将从"顺畅和高质量地交付有用的价值"这一目标出发，分别介绍关于"顺畅程度"和"质量"的反馈体系（图 16-3）。

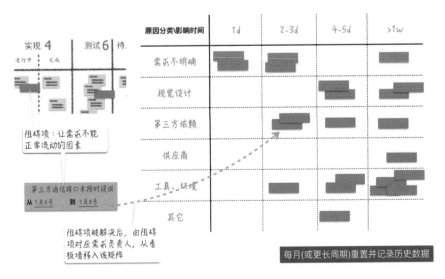

关于顺畅与否的反馈：
阻碍原因分类及分布矩阵，周期时间控制图

顺畅、高质量 地 交付 有用的价值

关于质量问题的反馈：
缺陷原因分类及分布矩阵

图 16-3　反馈应该与目标关联

关于顺畅程度的反馈

为了获得流动过程是否顺畅的反馈，团队应该逆向思考，比如不顺畅有哪些表现？价值流动过程不畅最明显的迹象有两个：其一，流动过程中发生阻碍；其二，需求交付时间过长。关于顺畅程度的反馈，也可以从这两个方面考虑。

阻碍原因及影响分布矩阵

发生阻碍，价值自然不能顺畅流动。阻碍原因及影响分布矩阵是常用的对价值流动顺畅与否的反馈。如图 16-4 所示，当问题和阻碍发生时，阻碍项被记录并贴在看板墙对应的需求上。阻碍被解决后，阻碍项的跟踪人把它从需求上移走，并放入一个二维的矩阵当中，它就是阻碍原因及影响分布矩阵。

图 16-4　阻碍原因及影响分布矩阵

矩阵的纵坐标是阻碍原因分类，不同团队的分类方式可以不同，但总体上应该包含团队内部原因（如技术、工具和环境问题等）以及团队外部原因（如第三方依赖与需求变更等）。矩阵的横坐标是它阻碍需求流动的时长，指从阻碍发生到解除所经历的时间。

一段时间后，矩阵中就会积累一定数量的阻碍项，并按原因和影响形成分布模式。团队应定期分析这些阻碍项，重点关注条目比较多，和影响时间比较长的分类，并分析背后的根源，提出改进措施。矩阵中的阻碍项可以定期（如每个月或每个季度）清空，并记录相关的数据，用以衡量团队持续改进的效果。

阻碍原因及影响分布矩阵，符合我们之前讲的有效反馈的三个原则。它便于获取，可以内嵌到价值流动过程当中；它易于理解，其意义不言自明；它与顺畅交付价值的目标直接相关，可以让交付过程更加顺畅。

前置时间控制图

价值流动不畅时，需求从开始到交付的时间就会变长。前置时间控制图可以直观呈现交付时间的异常及趋势，它也是关于价值流动是否顺畅的常用反馈。

前置时间是指需求交付之前所要花费的时间，计时的起点是团队做出承诺的时刻，也就是从需求进入就绪队列算起。这一刻开始，如果中间的过程不畅，需求发生停滞、等待或进展缓慢，前置时间就会变长。

前置时间控制图的横坐标是需求的交付日期，纵坐标是该需求的前置时间。如图 16-5 所示，团队每将一个需求移入已交付列，便在控制图对应的日期上标记一个点，这就形成了前置时间控制图。这是手工绘制前置时间控制图的实例，下一章，我们还将介绍用工具和模板生成控制图的例子，它们往往时间跨度更长，可以更加清晰地展示团队交付能力的演进过程。

团队应该定期审视和分析前置时间控制图。前置时间特别长的个别离群点（如图中最上面的点），往往是由特殊原因造成的，可以单独分析、处理。团队应重点关注有一定数量且前置时间偏长的点的集合（图中中间的圆圈），分析其背后的系统原因，解决系统性问题，这样才能带来交付能力的根本提升。

为了识别异常的点，控制图中通常会画出水平的控制上线，团队应该关注和分析控制线以上的点。控制线的位置通常在均值以上 1 到 3 个方差之间，也有团队自己根据改进需要确定控制线的位置。周期时间控制图同样具备好的反馈之三大特征。

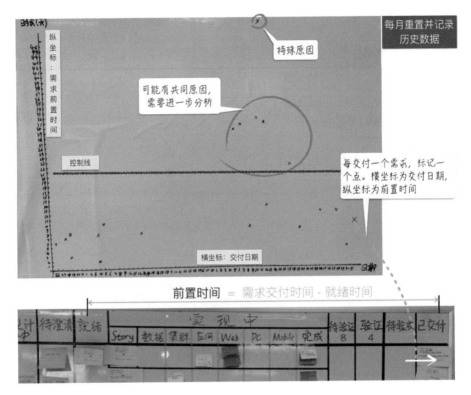

图 16-5　前置时间控制图

关于质量的反馈

为获取质量的反馈，最直接的方法是分析缺陷。团队可以分析不同阶段，如测试、验收或用户发现的缺陷。缺陷原因分类及分布矩阵是最常用的质量反馈。

图 16-6 是某团队使用的缺陷分类和分布矩阵，横坐标是缺陷的分类，纵坐标是缺陷所属模块。测试和验收阶段发现缺陷，用红色纸条记录并贴附在对应的需求上；缺陷解决并验证后，移到该矩阵当中。

团队每月分析这些缺陷，根据它们的原因及模块分布，确定改进的方向和重点，分析这些缺陷背后的共性，并提出针对性的方案。

矩阵的横坐标和纵坐标的意义可以定制。比如，我一起工作过的一个团队，他们把横坐标定义为"引入点"——缺陷是在哪个阶段被引入的；纵坐标定义为"控制点"——有机会通过什么活动更早移除这个缺陷。其背后的逻辑是应该防止缺陷引入，而引入后越早移除成本越低。这个反馈矩阵的应用，很好地支持了团队在缺陷预防（Defects

Prevention）和及早发现缺陷（Early Defects Detection）这两个方面的改进。

除物理形式的缺陷矩阵外，团队也可以考虑用电子表格或其他电子工具，进行更多维度的交叉分析，比如考虑缺陷的影响级别和遗漏原因等。

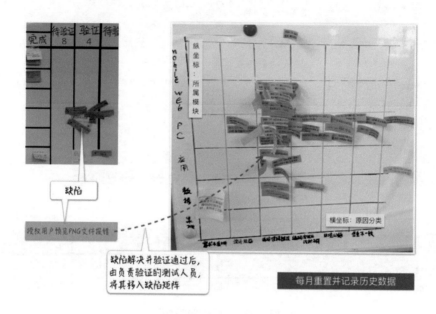

图 16-6　缺陷原因分类及分布矩阵

将改进落实为具体行动

反馈的目的是为了分析和改进，只有落实为具体的行动，改进才可能发生。产品开发团队的改进，通常应从以下 5 个方面落实。

1. **流程操作**：包括团队的协作方式和流程规则，通常体现为流程规则的定义、调整和明确。少数情况也体现为对看板墙的调整，如阶段的增减和顺序变化，也可能会涉及团队结构及职责划分的调整。

2. **开发环境**：包括开发、测试、集成和交付相关的环境、工具及设备等。

3. **代码、设计**：包括代码或设计的重构，设计原则和方法的调整等。

4. **测试守护**：包括自动化测试的覆盖及自动化测试的演进策略和运行策略等。

5. **人员技能**：包括人员能力的培养，团队能力结构的调整等。

只有采取以上具体行动，才能保障改进的落实和跟踪。

小结

本章介绍了"建立反馈、持续改进"实践,是看板方法五个核心实践中的最后一个。图 16-7 用一个循环总结了其内涵,包含三个核心要素:反馈、分析和改进。

1. **反馈**:团队应将反馈内嵌到价值流动过程中,衡量现实与目标的差距,暴露问题和需要改进的地方。除了前面介绍的偏定性反馈外,下一章还会介绍综合精益度量图表。

2. **分析**:定期分析反馈,挖掘问题背后的原因,并定义具体的改进行动。在看板方法中,单个团队级别的改进分析称为团队交付评审,一般建议两周进行一次。团队间的价值交付关联较多时,也可以进行跨团队的改进分析,一般建议每月一次,看板方法的发明人 David Anderson 称其为"运营评审"会议。

3. **行动**:分析的结果要形成具体的行动,并落实到之前提到的协作流程、开发环境等 5 个具体方面。

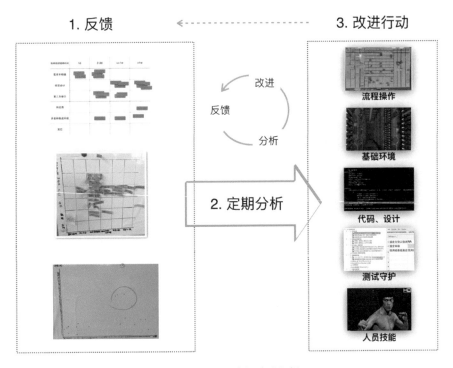

图 16-7 "反馈 - 分析 - 改进"循环

考察行动的效果,则要回到第一步"度量反馈",根据新的反馈结果,衡量改进的效果,确定下一步改进行动。如此形成"反馈 - 分析 - 改进"循环,持续提升团队价值交付能力,适应不断变化的外部环境要求。

本章要点

- 为了即时和低成本地获取反馈并保证其真实性，应该将反馈内嵌于团队交付过程中。

- 阻碍原因分类和前置时间控制图是最常用的顺畅度反馈。

- 缺陷分类和分析是最常用的质量反馈。

- 改进的行动应该具体，通常包含流程协作、基础环境、代码设计、测试守护和人员能力等几个方面。

- 团队应形成定期的反馈改进机制，并衡量改进的效果，形成一个"反馈 - 分析 - 改进"闭环。

常见问题

 问题："反馈 - 分析 - 改进"循环，与更常见的 PDCA（计划、执行、检查和行动）有什么区别？

回答：在思想上比较一致，"反馈 - 分析 - 改进"借鉴了 PDCA 循环（又称戴明环或休哈特环）的思想。它把计划和执行内嵌到开发过程中，持续地在开发过程中获取反馈，并实施改进。可以说"反馈 - 分析 - 改进"是一个内嵌到开发过程的 PDCA 循环，比一般的 PDCA 更自然，可持续性更强。

注释

1. 参见 http://t.cn/RxZC4RK。

2. 参见 http://t.cn/RxZ0J1v。

第 17 章

建立反馈，持续改进（下）：定量的综合反馈和改进

上一章介绍了"建立反馈，持续改进"的基本实践。本章接着介绍更加系统的反馈和改进方式，重点介绍最常用的三个关于价值流动的综合度量图表，它们简单实用，却又非常强大，是精益度量的核心，也是团队深入和持续改进的强大工具。

累积流图

产品开发过程的度量图表中，累积流图最为强大和有效，它直观易懂，却包含大量的实用信息。

累积流图的含义

累积流图反映各个阶段累积处理的需求数量以及它们随时间的变化趋势，它的横坐标为日期，纵坐标为各阶段累积完成的需求数目。

图 17-1 中，看板系统包含从就绪到上线的 6 个阶段。相应的，累积流图从左到右 6 条线分别是这些阶段累积完成的需求数目。例如，最左边的上边线是累积就绪（已经计划）需求的数目，其后依次是累积开始开发、开发完成、开始测试、测试完成和上线需求的数量。

图中，特定颜色的区域表示不同的阶段，深色区域是工作阶段，如深红色的是实现中的需求，深蓝色的是验证中需求；浅色区域表示等待阶段，如浅红色的是等待实现（已就绪但尚未开始实现）的需求，浅蓝色的是等待验证的需求，浅绿色的是等待上线的需求。

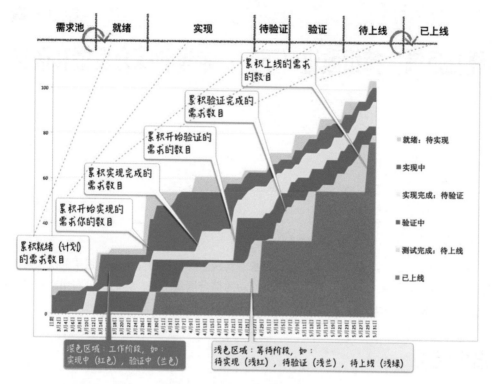

图 17-1 累积流图

解读累积流图并从中发现改进机会

累积流图反映团队整体的交付过程。从中看到的不仅是孤立的数据指标，更是动态和系统的整体。下面，让我们来解读累积流图的信息密码。

1. 从累积流图中解读在制品、前置时间和交付速率的数据

从图 17-2 所示的累积流图中，我们可以看到三个关于流动的重要指标。

其一，在制品数量。在制品数量指正在处理的需求的数目，也就是所有开始但还没有完成的需求的数目。如上图中 4 月 15 日这一天，累积就绪的需求有 61 个，累积上线的需求是 8 个。在制品数量 = 61–8 = 53（个），它们已经计划，但还没有交付，分布在过程中的各个阶段。

其二，平均前置时间。前置时间是精益度量中的一个核心指标，指需求交付之前，从开始到结束所经历的时间。图 17-2 中，到 3 月 26 日这一天累积计划了 40 个需求，而到 5 月 15 日这一天累积交付 40 个需求。假设需求符合先入先出（先计划的先交付）的规律，那么第 40 个需求的前置时间（交付周期）就是 5 月 15 日 –3 月 26 日 =50（天）。之所

以要在前置时间之前加上"平均",是因为并非所有的需求都是先进先出。

其三,交付速率。交付速率指单位时间内交付需求的数目。图17-2中,从3月30号到5月15号,6周时间交付需求数目从8个增加到53个,共交付45个需求,交付速率=45/6=7.5(个/周)。最下方表示交付的这根线的斜率,也就是交付速率。

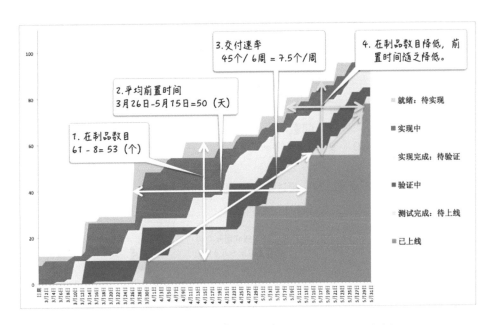

图17-2 从累积流图中分析在制品数量、前置时间和交付速率

在制品数量、前置时间和交付速率是衡量价值流动的三个重要指标。累积流图既反映它们的静态值,也反映它们的动态变化趋势。比如图17-2右上角时间比较靠后时,在制品数量降低了,前置时间也变短,而交付速率则有所上升。团队既可以比较两个不同时间段的指标,也可以考察一段时间之内指标数据的变化趋势。

累积流图还直观呈现了在制品数量、前置时间和交付速率三者之间的关系。它们可以简单表示为"前置时间 = 在制品 / 交付速率",这也称为"利特尔法则"。如图17-3所示,我们看到当交付速率不变时,降低在制品数量,将同比例地缩短前置时间。

以上的三个指标,还可以针对单个阶段或部分阶段来衡量。图17-4中,我们标记了实现阶段的相关指标,包括实现中的在制品、平均周期时间和完成速率;同时,图中还标记了把上线阶段去除后的这三个指标,它来自实际的应用场景:团队暂时还无法改变定期发布上线的模式时,关注能掌的控阶段,对当前改进的实际指导意义更大。

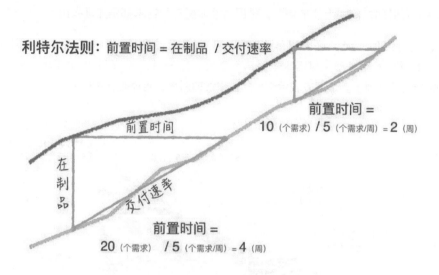

图 17-3　通过累积流图理解利特尔法则

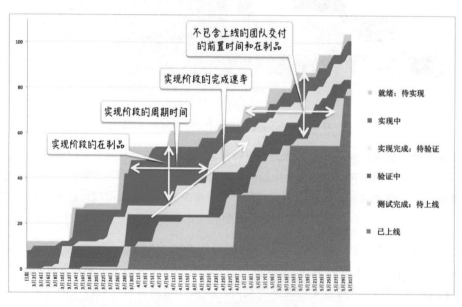

图 17-4　累积流图也可以特定阶段

2. 用累积流图分析团队协作和交付模式，并发现改进机会

累积流图同时具备整体性和动态性，它既反映了团队整体的协作模式，端到端的动态交付过程，同时还反映了交付模式和交付能力的变化趋势。我们可以从累积流图中，分析团队的协作和交付模式，并发现改进机会。

让我们看具体实例。从上面的累积流图中，我们可以看出下面几点。

1. **团队的计划模式**。最上方的粉红色区域（就绪需求）的上沿呈阶梯状，反映了团队需求计划的模式。开始时阶梯较宽，团队每两周做一次计划——选择一批需求进入就绪队列，等待开发；后期团队改成了每周一次计划——选择更小批量的需求，进入就绪队列，图中的阶梯变小，这一变化也带来了正面的结果，在制品数量变低，前置时间缩短。

2. **需求转测试的模式**。蓝色区域（测试中）的上沿线反映的是需求转测试的模式，它一开始呈现明显的阶梯状，反映需求是批量移交测试的。这带来的问题是，开发完成的需求，要等待较长时间才开始测试，导致更多在制品，并延长了前置时间。后期，团队移交模式改成小批量即时移交后，图 17-5 中，明显可以看出在制品数量的减少和前置时间的缩短。

3. **需求发布模式**。绿色区域的上沿线反映需求发布（上线）模式，它呈现阶梯状，反映需求是定期上线的。开始时是每月发布一次，需求等待上线时间较长，后进化为每两周一次上线，等待时间随之缩短。

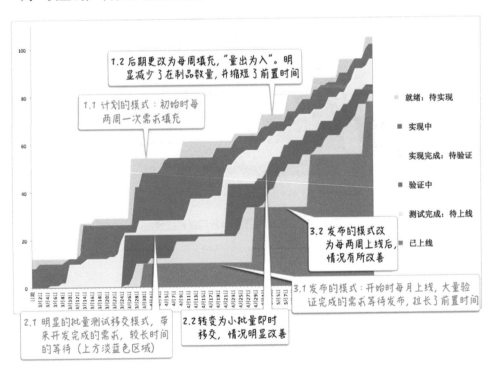

图 17-5　从累积流图中发现协作模式

再看一个例子，图 17-6 能够帮我们分析团队的主要瓶颈和问题。我们看到，3 月 25 号左右，团队一次计划了很多需求，并同时开始实现，在制品积压在实现阶段，直到 4 月 25 日左右才集中完成。批量开始，批量完成，这种典型的小瀑布开发模式，往往带来赶工和质量问题。

我们再看后期，图 17-6 中，我们明显看到蓝色的区域在扩散，表示测试阶段的需求出现积压，不能即时交付，成为瓶颈，团队应该进一步分析背后的原因。

累积流图记录和呈现了团队协作和价值交付模式，我们还可以从中分析出更多或更深层次的问题，指引团队改进，衡量改进效果，它应该成为每一个精益敏捷开发团队的改进分析工具。

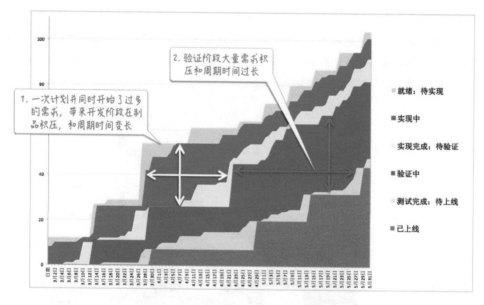

图 17-6　从累积流图中分析问题和瓶颈

控制图

控制图也是一个常用的综合性度量，它是一个散点图，每交付一个需求，标记一个点，横坐标是该需求的交付日期，纵坐标是该需求的前置时间。控制图常用于反映一个过程是否处于受控范围，因此称为"控制图"，在这里，它反映需求交付的状况，如前置时间的波动情况和趋势。上一章已经介绍过控制图的单独使用，这里再看一下它与其他图表的结合运用。

图 17-7 是三个度量图表的组合，最上面的是控制图，中间是简化了的只包含开始和结束的累积流图；最下面的是在制品数量随时间变化的曲线。综合这几幅图，可以做更深刻的分析。让我们一起解读。

从图表中，我们看到了明显的迭代开发模式。控制图中需求的交付明显按迭代分群；累积流图中，计划和交付也都呈现出周期性；而在制品数量在迭代开始时最高，在迭代结束时趋向于 0。这三幅图相互印证，更全面地反映迭代交付的状况。

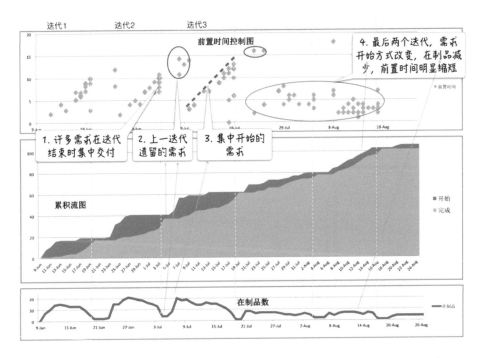

图 17-7　控制图与其他图表的综合应用

我们看到，在迭代结束时往往有很多需求集中交付，这意味着赶工，相比更均匀的交付，会引起更多的质量问题，从累积流图中也可以看到类似的信息。

我们还看到很多呈 45 度线排列的点（在图中用红色虚线做了标记），这些都是在迭代初期集中开始的需求，每晚一天结束则前置时间长一天，所以呈 45 度排列。再针对性地看累积流图，的确大部分需求都是在初期同时开始的，而在制品数量趋势图告诉我们，在制品最高超过 20 个，团队应该思考："我们应该让所有的需求一起开始吗？可以更好地控制在制品吗？"

结合这些图表，我们还可以看到更多信息。比如，图中红色圈内的需求，它们在迭代前期交付，但前置时间特别长，那是上一个迭代遗留的需求，在累积流图和在制品趋势图中也能看到这一信息。再如，最后两个迭代，团队开始刻意控制在制品，在制品数量降低到 10 以下，四十五度线也消失了，交付变得更加均匀，前置时间也明显缩短。

这只是一个例子，现实中开发模式多种多样，综合这些反映价值流动的图表，可以分析和发现更多的模式、问题和改进机会。

前置时间分布图

前置时间分布图是另一个常见的精益度量图表。如图 17-8 所示，它是一个柱状图，用以统计一段时间内，前置时间的分布状况，横坐标是前置时间（天数），纵坐标是前置时间为该值的需求的个数。前置时间分布图信息量相对较少，但它有两个独特作用。

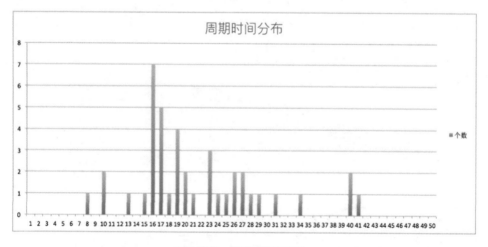

图 17-8　前置时间分布图

一方面，它为团队的对外承诺，提供了客观依据。团队可以根据过去实际交付的前置时间分布，做出客观可靠的承诺——承诺的需求多长时间可以交付。

另一方面，前置时间分布为团队的改进方向提供了依据。如图 17-9 所示，前置时间分布形成曲线，从这一视角，团队的改进可以分为以下三个方面。

1. **截尾**：减少前置时间特别长的异常点。这通常需要团队提高风险管理的水平，并即时有效地发现和处理问题。

2. **瘦身**：减小前置时间分布的方差，让前置时间更加集中和稳定。这通常需要更好的需求拆分、沟通以及更好的团队协作和风险应对。

3. **左移**：减小前置时间的均值。这通常需要更好地控制并行和批量，并改进协作、技术能力和基础设施以加快交付速率。

从前置时间分布中可以识别改进方向，但它信息量相对较少，对比控制图，它压缩了时间维度。具体问题的分析，则可以回到控制图和累积流图等信息更丰富的度量工具。

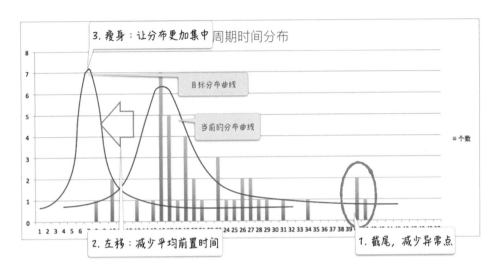

图 17-9　前置时间分布图，为改进提供了方向性指导

小结

本章介绍看板方法中的度量反馈体系，不同于其他方法或框架中的度量，看板方法的度量体系以端到端的价值流动为核心，它内嵌于价值流动当中，产生的反馈真实、即时、系统，反映了团队整体交付过程，为团队的系统改进提供了重要依据。

本章所描述的图表很多看板电子工具都可以支持，也可以用 Excel 手动生成。关于如何用 Excel 手动生成这些图表以及如何获取相应的模板，请参见附录一。

本章要点

- 累积流图、控制图和前置时间分布图是最常用的关于价值流动的度量。
- 累积流图综合反映了前置时间、在制品和交付速率等指标，并体现了团队协作、计划和交付需求的模式，常用以发现系统性的改进机会。
- 综合控制图、累积流图和在制品趋势图等度量图表，可以相互补充和印证，更深入地分析团队的协作、交付以及瓶颈和问题。

- 前置时间分布图体现了特定时间段内所交付需求的前置时间分布状况。它反映了团队对外交付的水平，为团队对外的承诺提供了较为客观的依据。前置时间分布图还为团队的改进提供了方向性指导。

注释

1. 利特尔法则由麻省理工学院的教授约翰·利特尔提出，它更多表示成"在制品数量 = 前置时间 × 交付速率"。

第 18 章

看板方法的规模化应用

现实中，经常需要多个团队紧密协作，才能交付用户需求。这就有了规模化实施看板方法的需求。以下总结了我实际应用过的 4 个规模化实施方案，它能够覆盖绝大部分需要的场景。

融合两个看板系统

第 7 章介绍过一个看板改造的案例，它是一个典型的看板规模化应用的案例。它把本来前、后端分离的两个看板融合在了一起，形成端到端的融合看板。

原先前后端分离的两个团队不能独立交付价值，也不能体现两个团队的协作关系。为了提高看板应用的效果，我们对前后端两个看板进行了融合。

如图 18-1 所示，融合后的看板系统直观呈现了两个团队的关联，极大地促进了团队有效协作，同时也展现了端到端价值流动，让团队可以即时发现系统问题和瓶颈，并即时改进。形成融合看板时，这两个团队相加共有 29 人。

关于这个团队的背景，第 7 章有更详细的介绍，在这里再分享一下融合看板后的团队运作机制。

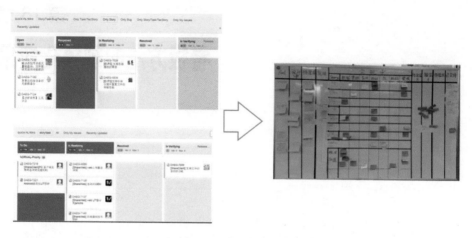

图 18-1　融合后的看板反映了用户价值端到端的流动和团队协作

需求的澄清和填充

收到需求后，会先由产品经理确定优先级，并做出产品设计。为了确保需求理解到位，这个团队规定所有的需求都必须完成实例化需求活动后，才能进入就绪队列。

"实例化需求"可能是一个小型的会议，也可以是几个人坐在一起的非正式沟通。典型的实例化需求活动，会沟通一到三个需求，开发、测试、业务，共同澄清需求的目标，明确用户的使用流程，并基于流程步骤，定义业务规则，形成验收标准。

实例化需求，保证了开始需求开发前，与之相关的人充分和一致地理解需求，做到以终为始。澄清后的需求，放入就绪队列，当涉及的开发人员比较多时（超过三个），会为需求指定一个协调人，来同步前、后端的技术和进度，以确保信息即时沟通到位。协调人通常是工作占比较高的开发人员。

站会

在这个案例中，前、后端两个团队的站会是分开进行的。其中产品经理、两个团队的负责人以及核心测试人员参加两个站会，确保信息在前、后端团队之间的流通。两个站会的时间相加，一般为 10 ~ 15 分钟，采取典型的看板站会形式，两个团队都会从右至左检视看板上的需求，重点关注问题和阻碍。

发布

该团队做的是企业应用，自己的公司也是该产品的用户。这个团队的部署每两周进行一次，将完成的需求部署到本公司的办公环境，在实际场景中充分验证。而对真实客户的发布，由产品经理根据客户的需要和市场的策略决定，产品开发团队可以保证的是，任何时候有需要，都能够做到两周内发布。

融合看板方案，适合坐在一起且依赖较强的团队。它简单、有效且能较大地缩短需求交付的时间，但团队总体规模不宜过大。上例中，成员增长到 50 人时，运作开始变得困难起来，团队按功能领域一分为二，并引入了两层看板机制。

连接多个看板系统

再看连接价值链上多个看板的例子。这个案例中，团队的构成比较复杂，业务方在深圳，开发团队又分成了两个部分，上海团队 5 人，负责底层服务开发；成都团队 16 人，负责应用开发。

业务需求典型交付步骤如下。

1. 深圳的业务团队提出需求。

2. 上海团队负责分析，并完成底层服务开发，移交成都团队。

3. 成都团队在底层服务的基础上开发上层应用，并集成和测试；

4. 最后由深圳的业务团队验收。

上海和成都开发团队有各自的物理看板。挑战在于如何协调各个团队，保证价值的顺畅流动，特别是在团队间的顺畅流动。于是便有了图 18-2 中的方案，我们引入了电子看板，连接 4 个步骤的工作，形成了端到端的价值流动。

电子看板反映了需求的整体流动过程。当需求进入团队后，又会被反映到团队的物理看板上。比如进入底层服务的开发阶段后，他们把需求复制到自己的物理看板上，并进一步分解成任务。开发和验证结束后，再将需求放入图中的"API 开发完成"列，通知下一环节（成都团队），可以开始该需求的开发了，如此打通整个价值交付链。

这一方案实现了各环节的连通，形成端到端的价值流。它或许不是理论上最佳的方案，但考虑到异地团队协作的事实，在操作上却是更可行的方案。它让团队更好地协作了起来，也让价值更顺畅地流通。电子看板反映需求的流动，物理看板则将需求细化到任务，更便于团队协作。

使用电子看板联通各个环节，还给这个团队带来一个好处。就是可以整体度量价值流动，反映团队的协作，分析出价值流动的瓶颈。这对存在上下游合作关系的团队，通常能带来较大的改进。

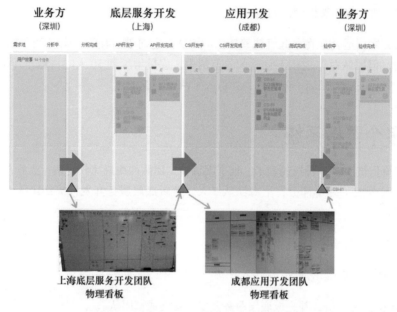

图 18-2　连接多个团队的看板系统，打通价值流

团队通过电子看板打通价值流后，生成了图 18-3 中的累积流图。当时他们一个重要的目标是缩短需求交付的前置时间，提高对业务的响应，而这一度量图表非常清晰地指出了瓶颈所在——用户验收测试（UAT），本来担心的上海和成都团队之间的协作问题，反而没有带来太大的影响。系统的度量为团队的系统改进指明了方向。

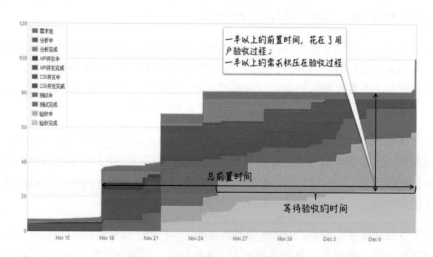

图 18-3　累积流图反映了团队的协作

向上下游拓展看板系统

图 18-4 是一个开发团队的看板。作为开发看板，它看上去已经很端到端了，前面包含了需求的导入和计划，后面包含了需求的上线。但团队业务方可不这么认为。

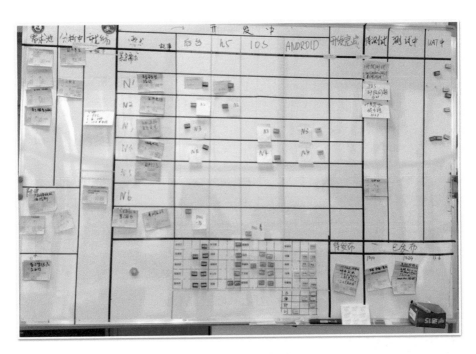

图 18-4　开发团队的看板

这个团队业务方和开发团队属于同一家公司，虽然都在上海浦东，但办公地点相距有十多公里。有一次业务方去开发团队现场看到这个看板后，觉得非常好，也决定在业务方搞一个。

于是，就有了图 18-5 中的价值链延伸后的看板。我们看到，在业务看板中，整个 IT 看板被压缩成很窄的一列"开发"，而在"开发"的前后做了延伸和拓展。其中，上游对创意的提出和设计做了细化，而下游也增加了上线后的业务验证环节，形成一个闭环。

这是看板系统向价值流两端延伸的例子。一开始，团队根据实际条件，尽可能地建立端到端的价值流。实施过程中条件成熟后，再适时向两端延伸价值流。

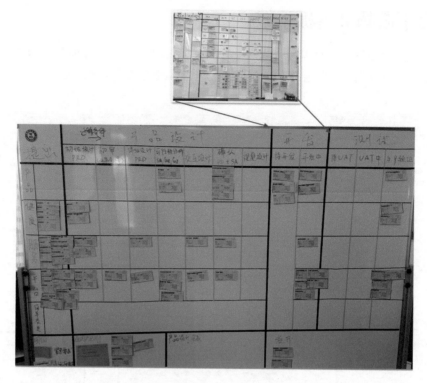

图 18-5　业务团队拓展后的看板

层次化看板系统

当产品规模较大时，使用层次化的看板机制是一个较好的选择。看板层次化实施的关键是，先理清价值的层次，再根据价值的层次设计看板的层次。

看一个电信设备制造商大型团队的例子。交付一个移动通信系统的版本，要涉及到多个网元 [1]，上千人的工作。产品的需求或价值，层层分解才能完成。上图体现了产品的三个层次，它也对应着需求的三个层次。

- 最上层是解决方案层，这一层次的需求称为"原始用户需求"，如支持 VoLTE（一种移动通话的模式）功能。这个层次的需求，是以最小的业务交付单元划分的，它在下一层次还要进一步分解到各个网元。

- 中间层是网元层，这一层的需求称为功能需求，用户的原始需求在网元层被分解到各个网络设备，如基站、核心网、网管等。这个层次的需求粒度，是最小的可系统集成和测试的单元。但网元层的需求仍然非常大，需要进一步分解到各个组件。

- 最下层是组件团队层，这一层的需求被称为可分配需求，网元的功能需求被分解并分配到各个组件模块，如链路模块或移动性管理模块等。图 18-6 中，这个层次的需求粒度，是可分配至特定团队并自行验证的子模块任务。

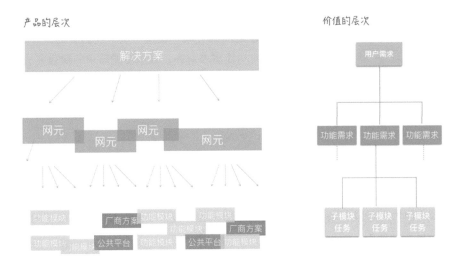

图 18-6　电信网络设备的需求层次

如图 18-7 所示，对应需求的层次，看板系统也是分层的。

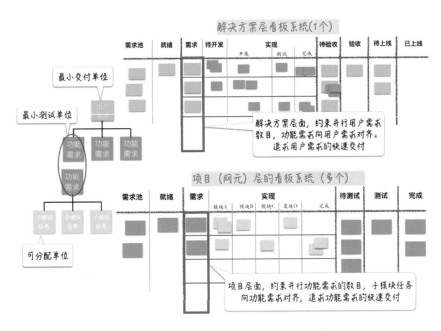

图 18-7　对应需求的层次，看板系统也是分层的图

上层是解决方案看板。它以用户需求的流动为基本线索，同时反映了下一层的功能需求（网元层）和用户需求之间的关联。在这一层，我们会约束并行用户需求的数目，让下一层次的功能需求向用户需求对齐，追求用户需求的快速交付。

下一层级的是各网元的项目看板。它以功能需求的流动为基本线索，同时反映了下一层的可分配需求（子模块任务）和功能需求之间的关联。在这一层，我们会约束并行功能需求的数目，让下一层次的可分配需求向功能需求对齐，追求功能需求的快速完成。

在这个案例中，各个层次的看板是联动的，功能需求同时出现在解决方案层和项目层的看板当中，这样最终达成的效果是可分配需求向功能需求对齐，功能需求向用户需求对齐，最终实现了用户需求的快速完成。

小结

本章总结了 4 个规模化的方案。它们拓展了团队的看板系统，以在需要规模化的场景中改善价值的交付能力。图 18-8 给出了这些方案的概念示意，它们分别是融合、连接、拓展和层次化。

需要强调一句："规模化是手段，不是目的。"规模化本身带来管理的复杂性，我们只应该在业务需要时，才应用规模化，以促进更好地协作和更顺畅地交付价值。

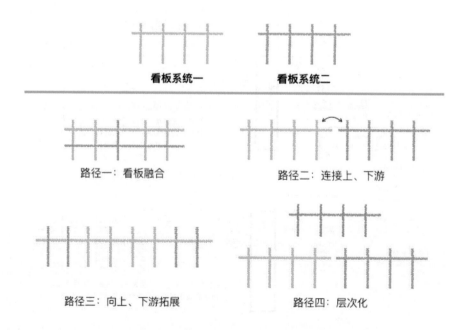

图 18-8　四种规模化看板方法实施的概念示意图

本章要点

- 看板方法规模化实施的驱动力来源于产品和业务的需要。

- 规模化是为了打通上下游的价值流，或协调相互依赖的并行团队。

- 融合、连接、拓展和层次化是常见的规模化看板方法实施方案。

常见问题

 问题1：在融合看板案例中，为什么不在一开始就按功能领域拆分团队，组成两个或更多跨功能的团队？

回答： 这个团队的需求耦合度非常高，如果拆分成多个团队就会产生团队间需求、计划或发布的高度依赖，而增加管理的负载。单一看板在当时的团队规模（29人）下，运作得很好，它极大促进了前、后端的协作，以及整个团队的价值交付。在达到50人后，单一看板的运作效率开始降低，我们按特性进行了拆分，并引入了双层看板。当然，人数并不是唯一的判断标准，在另一个产品中，团队20人不到，但还是进行了拆分，因为他们很容易拆分成耦合很小的两个特性团队。

 问题2：你提到只有在业务需要时才考虑和应用规模化方案，究竟什么时候才需要呢？

回答： 我们提到的规模化有两类。第一，端到端打通。条件允许就应该去做。当然也存在条件不允许的情况，比如：上下游组织没有形成共同的目标，开发和运维在操作上的割裂等。这时，建立了看板系统也没人关注，首先要解决的还是建立共同的目标。第二，并行团队间的协调和融合。这个要看团队间有没有业务和技术上的较强关联和耦合，如果是一个很弱的关联，就没必要引入规模化的方案。如果技术关联很强——相互依赖才能完成需求，或业务关联很强——协同交付完整用户价值，则可以考虑规模化应用看板方法来增强协作。总之，规模化的需求来源于业务本身的需要，而不是团队的人员规模。

注释

1. 网元是电信产品中的术语，指网络上的单个设备，如移动网络中的网元有基站、基站控制器、回传网络、移动核心网及媒体网关等。

第III部分　精益产品开发的实施

第 III 部分介绍如何实施精益产品开发，并将前两个部分介绍的原则
与方法转化为真正的生产力，改进组织的交付能力和创新能力。

第 19 章

实施精益产品开发，提高价值交付能力

实施精益产品开发的目的是改善组织价值交付能力水平。本章介绍如何衡量组织的价值交付能力以及通过精益实施有步骤地提升交付能力。

衡量和评价组织的交付能力

管理学之父彼得·德鲁克说："如果你不能衡量它，你就无法改善它。"如何衡量产品开发组织的交付能力水平？这是精益实施的基础问题，我们将从这个问题开始，介绍精益产品开发的实施。

用资源效率和流动效率衡量价值交付的效能

著名学者 Niclas Modig[1] 建议从资源效率和流动效率两个维度衡量价值交付水平，这就形成图 19-1 中的矩阵。

矩阵的纵坐标是资源效率。它衡量资源的使用情况，典型度量是资源利用率（如资源的忙闲程度、加班时长等），或单位时间的产出（如每周产出多少行代码，每人天执行多少测试用例等）。

矩阵的横坐标是流动效率。它衡量用户价值的流动情况，典型度量是用户价值的前置时间（需求从提出到交付的平均时长），或流动效率比（需求流动过程中实际被加工的时间除以总前置时间所得到的百分比）。

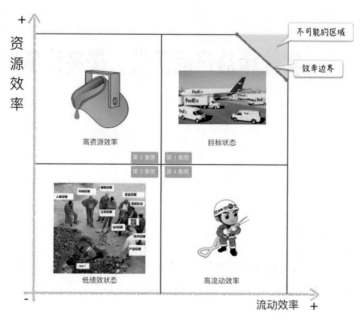

图 19-1　效率矩阵

矩阵的两个维度构成四个象限。

- "一人干活,十人围观"的场景,处于第 3 象限——流动效率和资源效率都很低。这种情况,资源利用率低,用户价值也不可能快速交付,显然不是组织的理想状态。

- 消防队员处于第 4 象限——流动效率极高,而资源效率很低。消防队员必须第一时间响应和解决问题——流动效率极高;而消防员本身绝大部分时间都在待命——资源效率极低。

- 炼钢炉处于第 2 象限——资源效率很高,而流动效率很低。炼钢炉一旦开启就必须保证它 100% 的利用——资源效率高,而物料(用户价值)则排队等待——流动效率低。

- 快递行业处于第 1 象限——流动效率和资源效率均衡并且都比较高。运行良好的快递公司必须保证流动效率——尽快把快递送到客户手中,以服务制胜;必须保证资源效率——提高人员的利用率和产出,以获得成本优势。

流动效率和资源效率的关系

流动效率关注用户价值,它对产品开发很重要——追求流动效率以快速响应用户需求;资源效率关注组织内部资源环节,它对产品开发同样重要——追求资源效率,以增加产出、降低成本。

但是，同时达到高资源效率和高流动效率，是可遇而不可求的。资源效率和流动效率在一定程度上是冲突的，否则消防队也不用以低资源效率来换取高的流动效率。公路上的车过多（高资源效率）时，任何波动都可能引发拥堵（低流动效率）是另一个常见的例子。

如何同步提高资源效率和流动效率，是精益产品开发实施要解决的根本问题。

从资源效率入手的改进无法持续

传统软件开发方法，通常都着眼于各个资源和环节，把提高资源效率作为主要目标和改进点，比如提高开发的代码行产出效率，提高测试用例设计和执行效率等等。这在开始时有一定的效果。但各个环节过度局部优化，往往会伤及整体的效率。

如图 19-2 所示，一开始各环节都非常低效时，提高它们的资源效率是必要和有效的，对整体也是有利的。但长期看，如果仅聚焦于各个环节的局部改进，各个职能从自己的角度优化或证明自己很忙，就会制造一个个效率竖井。

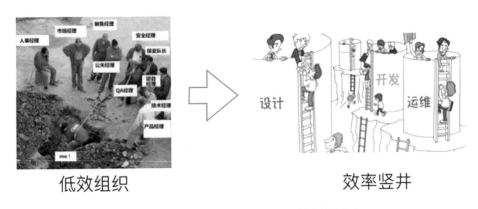

图 19-2 局部改进创造效率竖井，不利于整体效率

整体并不等于部分之和，看上去的局部高效，并不一定能带来用户价值交付效率的提升。相反，它往往导致很多不良后果：复杂的内部流程；各环节技术实施和管理机制的失调；在制品积压和额外管理工作等。过度局部优化带来整体的协调困局，最终反过来会降低资源效率的有效性。表面的高资源使用率却不带来实际的高产出，这是很多组织特别是大型组织的普遍困局。

我在一个大型产品开发组织经历过这样的情形。每年各职能部门都会启动流程改进项目，设定各自的目标，比如，负责需求分析的部门要引入新的需求评审流程，以提高需求产出的质量和效率；开发部门引入代码生成工具，以提高代码产出效率；等等。

这些项目汇总起来每年有二三十个，按各自的度量指标，大都实现了目标。把成果简单叠加起来，每年组织的效能都应该接近翻番，经过几年的累积，早成为超级组织了。然而，事实却非常残酷，从整体上看组织对外的交付效率并没有明显改善，流程却越来越复杂，人数在变多，有效产出没有增加，对外的响应却变慢了。

大部分组织都已经足够关注资源效率，能起到明显效果的改进都已经做了。这时，如果缺乏整体协调而过度局部优化资源效率，反而会陷入协调困局。

如图 19-3 所示，局部优化，让流动效率下降的同时，也让资源效率改进本身无以为继，这是组织效能改进的普遍困局。精益产品开发方法的实施，为摆脱这一困局指明了道路。

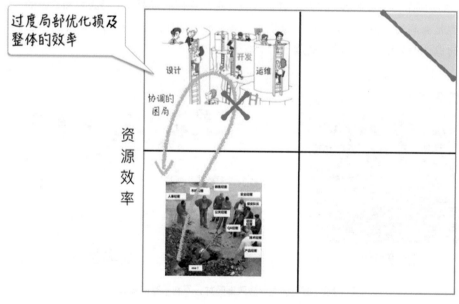

图 19-3　局部优化最终会导致协调困局

打破组织效率改进的困局

精益产品开发实施的目标是流动效率和资源效率的均衡和可持续的改进。为了做到这一点，我们必须把焦点从内部资源环节，转移到用户价值之上，关注用户价值在组织中的顺畅流动。精益产品开发的实施是以流动效率为核心，带动交付能力的全面均衡和可持续提升。

> 精益产品开发的实施以流动效率为核心改善组织的运营，最终实现流动效率和资源效率的均衡和可持续的改进。

下面将详细介绍精益产品开发实施和改进的步骤。

步骤一：从提高流动效率开始，保障组织端到端的协调和系统优化

如图 19-4 所示，精益产品实施的第一步是改进流动效率。在这一步，我们把焦点从组织内部的资源，转移到用户价值之上，让各个环节围绕用户价值有效地连接和协同，保障用户价值的顺畅流动。

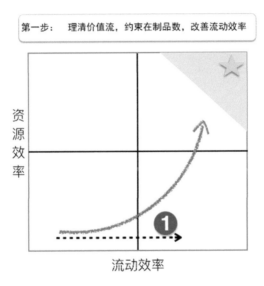

图 19-4　改进步骤一：从流动效率开始

这一步的实施重点是"以用户价值为核心，打通整个组织的价值交付流程"，具体要做到图 19-5 中的几个方面。

分析和可视化用户价值端到端的流动过程

在第 2 章中，我们讲到醉汉在路灯下找钥匙的故事，传统组织之所以热衷于资源效率改进，是因为那是最容易看到的地方。我们每天看到的是各个资源环节，管理对象是各个职能部门，但并不是问题所在，或者说不能发现问题的根本。真正的问题是用户价值能否顺畅流动和交付。为此，我们首先要分析并可视化价值端到端的流动过程，其中价值流分析和建模是重要工具。

去除或重组流程中明显不增加价值的部分

分析价值流动的过程，会发现明显不增加价值的环节。对于能达成共识的部分，团队应该尽力去优化。暂时还不能达成共识的部分，则应该等到下一步，基于客观的价值流度量和反馈，凝聚共识，再做出决策和实施优化方案。

限制并行的在制品数量，让价值流动起来

流动不畅的典型症状是在制品积压，减少在制品数量和约束并行起到两个方面的作用。一方面，它让价值更快速地流动；另一方面，在制品积压提示了问题的存在，让流动中的问题即时暴露，并对团队改进方向给出指引。

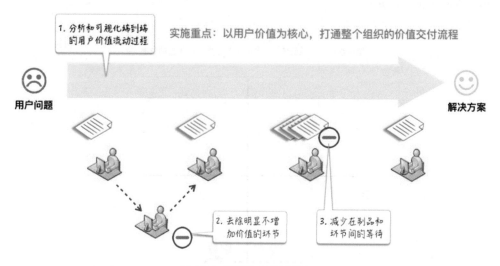

图 19-5　步骤一的实施重点

这一步在分析和可视价值流的基础上约束在制品数量。根据图 19-6 中的利特尔法则，平均前置时间 = 在制品数量 / 交付速率，在制品数量减少了，平均前置时间随之降低，流动效率将显著改善，而资源效率基本维持不变。

更重要的是，从流动效率开始的改进，确保整个组织围绕用户价值端到端的协调一致，为接下来的精益实施和改进，奠定了系统和整体优化的基石。

　　精益实施第一步：以流动效率改进为核心，在提高流动效率的同时，保障团队围绕用户价值展开协作，端到端的协调一致，系统改进。

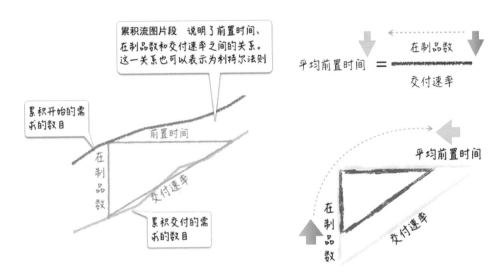

图 19-6　利特尔法则：降低在制品数量缩短前置时间，提高了流动效率

步骤二：系统协调的前提下，同步改进资源效率和流动效率

步骤一的任务是理清和打通端到端的价值流并通过限制和关注在制品数量，让价值流动起来，确保组织的整体协调。

精益产品开发实施的第二步是在整体协调的基础上，持续发现和解决影响价值流动的问题，在优化流动效率的同时，提升有效资源效率。重点做到图 19-7 中的三个方面。

1. **有效管理价值流动过程。** 为了促进价值的顺畅流动，必须落实价值流动的管理实践。如看板方法中，针对价值的输入、流动过程和输出的管理活动——就绪队列填充会议保证了价值输入的节奏和质量，为随后的价值顺畅流动创造条件；看板站会帮助即时发现价值流动中的问题和阻碍；交付规划会议确保输出的有序。

2. **建立关于价值流动的反馈和度量。** 反馈和度量帮助团队发现更深层次的问题，并进行系统地分析。例如：看板方法的度量体系，或持续交付和 DevOps 的度量体系，都侧重反映价值的流动过程，让团队可以全面地看到价值流动的过程、状态和改进机会。

3. **形成持续改进的实践操作和机制。** 在反馈和度量的基础上，团队应形成有效的持续改进机制，定期分析问题，并落实改进措施。

这一步不再把降低在制品数量作为重点，而是在整体协调的基础上，持续发现价值流动中的问题。解决这些问题，使价值流动更加顺畅，从而不断缩短价值交付的前置时间。

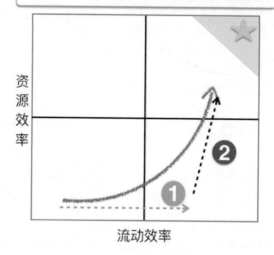

图 19-7　改进步骤二：系统协调的前提下进行综合改进

如图 19-8 所示，前置时间的缩短，一方面提高了流动效率，另一方面根据利特尔法则，在制品数量保持不变，前置时间缩短，交付速率随之增加，提高了有效的资源效率。

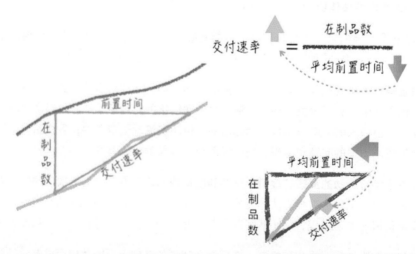

图 19-8　利特尔法则：解决问题缩短前置时间，提高了流动效率的同时也提高了有效资源效率

我们特别强调"有效的"资源效率，是想区分于表面的资源利用率。"有效"指的是外部客户可感知的实际产出，在端到端价值流动协调基础上，提高的产出才是有效资源效率。

精益实施第二步：在整体协调的基础上，不断发现和解决价值流动过程中的问题，从而缩短前置时间，并带来交付速率的提升，同步提高流动效率和有效的资源效率。

步骤三：承认和应对可变性，突破效率边界

资源效率和流动效率是有潜在冲突的，同时实现最高资源效率（100% 资源利用率）和最高流动效率（无并行和零等待时间），这是几乎做不到的。不可能达到的区域的边缘，就是效率边界。

理解效率边界存在的原因

一个组织，当然希望将效率边界上移，同时实现尽可能高的流动和资源效率。问题是如何做到呢？这就需要理解效率边界存在的原因。

效率边界存在的原因是可变性，或者说"不确定性"。具体包括，工作输入节奏的不确定性，和工作处理时长的不确定性。不确定性越高，你越需要预留资源，以应对不确定性带来的工作累积，因此效率边界越低。为了说明不确定性和效率边界的关系，图 19-9 给出了不同上下文中的效率边界。

- 生产单一产品的自动生产线效率边界最高。它工作的输入节奏恒定，每个工件在每个步骤的处理时长也恒定，是一个高度确定的上下文，可以同时达到几乎 100% 的流动效率和资源效率。

- 效率边界最低的是消防队。它的工作到来的节奏和处理时长都极不确定。因此效率边界极低，为了达到高的流动效率，就必须在大部分时间预留足够多的资源，不得不在极低资源效率下运行。

- 大部分行业的效率边界处于上面两种情况的中间。以快递也为例，它的工作输入和每个工作的处理耗时，在统计意义上有规律，但并不恒定，因此必须预留适当资源来应对这些波动。它虽然不能像自动流水线一样，能达到接近 100% 的流动和资源效率，但优化得合理也可以在高位达到较好的均衡。

产品开发的可变性也处于中等的位置。

- 需求到达频率可变，但可以做出适当的控制和过滤。

- 单个需求处理时长可以预估，但并不确定。

不确定性是效率边界存在的原因。理解这一点的意义，为提升效率边界提供了实践上的指导。

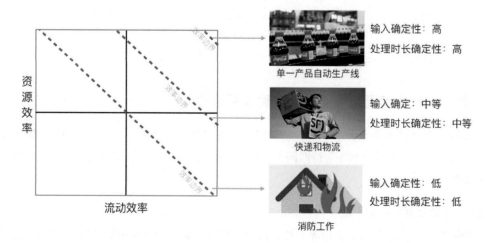

图 19-9   效率边界及其存在原因

突破效率边界

为了突破效率边界，我们首先要拥抱不确定性，并在此基础之上，缓解和应对不确定性。如图 19-10 所示，为突破效率边界，具体需要做到以下几点。

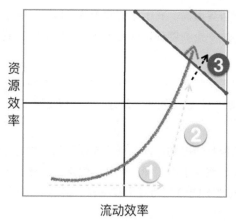

步骤三：突破效率边界

1. 承认和拥抱不确定性

2. 缓解不确定性

3. 应对不确定性

图 19-10   改进步骤三：突破效率边界

1. **承认和拥抱不确定性**。Tom Demarco 在《与熊共舞》一书中把产品开发中风险和不确定性比作熊，成功的产品开发是"与熊共舞"的艺术。在剧变和激烈竞争的时代，一个十拿九稳，没有任何不确定的项目，几乎肯定是没有价值的。挑战不确定性和风险已经成为企业交付价值获得竞争优势的不二法门。我们必须承认不确定性，拥抱因业务和技术探索带来的不确定性，这是前提。

2. **缓解不确定性**。我们要拥抱业务和技术的不确定性，但在具体操作过程中，则要缓解不确定性，也就是降低这些不确定性的影响，下面是一些常见的方法。

- 将需求拆解得更小，一方面让不确定性更早地暴露，以降低其影响；另一方面小的需求在统计意义上处理时长也更加均衡，降低不确定性。

- 识别和分解技术风险，更早和更小地试错，避免不确定性累积在后期，产生巨大的影响。

- 在入口处，对需求进行过滤和进一步澄清。如进入看板墙的就绪队列时确认需求的技术、关联和业务风险，并提出应对方案，可以极大降低不确定性。

- 技术上的重用、组件化、自动化降低可变性。自动化本身就是降低人为因素带来不确定的重要手段，组件化的基础上的重用也是降低不确定性的手段。DevOps 和微服务架构都为此提供了有力的支持。

3. **应对不确定性**。不管怎么降低，开发过程不确定性一定还会存在。面对不确定性，正确应对可以缓解其影响。

- 团队内部适当的流动资源，可以降低可变性的影响。培养一定数量具备多种技能的人，可以提高面对不确定时资源配置的灵活性。

- 资源与工作的晚绑定降低不确定性的影响。延迟决定工作的人力安排，将提高执行上的灵活性。Scrum 中的迭代计划、任务认领，看板方法中延迟工作分配都让我们可以根据实际状况灵活安排工作，以应对随时发生的状况。

- 安排特定比例重要但时间不敏感的工作可以对冲不确定性影响。例如投入 20% 的工作用以持续技术改进，突发状况时可以让从事这部分工作的人临时支持。

> 精益实施第三步：在承认和拥抱不确定性的基础上，缓解不确定性，并以合理的机制应对不确定性，提升团队的效率边界。

小结

图 19-11 总结了精益产品开发过程实施的路径，它也是效率改进的路径。需要说明的是，我们区分了表面的资源效率（环节资源利用率），和实际有效的资源效率（有效的产出），改进的出发点反映的是实际有效的资源效率。

引用第 10 章中提到的潘季驯治理黄河的攻略——束水攻沙，可以把改进描述为图 19-12 中的三个步骤。

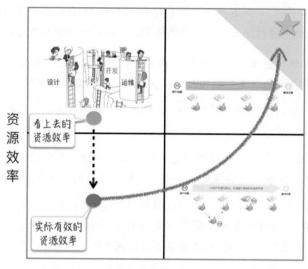

图 19-11 精益产品开发过程实施的 3 个步骤

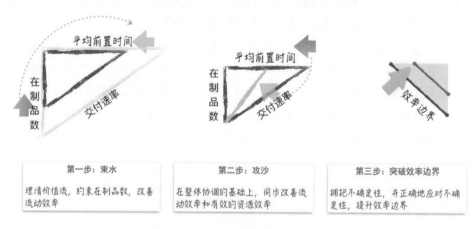

图 19-12 用"束水攻沙"隐喻精益实施

步骤一：束水。 打通端到端的流程，并限制在制品的数量（束水），这样就缩短了交付前置时间，改进了流动效率。

步骤二：攻沙。 审视端到端的价值流，发现其中的问题，并解决这些问题（攻沙），从而让流动更加顺畅，缩短前置时间的同时，提高交付效率，实现流动效率和资源效率的同步提升。

步骤三：突破效率边界。 拥抱、缓解和应对不确定性，让效率边界上移。需要指出的是，这一步不是严格意义上的串行，它可能与步骤一和步骤二并行。

以上从效率改进的角度，设定了精益产品开发实施的路径。这是方向性的指导，真正的实施还要落实到更具体的实践当中去。精益和敏捷需求方法、精益看板、持续交付 和 DevOps 都是实施精益的重要实践和工具。如何综合应用和实施这些方法是接下来几章的重点。

本章要点

- 资源效率从组织内部资源角度审视各个环节的效率，其绝对度量是各环节的单位时间产出；资源效率的相对度量是资源的利用率。

- 流动效率从用户的视角审视价值流动的效率，其绝对度量是用户价值从进入系统到交付的前置时间；流动效率的相对度量是价值流动过程中工作时间除以前置时间所得的百分比。

- 流动效率非常重要，它关乎用户的体验，是市场竞争力的体现，也是创新的基础；资源效率也很重要，它关乎企业的成本和效益。

- 产品开发应追求均衡且较高的流动效率和资源效率，但获取它们的路径，决定着是否能达成目标。追求局部的资源效率，往往导致局部优化，形成效率竖井，带来协调困局。

- 改善的正确路径是"从改善流动效率开始，保障端到端的用户价值拉通，再进一步系统性地同步改善资源效率和流动效率"流动效率是改进的抓手和核心。

- 流动效率和资源效率的同步改进，最终会遇到效率边界的约束。效率边界由可变性（不确定性）导致，不确定性是产品开发的自然属性，不可能完全消除。

- 承认和拥抱可变性的前提下，减小需求平均大小、改善输入质量、动态资源绑定和混合优先级策略等方法都可以突破效率边界。

注释

1. 参见 *This is Lean* 一书，http://t.cn/RXXJZ8U。

第 20 章

精益和敏捷需求：精益产品开发的源头

"输入的是垃圾，输出的也会是垃圾"（Garbage in，Garbage out），这是 IT 行业众所周知的"名言"。需求是产品开发的源头，它对精益产品开发的成功实施至关重要。

在问题域分解需求

如图 20-1 所示，产品开发的任务是"通过技术实现，交付解决方案，解决用户或业务问题，从而达成业务目标"。其中，业务目标、用户或业务问题、解决方案属于问题域；技术实现属于实现域。产品开发的过程就是通过有组织的活动，实现从"问题域"到"实现域"的转换。

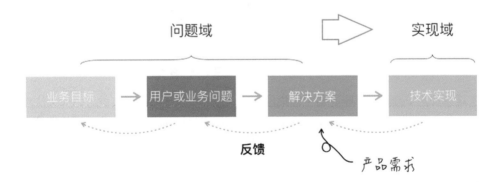

图 20-1　产品需求，在产品开发中的位置

传统开发模式在实现域分解需求

图 20-2 反映了传统软件开发模式下，从问题域到实现域的映射过程。其典型特征是"在实现域内分解需求，围绕技术实现展开开发过程"。它的过程大致如下。

1. 业务分析人员分析需求，完成初步规格说明。

2. 架构和设计人员在实现域内将工作分解为各个模块的任务。

3. 将任务分配至不同的开发组和开发人员，并分别完成。

4. 各个模块都完成后，进行系统集成和验证，一次性交付最终解决方案。

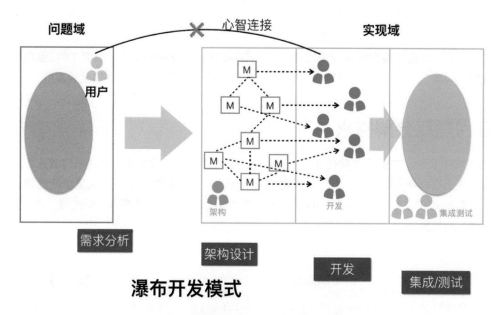

图 20-2 传统开发模式，在实现域分解系统

在实现域的集中分解，意味着集中的集成和验证必然带来瀑布交付过程，因而无法满足快速迭代交付价值和灵活响应变化的要求，也不能支持精益产品开发所追求的持续价值流动。

同时，这一模式下，开发人员和用户间的心智连接被割裂。用户及业务人员工作在问题域，从问题域出发，思考、描述和沟通问题；开发人员工作在技术实现域，从技术实现出发，思考、描述和沟通方案，缺乏用户及业务人员那样的共同语汇和场景思维。而在体验为王的今天，与用户的心智连接是决定产品竞争力的基本要素。

在问题域分解产品需求是精益开发的前提

与传统产品开发以实现域为核心组织开发过程不同，精益产品开发以问题域为核心组织开发过程。

图 20-3 反映的是精益开发模式下，从问题域到实现域的映射过程。其典型特征是在问题域内分解需求，然后围绕问题域展开开发过程。

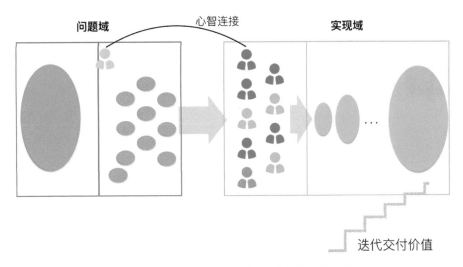

图 20-3　精益和敏捷开发模式，在问题域分解问题

在这一模式下，需求在问题域内被拆分成端到端的子项，同一时间段内，整个开发团队围绕一小部分产品需求，紧密协作，完成设计、开发和集成、验证工作，交付一个可运行的系统，并基于它获取用户和业务人员的反馈。需求持续地交付，系统也持续地增长和完善。

这一模式有效应对了前面提到的问题，也即迭代交付价值、灵活响应变化以及建立开发者和用户间的心智连接。

接下来介绍如何在问题域内分解产品需求。

找到真正的问题

从业务目标出发识别要解决的问题，需要大量调研和探索以及深入地分析和思考。让我们通过一个具体案例从一个侧面展示其过程。这个例子来自我服务过的一家跨境平台电商，因涉及商业机密，数据已经做了处理。

要定义产品需求，首先要知道业务目标是什么？经过讨论，我们确定了如下两个业务目标。

1. 全年 GMV（实际成单的总销售额）达到 5 亿美元。

2. 平台收入（take rate）达到交易额的 7%。

接下来以提高 GMV 这一目标为例，看看如何从业务目标出发识别要解决的问题。如图 20-4 所示。销售额是访客数、转化率和客单价的乘积。这样，我们对问题就有了一个基本的分类。

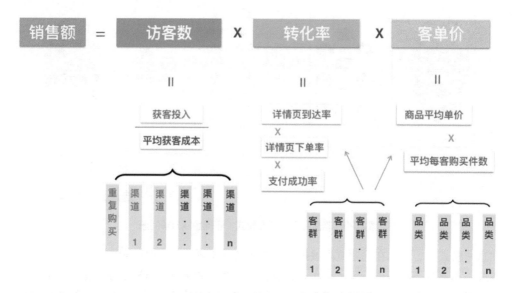

图 20-4　对总销售额（GMV）这一目标进行分解

子问题一：如何增加访客数

进一步分析可以知道，访客数可以如下表示：

$$访客数 \; = \; 获客的投入 / 平均获客成本$$

获客的投入并不由产品方案决定。产品设计的目标是降低平均获客成本。于是，问题就转化为"识别最有效的获客渠道，并降低这些渠道的获客成本，如提高自然搜索的流量；增加回头客的数量；增加病毒系数（通过分享，每个用户会带来几个新用户）；缩短病毒周期（用户分享的速度）；找到效率最高的付费渠道，加大基于它们的获客投入，并进一步提高效率。"

子问题二：如何提高转化率

转化率是一系列转化步骤的结果，可以如下表示：

$$转化率 = 详情页到达率 \times 详情页下单率 \times 支付成功率$$

问题进一步细化为如何增加详情页的到达率，如何提高打开详情页后的下单率，支付成功率如何。针对不同的渠道、客群和商品品类，我们还可以更精细地分析和更准确地界定问题。

子问题三：如何提高平均客单价

客单价取决于每客购买件数，以及单件的平均价格。可以如下表示：

$$客单价 = 商品平均单价 \times 平均每单商品件数$$

问题细化后：

- 如何提高商品的平均单价？
- 如何提高平均每单的商品件数？

这些问题同样可以针对不同的客群和商品做更精细的界定。

从目标出发识别问题为挖掘、分析和组织需求奠定了基础。我们展示的只是前台交易环节的例子。对后台的物流、财务、卖家服务、招商体系、商品选类等方面，我们也做了类似的分析，并识别出需要解决的问题。这里不再一一举例。

即使是交易环节，也可以做得更加深入。图 20-5 是用户从进入网站到销售转化，收货、评价以及分享的更详细的行为转化路径。

图中的各个框是用户行为节点，而框之间的线是用户行为的转化路径。各条线上标注的是用户行为转化的相关指标，改善这些指标是产品设计要解决的问题，是定义产品需求的出发点。

基于用户行为转化路径图，我们可以更准确地识别问题，并为问题定义度量。具体可以参见《精益数据分析》一书。[1]

需要特别强调的是虽然在识别问题时应该发散，但产品交付过程中，团队在同一时刻应该聚焦于有限的问题。这样才能够即时交付业务价值，并根据反馈不断地调整和优化解决方案。为此，在定义解决方案前，需要对所识别的问题进行优先级排序。

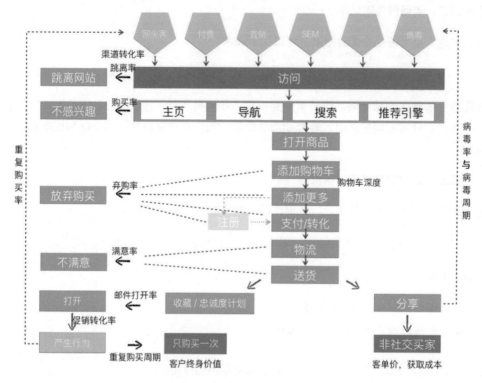

图 20-5　电商网站用户使用路径

从问题到解决方案的进一步分解：影响地图

识别了问题，接下来要做的是从高优先级的问题出发找到解决方案。我们将以"影响地图"为例来介绍这一过程。

影响地图是 Gojko Adzic 总结和提炼自己及他人的实践后提出的，旨在帮助组织更好地创建与沟通产品路线图和计划，确保功能交付和业务目标一致，并提高应对变化的灵活性。

影响地图可视化了从业务问题到产品功能的映射关系

产品是为人服务的，通过影响人的行为来实现目标，这也是"影响地图"名称的由来。从目标（也就是要解决的业务问题）到功能的映射，影响地图要回答两个问题。

1. 对什么人产生什么样的影响可以帮助实现目标？

2. 提供什么样的产品功能（或服务）才能产生这样的影响？

图 20-6 是一个影响地图的实例，它面向的业务目标（要解决的问题）是"6个月内，不增加客服人数的前提下，支持两倍的用户数"，以业务目标为核心，影响地图分为四个层次。

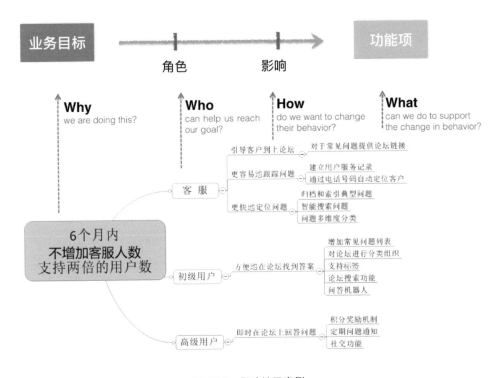

图 20-6 影响地图实例

第一层：目标（why），也就是要实现什么业务目标或要解决客户的什么核心问题。问题应该具体、清晰和可衡量。

第二层：角色（who），也就是可以通过影响谁的行为来实现目标，或消除实现目标的阻碍。角色通常包含主要用户（如产品的直接使用者）、次要用户（如安装和维护人员）和产品关系人（也就是虽然不使用产品但会被产品影响或影响产品的人，如采购的决策者，竞争对手等）。

第三层：影响（how），也就是怎样影响角色的行为来达成目标。这里既包含产生帮助目标实现的正面行为，也包含消除阻碍目标实现的负面行为。

第四层：功能（what），也就是要交付什么产品功能或服务来产生希望的影响。功能也就是我们常说的产品需求。

影响地图揭示了从目标到功能映射背后的假设

上述的映射关系中，背后包含两类假设。

1. 功能假设：假设通过设想的功能可以对角色产生期望的影响。

2. 影响假设：假设对角色产生这样的影响会促进目标的实现。

例如，我们假设：对常见的问题提供论坛链接，可以引导用户更多的上论坛；同时还假设：如果用户更多的上论坛就能减轻客服的工作负载，从而服务更多用户。

在功能交付给用户之前，这些假设都还只是待验证的概念。影响地图明确表达了这些假设，把它作为初始的概念。团队在交付过程中，要有意识地获取反馈，不断验证和修正这些概念。如图 20-7 所示，它与精益创业中"开发 - 测量 - 认知"这一核心理念是一致的。

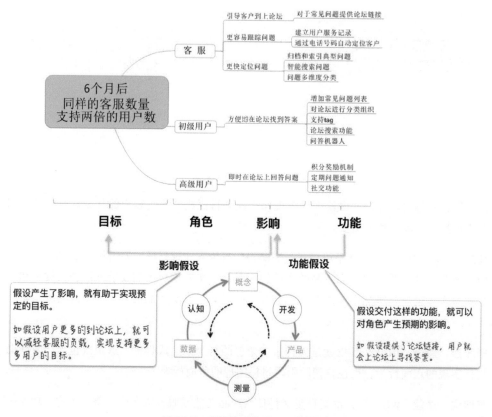

图 20-7　影响地图呈现了两类假设

显式呈现假设，是"影响地图"的重要方面，Tom Poppendieck 在《影响地图》一书的序中说："影响地图是由连接原因（产品功能）和结果（产品目标，解决问题）之间的假设构成的，它帮助组织找到正确的问题，而这比找到好的答案要重要得多。"

影响地图提供了一个共享、动态和整体的图景

影响地图不应该专属于某个职能，也不应该是某一时刻的静态规划。开发过程中，团队持续交付功能，获得反馈及其他信息输入，深化对产品的认知。

随着认知的深化，影响地图应该不断地被修正、拓展。这一过程需要各个职能的共同参与，影响地图是管理人员、业务人员、开发和测试人员共享的完整图景。

对于业务人员，他们不再是简单地把需求列表扔给开发团队，然后坐等最后的结果。通过影响地图，业务人员完成从目标到产品功能的映射，明确其中的假设。迭代交付中，当假设被证明或证伪后，应该对影响地图做出调整，如继续加强或停止在某个方向上的投入，或调整投入的方式。

对于开发人员，他们的目标不应限定于交付功能，而是要拓展至交付业务目标。开发者除了知道交付什么功能，也了解为谁开发，为什么要开发。这样就可以更加主动和创新地思考，做出有依据的决策和调整。

对于测试人员，除了参与上面的规划和验证活动外，测试的责任不再局限于检查产品是否符合预定的功能，而是验证产品是否产生了预期的影响。如果没有对用户产生期望的影响，即便完美符合功能定义，也不会是好的产品。

基于影响地图的发布规划

图 20-8 虚拟了一个生鲜电商的案例，要解决的问题是，提高活跃用户的平均月访问次数。首先，我们要对这个目标进行细化，明确定义它的含义，度量以及获取方式。图中标出了问题的定义和度量方式，并给出了基准值和目标值。

接下来，产品团队一起构建了影响地图。有了影响地图，就可以基于它做出发布规划。图中标记"1"的需求是第一个迭代要发布的内容，标记"2"的是暂定第二个迭代发布的内容，这就形成了一个简单的迭代发布计划。

发布计划不是功能项的简单叠加，而是要在影响地图上找到实现产品目标的最快和最便捷的路径，并且保证每次发布都是概念上完整的产品，小步但快速达成产品目标，和不断反馈改进。关于影响地图的具体应用，请参见《影响地图》[2]一书。

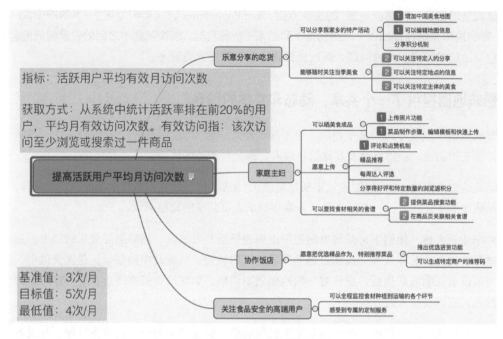

图 20-8　影响地图的实例

挖掘、组织和规划需求：用户故事地图

用户故事地图是另一个重要的精益和敏捷需求实践。它与影响地图一样都解决了从目标到产品需求的映射以及需求的组织和规划等问题。

图 20-9 是一个简单的用户故事地图示例，它整合了产品目标、产品需求和规划，反映一个电商交易平台的整体需求。最上方的黄色纸条是各个业务步骤，例如：搜索浏览、选择商品、确认支付等，这些步骤从左往右按顺序排列，构成了业务流程。基于业务流程，团队可以合理地拆分和组织产品需求。每个蓝色的小纸条是一个具体的功能需求。它们归属于业务流程中的不同业务步骤。这些具体的需求从上往下按优先级大致排序。这样就构成了二维的需求地图，Jeff Patton 称之为用户故事地图。

有了二维的用户故事地图，我们就可以应用它来挖掘、组织和规划需求及版本的发布了。在上图中，横向上用不同色块将需求进行了划分，代表不同的迭代或版本，形成了易于理解和方便沟通的迭代交付规划。其中最上方的是"可运行的骨架"。这批需求（迭代内容）的目标并不是对外交付，而是通过尽可能简单和少的用户需求，驱动出基本业务和技术框架，以验证架构的可行性，并为其后的迭代交付打下基础。它必须是可运行的——能够被验证；它应该是风险驱动的——为未来搭建基本的技术架构；它应该尽量简单——以尽快完成它并识别和消除风险。简单、可运行、风险驱动是它的特征，因此被称为可运行的骨架。

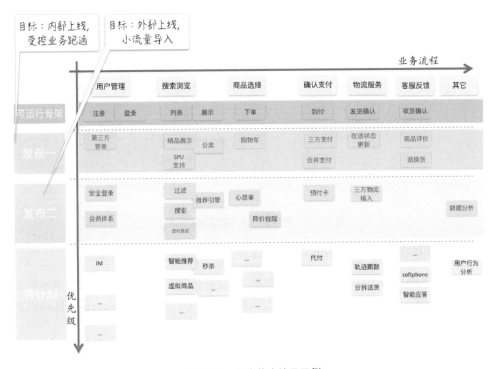

图 20-9　用户故事地图示例

在随后的迭代中，选择什么需求则主要决定于用户场景和业务目标，每个迭代都应该确定特定的目标，并尽可能地专注于这一目标，根据目标和用户场景选择相关的需求。用户故事地图的二维结构，能够帮助团队从用户和业务流程的视角来审视需求，保障规划的完整性和合理性。而关于每个迭代的目标规划，基本的指导原则应该是"Earn or Learn（得到或学到）"，也就是得到（Earn）和交付可用的价值，或者是学到（Learn）有用的知识，以消除技术和业务的不确定性，可运行的骨架就是"学到（Learn）"的一种体现。

上例中的故事地图是相对比较简单的示例，它能满足相当多类别产品的需要。但有些产品的业务流程更复杂，需求数目更多，这时可以考虑对业务步骤进行分层。图 20-10 是一个例子。它同样以电商系统为例，不过这一次包含的不仅是电商的交易系统，还包含了店铺管理，运营支持等完整的业务类别，流程更加完整，业务链也更加长，为此业务步骤也分成了两层——图中的红色和黄色卡片。

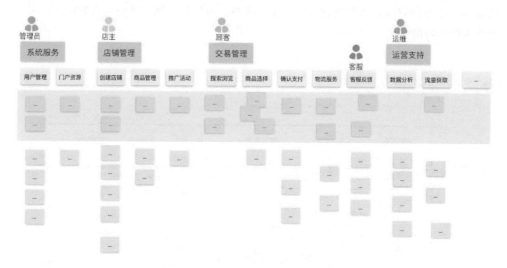

图 20-10　更完整的用户故事地图示例

用户故事地图的应用过程需要注意以下几点。

1. **让它成为沟通业务团队和交付团队的桥梁。**建议业务和开发团队共同参与故事地图的构建和维护，应用故事地图来拆分、组织和规划需求，为看板或 Scrum 团队提供更系统和有效的输入；

2. **最大化业务成果（Outcome）而不是最大化功能产出（Output）。**产品开发的目的是解决用户问题和实现业务目标，而不是做更多的功能。用户故事地图方便团队从用户的角度出发，审视完整的业务场景，以尽可能低的投入实现业务目标。

3. **持续演进。**基于用户故事地图规划产品是一个持续的过程，切勿贪大求全，一下子规划和细化太多的需求，形成在制品。相反，我们应该持续交付和获取反馈，并利用反馈不断完善、调整和演进用户故事地图，迭代地打造更好的产品和服务。

用户故事地图是投入产出比最高的精益和敏捷需求实践之一，也是应该较早实施的实践，值得大部分团队尝试。关于用户故事地图的使用，具体可以参见《用户故事地图》[3]（作者 Jeff Patton，中文版译者李涛和向振东）。

端到端的需求流动

影响地图和用户故事地图都是挖掘、组织和规划需求的工具，所产生的需求是看板系统的输入。

如图 20-11 所示，影响地图和用户故事地图等实践，处于看板系统的上游。它们与看板系统一起构成需求的"输入、交付和反馈"闭环。

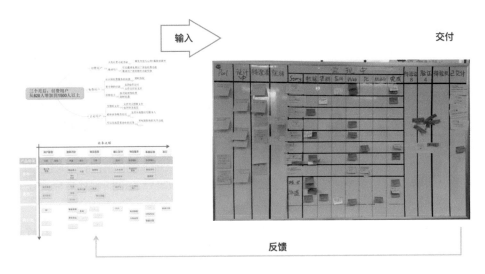

图 20-11　端到端的需求流动

小结

在问题域分解需求是持续价值流动的基础。本章介绍了从业务目标出发，有效分解问题，并合理组织和规划需求的实践。它们为应用看板方法的团队提供高质量的输入，是成功实施精益产品开发的重要前提和保障。

本章要点

- "通过技术实现，交付解决方案，解决用户问题，从而实现业务目标"，这是产品开发的基本逻辑。

- 从产品需求实践的角度，敏捷和精益开发的前提是在问题域而不是技术实现域拆分需求。

- 在问题域拆分需求，从问题的识别和细分开始。

- 影响地图和用户故事地图是常见的用于拆分、组织和规划需求的方法。

- 影响地图从目标出发，发掘、映射、规划和验证需求，它用于帮助团队更好地规划和管理"开发、测量和认知"的循环，有效支持精益创业实践的落地。

- 影响地图和用户故事地图等实践，处于看板系统的上游。它们与看板系统一起构成了需求的输入、交付和反馈闭环。

常见问题

 问题：这一章的标题是精益和敏捷需求，精益需求和敏捷需求有区别吗？

回答：没有严格的区别。它们的目标基本相同：更快速、更顺畅、更灵活地交付有用的价值；通过更早的交付和即时有效的反馈，不断优化产品的设计。具体的实践上，两者也没有明显区别。

 问题：在问题域分解需求，这我能够理解。可最终开发的时候还是需要在实现域分解，不是吗？

回答：是的。我们这里强调的是，首先要在问题域分解需求，使分解后的需求实现单独的流动和持续的交付。在实现阶段进一步分解是正常的。

 问题：你介绍了用户故事地图和影响地图，它们有各自的适用范围吗？

回答：它们本身都是完备的实践，可以独立使用。相对而言，用户故事地图的结构化更好，它能够引导团队从用户的使用路径或业务流程出发，组织产品的需求，用它做交付计划也更加系统和方便；影响地图的强项，在于更加发散，有利于团队集思广益，发现实现目标的更多可能。同时，影响地图在揭示需求背后的假设方面更胜一筹。

实际使用中，构建一个全新系统，我会采用用户故事地图；对于面向特定业务目标的优化，我会优先采用影响地图。当然，更多的产品开发处于两者之间，这时就要看具体的上下文了。也有团队会结合使用两种方法，用影响地图做发散讨论和思考，最后将结果集成到用户故事地图中。

注释

1. 参见 http://t.cn/R6nIiwP。

2. 参见 http://t.cn/RPQYdCn。

3. 参见 http://t.cn/RotJm9L。

第 21 章

精益质量改进

我常常听人们抱怨，敏捷开发是在"用质量换效率"。这是一个极大的误解，精益和敏捷开发绝不应该是用质量换效率。恰恰相反，正确的做法是通过改进质量来带动效率提升，即"向质量要效率"[1]。

"向质量要效率"是我在实践中践行的准则，也是敏捷和精益实施的成功法宝。关键是如何做到呢？我将从一个简单、有效的质量模型说起。

产品开发中的质量模型

理解什么是质量，是改进它的前提。ISO/IEC 25010:2011[2] 定义了完备的软件产品质量模型，只是过于复杂。参考它，我将构建更简单和实用的模型，用以指导质量持续改进。

图 21-1 把质量区分为内部质量和外部质量。内部质量着眼于产品内部，如代码的质量或测试的覆盖；外部质量着眼于产品外部表现，如功能或性能。

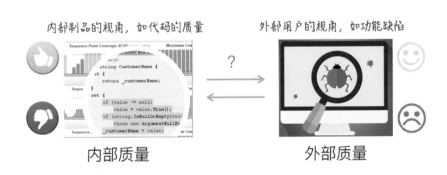

图 21-1　内部质量和外部质量

内部质量是里，外部质量是表。它们之间是双向关联的，理解这一关联性是打开质量改进之门的钥匙。

内部质量及其评价

内部质量关注代码和设计本身，它是质量的根本。极限编程的创始人及软件工程大师肯特·贝克（Kent Beck）[3] 这样形容代码的内在质量：

> 糟糕的代码就像一碗幼虫（worm，臭虫的幼体），只要时机一到，
> 就会变成臭虫（bug，指缺陷）。

如图 21-2 所示，幼虫随时都会变成 bug，这个比喻精准到位，说明了内部质量的重要。如何评价内部质量呢？较为简单的办法是，把代码发给对质量有严格要求的编程高手，问问他们的评价。

图 21-2　以一碗幼虫来形容糟糕的代码

比如他们说："这代码糟糕极了。变量和函数命名不规范，可读性差；代码复杂度过大，缺乏有效的抽象，并且存在大量的冗余；没有做最起码的封装和接口隔离；模块划分不合理，存在大量本可以避免的耦合和相互调用，且层次调用关系混乱；错误处理和安全控制都没有遵守基本规范和准则；没有基本的单元测试保护……"

以上评价的是产品的内部质量，包含多个维度，其中相当部分可以量化，比如下面这些。

- 关于代码风格及出错处理与安全控制，有各种工具可以为我们给出不同方面的违规项数目。

- 关于代码的复杂度有函数平均长度和圈复杂度等指标。

- 关于测试保护，有单元测试覆盖率等指标。

- 关于代码的耦合有扇入、扇出值等指标。

- 关于代码的内聚，有缺乏内聚的方法之数量（LCOM，Lack of Cohesion of Methods）指标。

- 关于代码冗余，有代码重复度指标。

很多现成的工具（如 Sonar，KlocWork，PC-Lint，C++ Test）可以度量以上这几个指标。

外部质量及其评价

用户和业务方真正关心的是产品的外部质量，也就是用起来怎么样，是否符合要求。外部质量可以从使用者（包括用户和运维人员等）的角度来评价，也可以通过测试来评价。

测试人员拿到一个软件包并简单验证后，可以快速做出评价，比如"这个版本很稳定，功能符合定义，性能满足要求"。这评价的是外部质量，分别对应健壮性、功能和性能。我们还可以从更多的维度评价外部质量，如可维护性、兼容性、安全性、互操作性、可用性、可扩展性等。

简便起见，"缺陷数"和"缺陷密度"可以大体反映系统的外部质量，它与以上各个维度是正交的，比如功能缺陷、性能缺陷、可用性缺陷和安全性缺陷等。缺陷数的多少或密度的高低反映系统的外部质量的好坏，用缺陷数评价外部质量并不十分精确，但提供了最快速的反馈，而这对质量改进至关重要。

内部质量和外部质量的关系

区分内部质量和外部质量还不够。理解内部质量和外部质量的关系，是质量改进的关键。图 21-3 表达了内部质量和外部质量的关系：内部质量决定外部质量；外部质量反映内部质量。

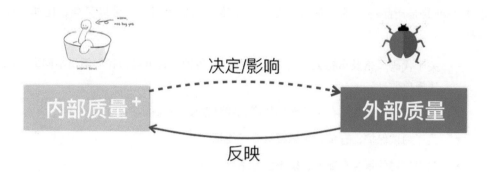

图 21-3　内部和外部质量的关系

内部质量决定外部质量

正如 Kent Beck 所说，一旦条件具备，幼虫就会变成 bug。相反，内部质量足够好，外部质量的表现一般不会太差，即使有问题，也能够较快地被解决和收敛。图中，我在内部质量后面跟了一个"+"符号，它是对内部质量的扩展，包括流程协作、开发工具和环境、人员技能等。它们是广义的内部质量的组成部分，同样影响和决定外部质量。

外部质量反映内部质量

如果一个产品的外部表现很糟糕，比如缺陷数目多或缺陷不能快速收敛，基本可以判断它的内部质量是有问题的。缺陷分布也符合 80-20 原则，80% 的缺陷由 20% 的代码引起，以外部质量为线索，可以帮助我们找到造成影响的关键内部质量因素，让质量改进做到有的放矢，事半功倍。

> 产品的内部质量决定其外部质量，而外部质量又反映其内部质量。

质量模型的指导意义

理解外部质量和内部的关系，为质量改进提供了方法学上的指导。

- 外部质量的长期改进必须通过提高内部质量才能实现。
- 内部质量的提升必须要有针对性，而外部质量是找到关键内部质量问题的重要线索。
- 改进的效果最终要体现在产品的外部质量上，它是检验质量改进效果的标准。

以上是改进产品质量的基本准则，只有把它们落实到具体的开发过程，才能发挥作用。

理解内部质量和外部质量的关系，为质量改进提供了方法学指导。接下来我们要看的是，如何将其落实到开发过程，特别是精益、敏捷开发过程中去。我将其总结为两个前提和三个步骤。

实施精益质量改进的前提

精益方法的一个重要原则是内建质量，也就是在过程中内建质量，而不是依赖最后的验证环节。这同样是产品开发中实施质量改进的原则。为此，我们需要创造两个前提。

前提一：向开发要质量

不少企业把测试人员称为 QA（Quality Assurance，质量保证），暗含的意思是由测试来保证质量。但质量更应该由开发（以及之前的环节）来保障，原因有三。

1. **测试不能提高产品的内部质量**。测试阶段发现缺陷并修正后，代码的外部质量暂时变好，但糟糕的代码设计不会因之变好，测试能保障的只是外部质量，消灭了 Bug，蠕虫却还在。而向开发要质量，包含外部质量，更包含内部质量。

2. **开发移交质量差，测试的质量也会随之变差**。糟糕的移交质量，会造成测试的等待和反复，压缩测试的时间。而移交质量高，则让测试时间更充足。同时，好的产品很难测出问题，这反而给测试压力，让测试更加充分。

3. **依赖测试发现缺陷再去修复是低效的**。测出问题后再去定位修复，会降低效率。相反，由开发保障质量，即时发现和修复问题要高效很多。开发人员更早地发现缺陷，还能带来以下明显的好处。

   - 即时发现设计和其他的错误，避免在错误的基础累积更多的错误。

   - 及时的修复更加干净，对内部质量的破坏更小。

   - 快速地从自己的错误中学习，有助于人员水平和意识的提高，避免将来再出现类似的问题。

   > 向开发过程而非最后的验证环节要质量，符合精益思想中"内建质量"的要求，是精益质量改进的基本前提之一。

前提二：以需求为粒度控制质量

精益质量改进的第二个前提是减小移交批量，做到以需求为粒度控制质量。

传统开发模式的典型特点是，很多需求绑定在一起共同移交——如移交测试。如图 21-4 所示，多个需求绑定在一起同时开发，这带来了两个问题。

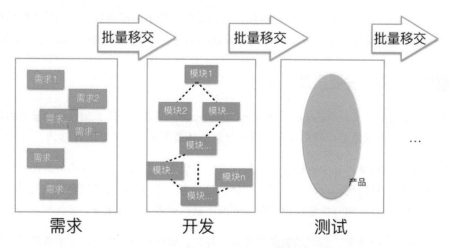

图 21-4　传统开发模式下，无法在开发阶段内建质量

1. **开发人员没有条件对需求交付的质量负责。** 当需求绑定在一起开发时，在开发阶段又被拆分成若干模块的任务。开发人员关注的是模块任务，单个模块任务完成了，开发无法针对需求进行验证。因此，开发人员无法对交付的成果是否满足用户要求负责。

2. **在时间压力下，牺牲整体的质量。** 在开发阶段由于所有需求绑定在一起，任何单个需求延迟，都会影响整体的移交。要么全部移交，要么整体延期。面对整体延期的时间压力，质量很容易成为牺牲品。

这些被绑定在一起的需求，通常称为"项目"，以项目为单位的移交和交付，带来上面的两个问题。两个问题叠加在一起，从模式上就决定了很难在开发阶段去保证质量，而必须将"质量保证"活动，延迟到测试阶段。这时，开发阶段更关注移交时间，我称之为"以项目为单位控制时间"。

相对传统开发中"以项目为单位控制时间"，精益产品开发质量保障的一个重要前提是"以需求为粒度控制质量"。体现在看板系统上就是每个需求独立流动，经过各个阶段，至少是大部分阶段[4]，如分析、开发和验证等。在这一模式下，单个需求的进度，不影响整体移交或交付。因此可以严格要求："达到质量标准，需求才能移交到下一阶段"，这就是所谓的"以需求为粒度控制质量"。

从"以项目为粒度控制时间",转换成"以需求为粒度控制质量"。这是精益质量改进的基本前提之一。

每个需求独立流动,给产品开发模式带来了极大的改变。它既是精益产品开发,也是敏捷产品开发的基础。敏捷需求管理实践相当大的程度上就是在解决这一问题,"比如用户故事地图和影响地图等实践,具体请参见第 20 章的内容。

落实精益质量改进的步骤

向开发要质量并以需求为粒度控制质量,这是精益质量改进的两个前提。以这两个前提为基础,落实精益质量改进,操作上分为三个步骤:以终为始;明确开发移交质量要求;持续反馈改进。

步骤一:以终为始

"以终为始"是史蒂芬·柯维在其畅销书《高效率人士的七个习惯》[5] 中的第二个习惯。它是指:先弄清楚目标,然后再努力实现它。这里的"以终为始"指开发人员开发需求前,要明确最终的验收标准。

实践上,"实例化需求"[6] 是沟通和澄清需求的有效方法。它是指需求开始开发之前,由开发、测试和业务人员,一起通过结构化的方法,澄清需求的业务目标、用户使用流程以及业务规则,并形成需求的验收标准,确保在开发开始之前,能以实例的形式就需求达成一致和清晰的理解,做到"以终为始"。

步骤二:明确需求移交的质量标准

"以终为始"保障了开发环节的输入质量,而"以需求为粒度控制质量"也从模式上保障了,每个需求都能够单独保证质量,而不会被其他需求裹挟在一起移交。有了这两个基础,接下来要做的是明确开发移交测试的标准,切实在开发过程中内建质量。

图 21-5 是某个团队内建质量的例子,图中分别列出了需求输入和移交测试的标准,这个团队做到了以下几点。

- 在就绪队列填充这个环节,做到"以终为始"。
- 每个需求独立流动,做到了以需求为粒度控制质量。
- 明确了需求移交测试的标准。

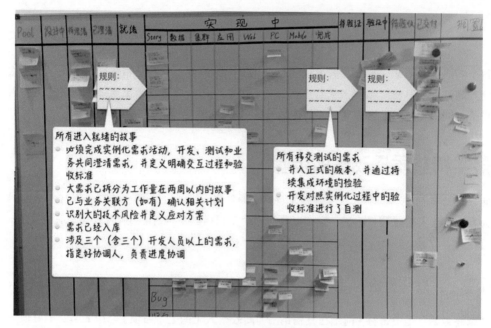

图21-5　某团队内建质量的例子

"向开发要质量"不是一个简单的口号。这里"明确需求移交的质量标准"，是以开发模式以及输入的质量为保障的。否则，缺少前提条件的口号是无用的，甚至是有害的。

步骤三：持续反馈改进

有了以上的前提和步骤，从理论上，开发阶段的需求移交质量就有了基本保障。但在验证阶段发现缺陷仍然是难免的，关键是我们如何对待这些缺陷。对待测试阶段发现缺陷的正确态度是它是可以接受的意外，更是改进机会。

其一，它是可以接受的意外。测试阶段发现缺陷是可以接受的，否则测试阶段就没有存在的必要了。但它仍然是一个意外，我们期望绝大部分缺陷能够在前期发现。其二，它是改进机会。既然是意外，就意味着改进的可能。我们应该从意外中学习，学习哪里还可以做得更好，避免类似的问题再次发生。

基于以上对待缺陷的态度，团队应该定期统计测试阶段发现的缺陷，对缺陷按不同维度进行分类，并根据这些维度进行交叉分析。图21-6中，团队按"所属模块"和"引入原因"这两个固定的维度对缺陷进行分类，每个月定期分析这些缺陷，并形成具体的改进行动。固定的缺陷分类维度易于理解且操作简便，不过灵活性有所欠缺。

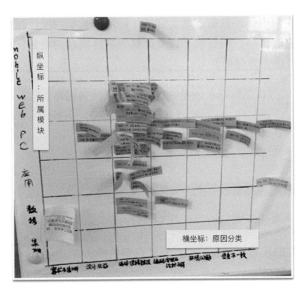

图 21-6　固定的缺陷分类

我们还可以从更多的维度，对缺陷进行正交分析，如分析解决时间比较长的缺陷集中在哪些模块，是什么原因造成的；分析影响级别较高的缺陷，能否通过自动化测试来覆盖等等。图 21-7 是某个团队的缺陷原始数据及分析，相比前一个案例，他们记录了缺陷的更多属性，并用电子表格工具针对这些属性进行交叉分析，以发现更深入的改进机会。

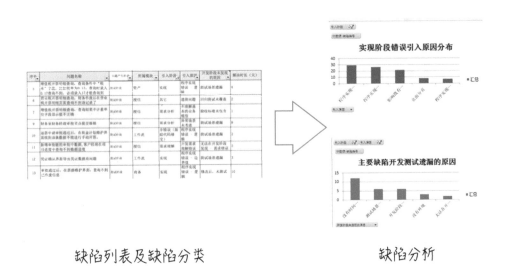

缺陷列表及缺陷分类　　　　　　　　　缺陷分析

图 21-7　动态的缺陷分类

缺陷分析针对的是产品的外部质量。从外部质量的表现出发，团队应该分析内部质量的问题，并将改进落实为内部质量的改进，这样才能形成长期效果。这里内部质量指的是广义的内部质量，它既包括代码、设计以及测试等具体制品的质量，也包括与之相关的环境、流程以及人员能力等延伸要素。

如图21-8所示，缺陷分析最终形成的是这样一个质量改进循环。

针对外部质量对缺陷进行分类和分析

→ 形成洞察

→ 将洞察落实为改进内部质量的行动

→ 通过外部质量来衡量内部质量改进的效果

这一改进循环是前文的质量模型在精益产品开发中的落实。

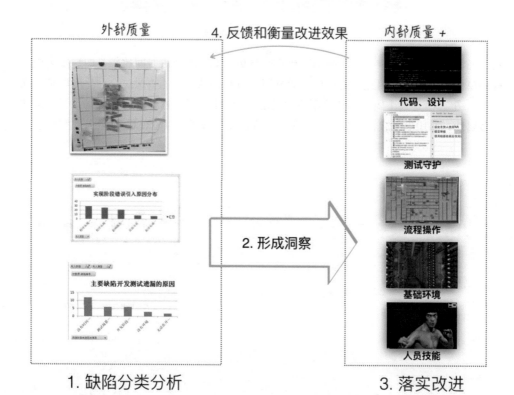

图 21-8　缺陷分析和质量改进循环

小结

本章分析了内部质量和外部质量的关系，它是质量改进的方法学指导。而精益质量改进循环是它的具体落实，它以需求的持续流动以及在开发过程中内建质量为基础，再通过持续的质量改进循环实现质量和效率的同步提升，而这也是保障精益和敏捷实施的重要基础。

本章要点

- 质量分为内部质量和外部质量。内部质量是代码和设计的内在属性，它可以是主观的评价，也可以通过一系列度量反映出来；内部质量可以进一步扩展包含其他内部因素，如流程、环境工具和人员技能等。

- 外部质量是用户和测试感受到的系统的外在质量，它可以是主观评价，也可以用缺陷密度加以近似衡量。

- 内部质量决定外部质量；外部质量反映内部质量。利用这一关系，可以指导有效的质量改进，以外部质量为引导，发现内部质量的改进重点，并通过改进内部质量提升外部质量，形成有效的质量改进环。

- 向开发要质量，并以需求为粒度控制质量是精益质量改进的前提。

- 以终为始、明确测试移交标准及持续反馈改进是实施精益质量改善的步骤。

常见问题

 问题：既然是向开发要质量，是不是就意味着可以省去测试环节？

回答：这样的说法过于草率。业界的确存在测试人员占比越来越少的趋势，比如谷歌和微软的实践都反映了这一趋势。但如果武断地说测试可以省略，则是不对的，特别是团队整体内建质量的能力还不到位时，这也是不负责任的。重要的是对待测试的态度，测试是质量问题的最终关卡，但更重要的是为之前环节的工作提供反馈，揭示系统的改进机会。

 问题：你特别强调对测试阶段发现的缺陷进行分析和反馈，分析线上问题或用户发现的缺陷难道不会更有意义吗？

回答：这是一个平衡，我之所特别强调分析测试阶段发现的缺陷，有两个原因：其一，足够即时，团队可以从中快速地学习、反馈和改进；其二，它的数量一般会比更后期发现的缺陷多，更便于统计，找到问题集中的地方。另外，我并不否定分析线上或用户发现缺陷的重要性，但它更适合对重大问题进行根因分析。

问题：能够推荐一些内部质量的检测工具吗？

回答：现在市面上有很多这样的工具，各有优劣，应该根据具体的上下文，如你的目标、编程语言、开发环境、IDE 等选择，比如 Sonar、SonarQube、PMD、PC-Lint 都是不错的工具。具体用什么内部质量的检测工具，并不重要。重要的是知道这些指标及其背后的含义，指标的偏差会带来什么结果。在理解的基础上选择最简单、实用的工具。

举一个例子，"圈复杂度"是一个看上去很有道理的指标，它反映了一个函数平均有多少个逻辑分支组合，也反映了需要多少个用例才能覆盖这个函数。圈复杂度越高，代码越容易隐藏错误，也越难维护。市面上有很多检查圈复杂度的工具，各有优劣。但现实中，函数的平均代码行数与圈复杂度是高度相关的。知道了这一点，用一个简单的函数平均代码行数统计的脚本，就能实现圈复杂度统计相同的效果。

问题：能够推荐一些缺陷分析方法吗？

回答：可以参考一下 IBM 研究院上世纪 90 年代初提出的 ODC（正交缺陷分类）方法，ODC 的目标是通过统计分析找出缺陷背后的共同原因，并用以辅助项目的决策。ODC 提供了缺陷分类的建议，试图从缺陷中抽取有用的语义，并从不同的正交维度去分析这些缺陷，从而发现质量、流程和产品改进的机会。

ODC 最早服务于传统软件过程，所以在方法上比较笨重，在应用于敏捷和精益开发模式时需要定制和精简 ODC，多借鉴其思想和方法。从 ODC 中，我们至少可以借鉴两点：其一，基于统计发现缺陷背后的共同原因；其二，从不同的维度对缺陷进行正交分析。

注释

1. 严格意义上讲，"向质量要效率"并不总是成立。质量好过某个阈值时，再过度提升，就不得不降低效率，但在软件开发中，这种情况少之又少，极为罕见。

2. 参见 ISO/IEC 25010:2011 Systems and software engineering – Systems and software Quality Requirements and Evaluation (SQuaRE) – System and software quality models，http://t.cn/R6wUWQ1。

3. 参见《实现模式》，http://t.cn/RaUXEKN。

4. 这里的"阶段"，至少要包含功能验证。理想情况下，每个需求应该可以单独上线，但这也要受制于业务模式，例如对于电信设备或企业网产品，大部分时候都需要一批需求打包发布的。

5. 参见 http://t.cn/RaUCUh6。

6. 参见《实例化需求》，http://t.cn/RaUCMpU。

第 22 章

打造高效的自组织团队

自组织是敏捷开发中的最热门话题之一。很多时候，自组织被当成解决一切问题的灵丹妙药，但理想与现实却总是相去甚远。

我相信自组织的趋势和力量。如今，技术和业务正变得越来越复杂、多变和不确定，管理者越来越无法即时掌握工作细节。团队能不能有效地自我组织、自我驱动，直接关系到组织的运行效率和业务响应能力。

十多年来，我一直努力在自己负责的部门和所咨询服务的团队中践行向自组织演化，成功有之，失败也不少，因之深知其困难。自组织绝不是领导或团队一时兴起就可以实现的。认识自组织的困难根源，正是实现它的前提。

自组织困难的根源

自组织的困难，要从组织行为学中的 X 理论和 Y 理论说起。

如图 22-1 所示，Y 理论相信人是主动、积极向上和向善的。他们努力寻求工作的意义和目标。只要条件合适，人们愿意承担责任，并自我驱动。

X 理论则相反，它认为对员工来说，工作是一件讨厌的差事，能避就一定会避，而工作的驱动力是钱和保住饭碗，所以员工需要被控制和安排工作。

显然相信和奉行 Y 理论是自组织的前提，X 理论与自组织则背道而驰。问题是 X 理论和 Y 理论，哪个才是正确的呢？

图 21-1　X 理论和 Y 理论的对比

很不幸，X 理论是一个"自我实现的预言"，只要你相信 X 理论，X 理论就一定成立。你不信任你的员工，你的员工最终表现出的行为，就一定不值得信任。

Y 理论呢，它是自我实现的吗？不是！你信任你的员工，但因为种种原因，员工表现出的行为很可能与信任不符。

我遇到过这样的例子，某团队的负责人参加完敏捷培训，深受启发，"觉今是而昨非"。回去立马召集所有员工，分享了自己的感触，进行了热情的动员："从今天开始，你们要自我组织，我相信你们。"而员工呢，他们感到非常的迷惑。实施结果非常不理想，团队绩效明显下滑，最后又不得不回到过去的方式，丧失了宝贵的转型机会。X 理论又一次得到了证实。

相信 Y 理论是 Y 理论成立的必要条件，却远远不是充分条件。团队的自组织除了授权外，还需要恰当的环境、机制以及领导力。而这也正是自组织团队实施困难的根源。

6 年前，国外某位敏捷领域的大师（匿了姓名吧）——数本有影响力的敏捷书籍的作者——和我说，他做专业敏捷咨询前，负责公司的一个业务部门，将其成功转型为敏捷和自组织的团队，并成为业界的经典案例。但是，在他离开后，这个团队又回到了过去。我对发生在出租车上的那次对话记忆犹新——他伸出了小拇指，做了轻轻向前一推的动作，伤感地说："达到敏捷、自组织的状态是如此的艰难，而破坏它却如此容易，如此容易，如此容易……"

敏捷大师说这话时，我眼前浮现的是图 22-2。自组织（或 Y 理论）是一个高势能状态，它是不稳定的，需要各种条件来维持，破坏其中的任一个条件，如换了一个管控型的领导、业务目标变得模糊或者是利益分配出现问题，就可能打破均衡。X 理论或管控则相反，是一个低势能的稳定状态，不管你原先在哪里，你都很容易跌入这里，而跌入这里会让你更相信它。

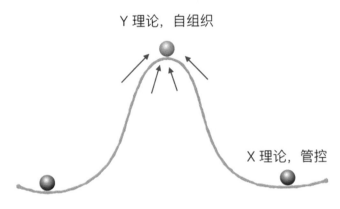

图 22-2　自组织或 Y 理论是高势能的非稳定状态

X 理论为代表的管控型组织是低势能的稳定的，但它不会带来创新和竞争力。Y 理论为代表的自组织团队，是高势能的非稳定的，却是激发创造力和提升效能的利器。以业务目标为核心的自组织是绩效提高的关键，代表未来组织生态。

打开团队自组织的密码

相信 Y 理论只是自组织的必要条件之一，那么自组织的成立需要哪些充分条件呢？这是打开自组织团队的密码。

自组织是要给组织的成员赋权（empowerment）。赋权与授权（authorize）不同，它意味着在授权的基础上，团队成员有能力、有意愿，并且事实上承担起责任。

Kimball Fisher[1] 总结了赋权成功的四个条件，形成以下这个公式：

Empowerment = f（Authority，Resource，Information，Accountability）

信任（Authority）、资源（Resource）、信息（Information）和责任感（Accountability）这四个因素，缺少任何一个，赋权都不会成功。四个单词的首字母合在一起是"ARIA"，中文意思是咏叹调，用以助记，并无特殊含义。ARIA 四位一体是实现团队自组织的充分和必要条件，我们姑且称其为"自组织团队的咏叹调"吧。

1. 信任。 信任和授权是团队自组织的基础条件，但光信任是不够的。

2. **资源**。有了信任，团队还必须拥有完成工作所需的资源，比如相关的技能培训、技术工具，以及时间和预算等。此外，团队还要有获取完成使命所需要的更多资源的权力和能力。

3. **信息**。为了担当起责任，团队成员需要有充分的信息。信息增加团队的使命感，增强团队的凝聚力，并促进团队的协作。比如，团队需要了解整体的业务目标和当前的状态，才能设定与之匹配的团队目标和关键行动；团队协作交付价值的过程、状态清晰可见，其成员才能即时采取适当的行动促进价值的交付。

4. **责任感**。团队成员具备责任感才会主动为目标付出，而这恰恰也是最困难的部分。

我曾经与一个运作还不错的创业产品团队一起检查在建设自组织团队方面还可以如何改进，以进一步激发团队的动能和创造力。

图 22-3 是那次讨论的依据。从图 22-3 中我们可以看出，信任、资源、信息、责任感是团队自组织的前提。但这四个前提之间也是相互关联的。

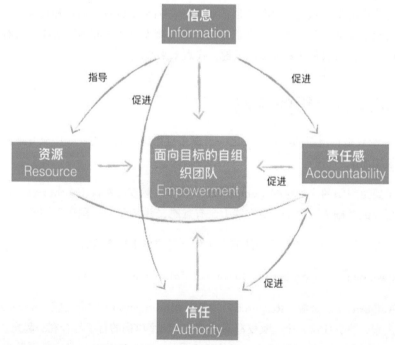

图 22-3　实现赋权的几个前提之间的相互作用

"信息"是其他几个条件的共同前提。信息反馈指导团队获取有效资源；信息透明促进团队内部成员间的信任以及外部对团队的信任；信息共享增加团队成员的责任感。并且，信息透明和共享机制的建设并不依赖于过多的外界条件。因此，信息是建设自组织团队的一个重要出发点和抓手。

再看责任感，它最难，依赖所有的其他前提。因此责任感更多的是结果而非手段，我们不应该把团队的自组织实施困难，归咎于员工没有责任感，而更应该反思机制和环境问题。

基于这一模型，我们进一步分析了团队在"ARIA"这几方面做得怎么样，有哪些需要加强。于是得到图 22-4 的结果，前面打钩的表示我们已经做很不错；三角箭头表示正在做的，但需要提高；圆圈表示还没有做或效果很不好的。

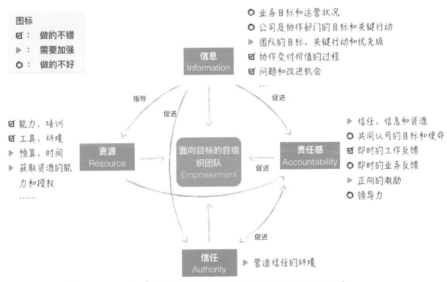

图 22-4　自组织和赋权的条件

基于这样的分析，领导及团队共同的努力，不断改善团队的协作和自我驱动。一个向着自我驱动演进的、有战斗力的团队，有力支持了业务的成功和拓展。

图 22-5 总结了这些检查项，具有普遍的参考意义。后来，我在一家跨境电商创业公司，应用这一检查项列表规划团队建设，取得了相当好的效果。相对前面提到的公司，我们在早期就引入了基于 OKR（Object Key Results）的目标管理体系，把目标管理体系与产品的运营、设计和创新以及产品的交付做了有机的融合，并引入即时的业务运营反馈机制。这极大增加了业务目标和运营信息的透明，协调了各个团队的愿景和使命，为全员产品创新和自我驱动的运作模式打下了非常好的基础。

方面	检查项
信任	营造相互信任的环境
信息	业务目标和运营状况
	公司及协作部门的目标和关键行动
	团队的目标和关键行动
	团队协作交付价值的过程
	问题、障碍和改进机会
资源	能力建设和培训
	工具、环境
	预算、时间
	获取所需资源的能力、预算和授权
责任感	信任、信息和资源
	共同认可的目标和使命
	即时的工作反馈
	即时的业务反馈
	正向的激励
	领导力

图 22-5　自组织团队建设检查列表

自组织是管理提升的结果

做到以上四点（ARIA），有效的自组织才会发生。然而，这绝不容易，需要长时间的打磨和改进。正因为如此，自组织不应该是一般开发方法或管理框架的前提。相反，一个好的方法和框架应该能提升团队的自我管理水平，让自组织更自然地发生。

德鲁克说："管理事，领导人。"为了更好地"领导人"，管理者必须有效地"管理事"，比如从以下几个方面。

- 明确团队的外部业务目标，并确保组织成员理解目标并一致行动。

- 管理好需求的输入、输出以及团队协作交付价值的过程，让信息透明起来，并做到信息的即时分享。

- 建设有效的授权机制，并确保团队能够得到完成工作所需要的资源。
- 建立有效的反馈机制，让团队能够即时获取反馈，并基于反馈持续改进。
- 建立有效的激励机制，协调个人的目标和团队目标。

创造一个有利于团队自组织的环境，是管理者的职责。团队（包含管理者）管理水平的提升，在"管理事"和"领导人"两个方面持续进步，是通往团队面向业务目标的自组织的必由之路。[3]

小结

> "在新科技时代，任何社会如果试图排斥自主企业的自由管理作风，这个社会便将痛苦的消亡。任何一个试图将责任和决策集中于高层的企业也同样如此。"
>
> ——彼得·德鲁克

这是管理学之父德鲁克在《管理的实践》中提出的一段文字。让团队高效地自组织，释放个体动能和创造力并让团队协调一致实现业务目标，这是有效管理者和高效团队的共同目标，也需要团队和管理者共同和长期的努力。

本章要点

- 团队的自组织是手段不是目的，目的是赋能团队和个人，从而更有效、更快速地决策和行动，并激发个体的动能和创造力。
- 为有效赋权团队，需要信任、信息、资源和责任感四个方面的条件，它们相互影响且缺一不可。
- 信任是前提，但不要期望信任一定带来结果。X 理论是自我实现的预言，而 Y 理论不是。认清这个基本困难并采取正确的应对措施，是打造自组织团队的前提。
- 信息是打造自组织团队的出发点和抓手。
- 责任感是打造自组织团队中最困难却也是最重要的部分。
- 自组织应该是管理能力提升的结果，而不应该是任何开发模式的前提。
- 管理事，领导人。

常见问题

 问题：你说自组织不应该是任何开发模式的前提，能解释一下为什么吗？

回答：自组织是一件困难的事，如果能有效地自组织，开发模式可能已经不再重要。如果一个开发模式把自组织当作前提，那它的适用范围就会极端狭窄，并且意义也很有限。正因为此，我才说自组织不是前提，而应该是能力改进和管理提升的结果。好的开发模式应该在这方面有贡献，而不只是提要求。

 问题：我注意到你在讲责任感时提到了领导力，能讲一下如何建立领导力吗？

回答：领导力是一个很大的话题，我并没有准备展开。简单说一下我的观点，领导力是对人的领导，但对事的有效管理可以为领导力的发挥奠定基础，从这一点上，管理和领导是统一的，德鲁克称之为："管理事，领导人。"

至于如何领导人以及什么是领导力，业界的看法则各不相同，我这里先引用杰克·韦尔奇在《商业的本质》中关于领导力的洞察：其一，体谅下属，调动他们的积极性；其二，视自己为首席解释官，用语言和行动澄清和示范团队的使命、所处的环境、所需的行动以及工作的意义；其三，为团队扫清前进道路上的障碍；其四，愉快地展示慷慨的基因，庆祝、奖励和表扬团队所取得的成就；其五，确保团队愉快的工作。杰克·韦尔奇所说的领导力，指的是身为管理者的领导力，在这一前提下，我十分认同他的观点，但这也只能是一家之言，也绝不是对领导力的完整阐述，国外有人统计过 2015 年的数据，每天至少有 4 本标题中包含 leadership（领导力）的书出版。

另一方面，越来越多的自组织团队中，领导力的发挥并不是说你必须身为"领导"。没有行政权的领导力已成为常态，产品开发人员都是知识工作者，与简单的重复体力劳动者不同，他们需要与他人紧密协作，并自主地做出很多决策，比如决策优先处理什么任务，决策问题的处理方式，这些决策都会影响整个系统的绩效，从某种意义上，每一个知识工作者都是领导者。在产品开发，特别是精益敏捷开发中，需要激发的是每个人的领导力，而领导力的发挥离不开四大特质：专业能力，这是基础；系统思考能力，能够从全局出发分析问题和采取决策；影响力，在没有行政权威的情况下影响他人；勇于担当和决策，并为结果负责。

 问题：能介绍一下 OKR 是什么吗？

回答：OKR 是近年来流行的一个目标管理体系，它最早用在英特尔，而近年来 Google，Facebook 和 Twitter 等创新公司的应用让它变得十分流行。O 指的是目标（Object），组织的每个层面都应该设定自己的目标；KR（key results）指的是关键成果，也就是为支持目标的实现，所要达成的关键成果。典型的 OKR 每个季度会设定和评审同步一次，也有的组织采取了更高的频率，而评审是重反馈而轻考评的，至于有多轻考评，则各家公司的做法是不一样的，比如 Google 会把评审结果作为考评的参考。

相对 KPI，OKR 有四个特点。第一是透明。组织中每个人的 OKR 对所有人都是透明的，以促进更好的协作；第二是聚焦。聚焦于有限的目标，同一时间目标不建议超过 3 个（也有说 2 到 4 个的），1 到 2 个更好。每个目标的关键成果也不建议超过 3 个；第三是一致。在透明的基础上，应该通过目标，协调组织中的各个层级、团队和职能，确保大家协调一致，聚焦于共同的目标；第四是参与。相对 KPI 自上而下的层层分解，OKR 强调自下而上的涌现，也就是每个人根据上层和关联团队的目标，设定自我目标和关键结果，以此来支持上层目标的实现。当然，自下而上的涌现离不开自上而下的协调。。

总体而言，OKR 与自组织的目标一致，促进了最重要信息（目标和行动）的透明，也能够帮助自我组织的团队协调一致，OKR，是建设自组织团队的有力工具之一。

注释

1. 参见 *Leading Self-Deirected Work Teams* 一书，http://t.cn/RaUpokD。

2. Object Key Results，是创新公司较为常用的一种目标管理方法。相对传统的基于 KPI 的考评和目标管理方式，OKR 强调透明、聚焦、参与和反馈，并更鼓励自下而上的涌现 。

3. 关于自组织的四要素（信任、资源、信息、责任感），可以参阅《敏捷文化：如何打造优透的高效能团队》，译者方敏。

第 23 章

对 Scrum 的洞察，以及 Scrum 和看板方法的比较

（作者：吕毅）

（插播画外音）Scrum 是应用最广泛的敏捷框架。团队已经开始应用 Scrum，是精益实施常见的上下文。所以我们有必要，对 Scrum 方法做一个总结，并将它与精益实践（如看板方法）做一个对比。

关于 Scrum 这一部分，我将邀请我的好友吕毅来为大家献上。吕毅是国内最早的 Scrum 和规模化敏捷实践者，2005 年，他就在当时的诺基亚网络试点了 Scrum 项目并在随后几年推动了一个 500 人以上产品线的 Scrum 实施和敏捷转型。吕毅还是国内第一位认证 Scrum 讲师，指导了众多企业的敏捷实施和敏捷转型。综合实践经验的丰富和理论知识的深厚，我找不到比吕毅更适合写这一部分的人了。

（切换到正常画面）

Scrum 相关的书和文章已经有很多了，我并不想在这里重复。学习 Scrum 的基础，我有两份资料推荐。

- 《Scrum 指南》（中文版）
  Scrum 创始人 Jeff Sutherland 和 Ken Schwaber 写的，对 Scrum 进行了定义，有天然的权威性。

- 《Scrum 简章》（中文版）

  它在社区里存在演进的时间也已经很长了，其实践的视角和细节程度对 Scrum 实践者提供了很好的指导参考。

在此基础上，我想说说我对 Scrum 的理解。我会从下面两个方面阐述：其一，Scrum 基于迭代的活动设计；其二，Scrum 对角色的选择定义。最后，我会对 Scrum 和看板方法做一个比较。

Scrum 活动设计

Scrum 是基于经验型过程的流程框架。

敏捷价值观的第一点是"个体和互动高于流程和工具"，强调的是让做事的人拥有自己的流程。因此，Scrum 定义的只是一个流程框架，留给做事的人充分的空间去制定并演进自己的流程。

经验型过程是基于目标的检查适应。Scrum 的活动设计基于经验型过程，在两个层次，一个是每天，另一个是每个迭代，分别对应于每日站会（每天发生）、迭代评审和回顾（每个迭代发生）。

下表总结呈现了经验型过程的要点，我们来详细阐述两个关键点："以终为始"和"检查适应"。

活　动	目标是什么?	检查什么?	如何适应?
每日站会	迭代目标 范围 （需求完成） 价值 （为什么）	任务完成的进展 （基于任务的迭代燃尽图） 需求完成的进展 （基于需求的迭代燃尽图） 障碍和风险	团队自身的适应 任务的调整 分工的调整 时间的调整 团队和 PO 一起的适应 调整范围 异常终止迭代
迭代评审	产品目标 价值 （为什么）	交付的产品增量 （接受或拒绝） 需求完成的进展 （基于需求的发布燃尽图） 价值完成的进展 障碍和风险	需求的更新 优先级的改变 下一迭代目标的形成 发布计划的更新 产品开发的终止
迭代回顾	改进目标 迭代做到完成 改进愿景	过去迭代发生的 工作得好的和需要改进的 改进的进展	改进行动 （协作、工程、组织等） 更新工作约定 扩展完成定义

以终为始

目标的定义是经验型过程控制的前提，我们分别来看对应于不同活动的目标。

1. **迭代目标。** 每日站会是围绕迭代目标的检查适应。迭代目标的定义发生在迭代计划中。当团队和 PO（Product Owner，产品负责人）一起定义迭代目标后，团队通过每日站会的检查适应来达成目标。迭代目标可以定义成在迭代结束时需要完成相应的需求交付，也可以定义成更为抽象更接近价值的目标，比如实现某个用户场景（需要完成一系列的需求）。无论如何，我们不应该把迭代目标定义成完成任务，因为任务会在迭代过程中随着检查适应而改变。

2. **产品目标。** 迭代评审是围绕产品目标的检查适应。产品目标的定义通常发生在产品计划中，从最初的产品展望到持续的发布计划。产品周期可能很长，所以通常指导迭代评审检查适应的产品目标是阶段性的，比如发布目标或者季度目标。交付需求不应该是产品目标，定义产品目标的关键是回答为什么要交付这些需求，希望改变什么用户行为或者获得什么收益。这样一来，交付需求就成了达到产品目标的途径。产品目标是由 PO 定义的，他通过迭代评审的检查适应来达成目标。

3. **改进目标。** 迭代回顾是围绕改进目标的检查适应。Scrum 中内置的一个重要改进目标是在迭代结束做到完成。完成的定义是考虑了现状之后认为确实可行，最终要达到潜在可交付的状态。如果我们已能持续做到完成，而完成的定义还没有达到潜在可交付的状态，就应该考虑扩展完成的定义。如果我们已能做到潜在可交付，还可以考虑缩短迭代周期。无论如何，改进目标必须能产生适度的挑战，以驱动改进。改进目标由整个 Scrum 团队拥有，他们一起通过迭代回顾的检查适应来达成目标。

很多时候，我们发现 Scrum 的经验型过程之所以不太奏效，是因为没有做到以终为始。没有目标的指引，检查适应就无从谈起。

检查适应

在目标明确后，每天（针对迭代目标）或者每个迭代（针对产品目标和改进目标），我们都会做检查适应。

1. 每日站会

团队通过每日站会来检查离迭代目标有多远以及接下来这天该如何调整。如何理解每天的进展是个有趣的话题。传统的迭代燃尽图基于任务完成，我们从中可以知道任务的进展。但是任务的进展并不意味着需求的进展，因此我们也可以基于需求来画迭代燃尽图。除此之外，我们也会关注任何影响迭代目标达成的障碍和风险。

理解了现状后，团队决定接下来的调整。缺省情况下由团队自己进行调整，包括添加/修改/删除任务，改变任务优先级，重新分工，甚至加班。如果团队自发加班，并且不影响可持续开发，我个人觉得这只是团队检查迭代目标和现状后做出的适应性举措。如果团队发现即使做了最大限度的调整，达成迭代目标还是危险，那就应该叫上PO一起来调整。需求的范围会被重新协商，通常当前迭代范围中最低优先级的需求会考虑放弃，团队在接下来的时间里专注于完成高优先级的需求。如果可能，最低优先级的需求会被拆分，以使部分需求仍然可以完成。注意，部分需求的完成，而不是需求的部分完成（比如编码完成而测试没完成）。极端情况下，PO会决定终止当前的迭代，重新开始一个新的迭代计划。

2. PO通过迭代评审来检查离产品目标有多远，在接下来这个迭代该如何调整

如何理解每个迭代的进展是个难题。整个迭代评审会有团队、用户/客户及各种干系人参加，PO会听取大家对产品的反馈。验收是迭代评审中检查的一部分，如果PO和团队在迭代中紧密协作，完成的需求通常都能被接受。发布燃尽图能帮我们理解当前迭代结束后相对于整体的发布情况如何。因为发布燃尽图是基于需求完成的，这里有个重要的假设，我们大致知道整体的发布范围，那样就可以知道大概完成了多少比例，根据速率就可以导出大致还需要多少个迭代。这个假设只有在需求不确定性相对较小的上下文中才成立。当不确定性较大时，究竟做哪些需求能够帮助我们达成价值目标是PO工作的最大挑战，也是他给产品成功带来的最大贡献。PO会关注任何影响产品目标达成的障碍和风险。

理解了现状后，PO决定接下来的调整。最直接的调整反映在对产品待办列表的更新，包括添加/修改/删除需求、改变需求的优先级。发布计划和发布燃尽图也会相应更新，发布的范围/时间/成本可能会做调整。下一迭代的目标开始涌现，PO选取最能够帮助达成产品目标的需求进入下一迭代的计划活动。极端情况下，PO和管理层会一起决定终止该产品开发。

3. Scrum团队通过迭代回顾来检查离改进目标有多远，在接下来这个迭代该如何调整

Scrum团队包含团队、PO和SM（Scrum Master）。做事的人拥有自己的流程并对之加以改进，为此，我们需要整个Scrum团队一同来检查适应。在回顾中，SM（Scrum Master）引导大家检查过去迭代中发生的重要事件，产生的过程数据和趋势，尤其是与改进目标相关的部分。《敏捷回顾》中提供了很多的方式帮助团队全面有趣地收集"数据"，而最重要的问题和改进机会从中逐步涌现。

当对需要改进的问题达成共识后，回顾的重点转向接下来如何调整。对问题的深入分

析为采取行动奠定了坚实的基础。常见的质量流程改进方法在这时可以得到应用，比如鱼骨图、5 个为什么和因果关系图等。当可能的根源显露出来后，Scrum 团队一起设计行动实验在下一个迭代尝试。改进行动可能涉及协作方式、工程实践和组织结构等，也可能会更新工作约定或者扩展完成的定义。

在我看来，理解经验型过程的应用原则，并关注每日站会、迭代评审和回顾中检查适应的效果，是实施 Scrum 的精髓所在。

Scrum 角色选择

Scrum 中只定义了三个角色，理解其背后的考量是实施 Scrum 的另一个重点。

PO 唯一

唯一的优先级可以有效避免多头管理的困境。Scrum 中对于团队来说，工作的入口是唯一的，都通过产品待办列表输入。这样说来其实也可以由一个产品委员会来统一定义优先级，理论上也可行，但是实际上容易带来决策效率低下等一系列问题，所以 Scrum 选择了 PO（产品负责人）是一个人的做法。PO 和团队及干系人还是需要协作，尽量达成共识，但他拥有最终决策的权力。

PO 负责产品的成功，什么是产品是个重要的问题。通常，你的产品需要面向最终客户，这使 PO 通常来自于产品业务部门，而非技术研发部门。这对打破传统的合同游戏至关重要，产品业务人员和技术研发团队在整个产品开发过程中紧密协作。

团队是个角色

团队中每个人都是团队成员，也就是说在 Scrum 中并没有开发或测试这样的角色定义。这是个有意的选择。团队共享职责是 Scrum 的核心概念。每个人都要有互相帮助的意愿，一起达成目标，即使那样意味着有时需要跳出自己的舒适区在一些不熟悉的领域开展工作。当某个开发人员在说"我的工作已经做完了，测试还没完成"，说明很有可能他还没有对团队成员这个角色形成正确的认识。前端开发人员觉得后端工作的进展与他无关，也属于这种情况。

要特别说明的是，这并不是忽视团队成员技能上的差异，或者以此促进每个人技能的同质化。当然，每个人都是全栈工程师固然可以使团队没有瓶颈，Scrum 真正要求的是团队通过协作，能够跨职能跨模块地按价值优先级交付需求。当团队长期稳定存在时，动态的工作总会带来技能不匹配的情况，Scrum 希望团队成员以此为契机拓展自己的技能，从而发展成为多面手专家。

SM 是教练

有很多人误以为 SM（Scrum Master）差不多就是项目经理。事实上，SM 是教练，项目管理在 Scrum 中由三个角色分工共同完成，更多的项目管理职责落到 PO 和团队上。产品发布作为一个大项目，PO 承担更多项目管理职责，最重要的是管理发布的范围 / 时间 / 成本。迭代作为一个小项目，团队承担更多项目管理职责，这也是团队自管理的重要方面。

教练在传统组织中并不存在，这给大家理解 SM 带来了困难。SM 在引导、辅导和咨询这些既相似又不同的方式之间进行切换，促进整个 Scrum 团队和组织的持续改进。有些管理者承担类似的职责，甚至采用类似的方式，最大的不同在于管理者是传统组织层级定义中的问责节点，而 SM 并不对团队的直接产出承担问责，团队自身会被问责。这点对 SM 有效辅导自组织团队大有裨益。

对比 Scrum 和看板方法

不可否认，我的 Scrum 经验要比看板方法丰富得多。然而，对比两者的目的不是评价哪个更好，而是以此来加深对两种方法的认识并在实践中相互借鉴。

系统范围

在讨论 Scrum 和看板方法之前，我觉得有必要澄清系统范围。在 Scrum 里，系统范围由"产品的定义"和"完成的定义"决定；而在看板方法里，看板系统的边界定义了系统范围。

Scrum 的运作是围绕产品的，每个迭代开始时，从产品待办列表挑选进入下一个迭代的故事，迭代结束将故事做到完成。故事的范围是由产品的定义决定的，故事在产品的范围内是端到端的。"完成的定义"体现了故事可交付的程度，也就定义了价值流的终点。

看板系统的边界定义了价值流的范围，由此决定故事的范围。故事将要流过整个看板系统，其终点状态完成的定义也就相当于 Scrum 中"完成的定义"。

需要指出的是，Scrum 的系统范围定义通常是基于组织结构的，它涉及产品的定义和团队的组建，产品待办列表要与团队相对应，因此系统边界相对严格；而看板的系统范围定义只基于在统一的看板系统做可视化和管理流动，因此系统边界相对宽松。这也跟两者不同的变革导入思路有关。

两者都有一个思想，即尽可能地扩展系统范围，以利于管理整体的价值流动和实现。只是体现出来的不同；对 Scrum 而言，是产品定义的扩展和完成定义的扩展；对看板方法而言，是看板系统边界的扩展。

在我看来，无论 Scrum 还是看板方法，都希望帮助到价值交付和持续改进，但各自采取不同的方式。最显著的差别在于，Scrum 采用迭代而看板方法采用流。

价值交付

Scrum 和看板方法都致力于最大化价值交付，无论是采用迭代还是流，关键都在于减少在制品。在制品由进行中故事的个数和故事的大小决定。

当采用迭代时，限制故事的个数是间接的，迭代长度间接限制了故事的个数。当采用流时，限制故事的个数却是直接的。

故事的大小是另一个影响在制品多少的因素。迭代会推动故事的拆分，因为在迭代结束时要求能够将故事完成。然而，把故事拆得过小会使拆分变得不自然（也就是为了拆而拆），反而降低了那些拆出来的故事的价值。故事不能无限拆分，一个故事在有价值的前提下能拆多小通常有其自然的限制。采用迭代，有可能会人为破坏故事的自然大小和完整性，而采用流则更遵从故事本来的颗粒度。

持续改进

Scrum 和看板方法都致力于持续改进，无论是采用迭代还是流，关键都在于创造合适的挑战来驱动改进。当改进目标达成后，改进就会陷入停滞，而持续改进却需要永不停歇。Scrum 和看板方法都是通过提升目标来再次创造合适的挑战以使改进继续，但是提升目标的方式却不同。

Scrum 里最重要的改进目标是在迭代结束做到完成。这里有两个变量，迭代长度和完成的定义。通过改进做到迭代结束完成后，我们会看完成的定义是否可以扩展。扩展后完成的定义产生了新的挑战，从而提供了继续改进的动力。当完成的定义已经达到可以交付时，我们会看是否可以缩短迭代长度，进而又能驱动进一步的改进。

看板方法的改进目标一方面来自于直接的在制品减少。通过在制品限制的降低，系统中更多问题被暴露出来，从而驱动改进。另一个重要的因素是围绕前置时间的改进，前置时间的缩短对价值交付和提升灵活性都有帮助，因此是一个很好的改进目标。

变革导入

最后想说的是关于 Scrum 和看板方法的变革思路。我理解的根本在于改善（小变化）和改革（大变化）的平衡。如果引入过大变化，由此产生的挑战过大，结果往往会适得其反。如果过于保守而引入过小变化，会使变化过于缓慢，甚至逐步丧失了改革的能力。

Scrum 的有效运作需要组织设计，在我看来，它的第一步是改革，然后由每个迭代回顾驱动持续改进。看板方法尊重现有的组织结构，从现状出发，因此它的第一步更接近改善，然后也是持续改进。对两者而言，持续改进理论上引发改善或者改革都有可能，实际中发生更多的是改善。

当变革涉及系统范围的扩展时，Scrum 要求组织结构要发生改变，而看板方法要求的最小改变只是放在统一的看板上进行可视化管理，因此更能反映"可能的艺术"。然而，当现有的组织结构制约了协作模式并最终影响到价值流动时，组织结构仍然需要有所突破。

第 24 章

实施 DevOps 的实践原则

（作者：王津银）

（插播画外音）精益产品开发的核心目标是面向用户快速交付有用的价值。对于软件特别是互联网软件开发，这需要开发职能和运维职能的紧密协作。DevOps 实践，正是致力于这一目标，建立组织快速、频繁、可靠地构建验证、部署发布、运维软件的工程能力和文化环境。它的实施是一个系统和长期的工程。关于 DevOps 的概念和实践，已经有很多介绍文章和书籍（如 *The DevOps Handbook* 等），本章只聚焦于实施。

我邀请了这一领域的知名公司优维科技的创始人兼 CEO 王津银（微信号 waynewang）来分享 DevOps 的实施原则。王津银曾是腾讯、YY、阿里 UC 的运维负责人，主导了 YY 和 UC 整体运维体系建设，运维社区人称老王。老王是国内互联运维社区的领军人物，精益运维发起人，也是国内最早的 DevOps 推广者和布道者之一。由老王来讲述 DevOps 的实施再合适不过，他将结合多年经验带来干货分享——实施 DevOps 的实践原则。

（切换到正常画面）

关于 DevOps 的体系和实践，已经有很多书籍专门介绍，我要分享的是 DevOps 落地实施过程中的最佳实践，并将其总结为 13 条实践原则，分为基础原则、实施原则和支撑原则三组。

基础原则

原则一：价值和理念先行

DevOps 的目标是提高价值交付能力和创新能力，实施 DevOps 需要两点：价值驱动和理念先行。"价值驱动"保障方向的正确，"理念先行"保障路径的合理。

价值是通过产品或者服务传递的。从客户视角定义价值，基于客户价值设计并构建企业内部的价值链，驱动价值链上的价值流动起来。基于此，我把 DevOps 的实施理念总结为四点。

1. **建立持续服务交付的价值链，打破组织孤岛**。端到端价值链打通，才能真正做到价值的持续和快速交付。这必然要求打破组织中的孤岛，形成贯通前后的价值链。

2. **整合开发和运维能力，形成一个协作型团队**。开发和运维的整合不仅仅是口号或文化，还必须落实到具体的工程实践中，只有这样才能构建 DevOps 能力，并形成一个协作团队。

3. **端到端持续服务交付过程的变革**。无论是传统的瀑布流程交付，还是敏捷的测试驱动和迭代交付模式，这些交付过程都是碎片且孤立的，人工的，存在巨大的效率问题和浪费，属于反精益模式。今天我们需要带着全流程价值流再造的精益视角来重新构造端到端交付过程。工具、组织、文化、技术架构等多因素彼此紧密协调变革，从而达到交付过程的质量、成本、效率之间的均衡。

4. **对新的应用和服务，持续缩短实现价值交付的时间**。从一个想法开始，快速实现和实施这个想法，从中获取反馈，从而即时调整、改进，并最大化创新的效率。

原则二：顶层设计，全局规划

DevOps 体系分成 6 个维度，包括组织、过程、架构、工具、基础设施和度量。这六个维度是传统上人（People）、过程（Process）和技术（Technology）的具体细化与分解。

1. **组织**。DevOps 首先必须打破组织之间的隔阂，建立面向产品而非项目的跨职能组织模式。后面我们还会具体讨论组织课题。

2. **过程**。过程不同于流程，它是轻量级流程和自动化工具的完美结合，确保企业的高度敏捷性。这其中自动化为先，而后才是流程。

3. **架构**。架构包括应用的架构、基础架构和数据的架构。应用的架构更多指微服务架构，基础架构是标准化的基础设施，如 IaaS、PaaS 平台。

4. **工具**。怎么样把 IT 能力平台化，从构建持续交付的平台，到构建 IT 运营管理的平台，都很重要。只有这样，才能够兼顾质量、成本和效率等维度，以 ROI（投入产出比）驱动落地实施。

回到顶层设计和平台层面来说，IT 运营管理平台到底应该怎么设计？顶层面向不同的 IT 管理过程，做一些域设计的细分。比如 ITIL，分成基础和高级的流程管理平台、面向运维者的服务管理平台、面向研发的服务管理平台、应用交付平台、管理的 IT 对象状态监控平台、数据分析 ITOA 平台、以 IT 产品和服务目录为表现形式的 IT 服务中心等。各个域的系统完成一个 IT 域的能力治理，比如说流程类、产品和服务目录管理类、监控类、自动化类、基础设施资源管理类等等，这些域面向的内部 IT 角色也有区分，域之间的能力整合就是一个完整 IT ERP 系统全貌（本章的图未编号，可以根据上下文来理解）。

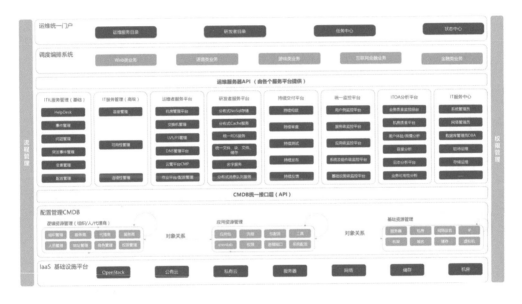

5. **基础设施**。敏捷基础设施（如全面云化、虚拟化的实施），可以极大降低基础架构和一些公共的组件服务的获取成本，同时也让资源交付更加高效。另一方面，DevOps 的实施不应该对之形成路径依赖，DevOps 的上层实施应该可以与基础设施的敏捷化并行开展。

6. **度量**。监控必须具备数据化的思维，监控更是持续反馈维度上的直接度量。今天，数据的特征和规模都发生了变化，不仅仅包括结构化还有非结构化的数据，以及海量对象产生的数据，如网络日志、服务器日志、应用日志，这些都需要辅助流式处理的手段来分析、入库。一个完备的度量平台，需要以监控平台全面的数据采集作为基础。

端到端的监控，从底层的基础设施，到上层的应用服务组建，从基础设施到接口、用户测量的监控。面向监控，构建全面的数据采集基础。而后结合运维的场景，对容量、可用性、业务连续性等进行 IT 运营分析，用数据驱动 DevOps 持续优化。

原则三：从小做起、逐步突破

DevOps 体系庞大，涉及 IT 角色众多。如何落地？一定要从小做起（Start Small），切忌贪大求全。这个准则很好梳理，基于每个角色和具体场景从小做起，一定要把 IT 部门的角色梳理出来。比如说到运维，有应用运维、系统管理员、数据中心运维、平台运维等。

基于角色，识别当下该角色的日常活动是什么，也就是所谓的场景。这些场景一定要借助系统的手段来进行落地，在此之前有一个必要的阶段是规范和标准的制订。缺少标准和规范的制订，平台的落地就会混乱无章。

Start Small 可以分成如下三种模式。

1. Dev 模式

该模式从研发和测试侧开始导入，比如引入持续集成和自动化测试。这是对敏捷团队的组织结构和工程实践的集成，但需要把能力进一步自动化。通过自动化进一步释放人员的效率，提升交付的质量。

2. Ops 模式

该模式从运维侧开始导入，运维侧包括很多重要的活动场景，比如版本发布、配置管理、变更管理、持续部署等，这些场景必须要有专业的 IT 运营管理思路和平台来支撑。在互联网化的今天，业务的敏捷性要求非常之高，生产环境的运营管理尤其重要。

3. Dev+Ops 模式

以上两种模式，可以从 IT 交付链的两端分别导入，但都算不上是最高效的模式，更高效的模式是 Dev+Ops 模式。在一个高效协同的组织中，Dev 和 Ops 可以基于整体规划，各自能力建设，这在实施层面上对组织及文化和执行力提出了更高的要求。

原则四：痛苦的事情优先解决

缺乏自动化工具，组织就一定会被很多无价值且频繁的事情所困扰。运维角色太多，管理的对象也很多；产品太多了，其能力管理流程也很多；频繁的版本测试，人工测试负荷就会很大。此时一定要通过分析角色加场景，导出应该构建什么样的能力管理平台，一定要有这样的思路。

梳理思路如图所示。

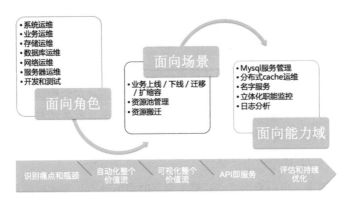

- **识别痛点和瓶颈**。把当前最痛苦的事情找出来，无论是 Dev、Test 还是 Ops 这个能力都要梳理出来，当下频繁且痛苦的事情是哪些？比如，运维是发布部署，测试是频繁的功能测试，版本回归测试，等等。

- **自动化整个价值流**。一个面向用户的价值流一定要把可工作的软件交付到生产环境或者用户手里。回到内部 IT 服务流部分，可以拆解成应用交付和其依赖的资源交付两部分。应用交付就是一个应用完整的 DevOps 持续交付过程，资源交付就是其应用交付所依赖的资源交付过程。这个交付过程一定要自动化，只有自动化能真正解决频繁重复执行所带来的痛苦。

- **可视化整个价值流**。在自动化价值流过程中，很多可能是脚本来完成的，而不一定是通过平台来统一管理。面向用户的价值流，跨越了多个组织职能，这些能力更需要平台可视化出来。可视化包含两个方面，一个是执行过程的可视化，由持续交付平台来完成；一个是状态可视化，它又分成两部分，一部分是执行过程的状态可视化，目的是进一步优化价值流，另外一部分是服务运行状态的可视化，这个需要通过监控和 IT 运营分析平台来反馈。

- **API 即服务**。把能力 API 化出来，供其他系统集成使用，供上层服务编排使用。

- **评估和持续优化**。基于价值流的状态，不断地优化价值交付过程，从而达到持续改进的目的。

运维自动化最后变成配置管理或者某种技术平台的自动化能力（如作业平台和调度平台），这还远远不够。IT 自动化的要求体现在每一个角色的场景中，如基于容量的自动扩容变更；CMDB 的自动发现；基于监控事件的故障自愈，等等。我们要基于这些自动化的场景，把自动化技术要素（作业和调度的能力）封装成底层能力，供各个上层系统使用。

原则五：价值拉动而非事务拉动

一个好的 DevOps 实施，一定要关注客户价值，而非事务。DevOps 是以精益思想为基础的，精益思想强调客户价值的拉动。具体分成五步：从客户的角度定义产品价值；识别价值流；让价值流动起来；拉动式价值创造；持续改进以达到完美。

价值是目标，事务是手段。只有价值才能聚拢整个组织的方向，让理念和价值观协调一致，如共享责任、共享质量、重视客户满意度等等。然而在现实中，价值流中往往存在巨大的浪费——有很多无效的活动、等待和返工，价值流是有效的分析手段，对活动的识别分成：有价值活动（需要优化）、无价值活动（需要消除）、无价值但必要的活动（需要优化）。以客户的需求到线上运行为例。

从下面的价值流图中，可以看出几点：整个前置时间的分布；等待时间和处理时间是否合理；哪里存在浪费和改进空间。从 C/A（Complete/Accurate，完整且准确比率）的指标，可以看到各阶段输出的质量以及返工率——它往往带来更大的浪费。随着看板系统管理的能力加强，数据分析成为可能，可以驱动整个 DevOps 持续和全局视野的优化。

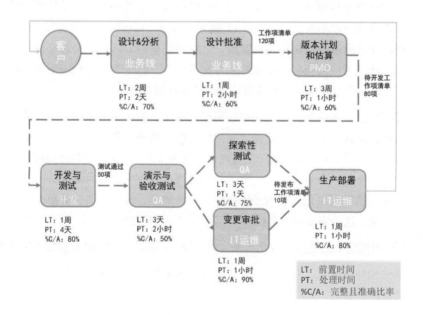

实施原则

原则六：构建元数据基础平台

在 ITIL 的体系中，CMDB 被定位成元数据平台。的确，在后端大量的 IT 支撑系统中，需要一个平台来管理公共的元数据，比如说应用、IT 资源等等。在 ITIL 时代，CMDB

管理的职责和范围太大，装了太多东西，是一种典型的过度设计。

随着IT基础设施规模的扩大，一些领域的系统逐渐出现，比如说基础设施自动化软件（如补丁）、应用交付平台，该类平台都有自己的数据域，而不依赖CMDB。因此下一个阶段要把它定位成IT资源管理平台，因为现在需要把CMDB的管理资源和范围缩小。在不同的阶段，管理不能贪大求全，把所有的配置全部管理起来，最后发现CMDB转不动，因为数据所支撑的场景起不来。依赖CMDB的上层应用场景（如事件、监控、变更）一时间很难构建起来，CMDB数据的鲜活性就保证不了，致使CMDB逐渐走向失败。

把CMDB范围缩小了，只管基础设施的资源和应用的资源。基础设施的资源维护最终也源自应用的需要，确保从应用的角度看，哪些资源是应用所依赖的？比如DNS、负载均衡和防火墙策略等。

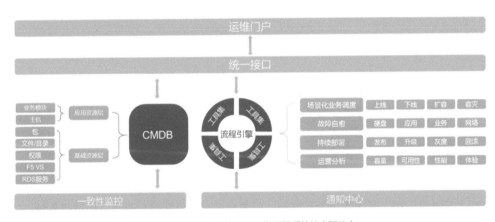

> 面向业务的配置管理，即业务信息管理平台，建立CMDB资源管理的核心驱动力

> 面向资源的资产管理，即CMDB

把这两层的维度强关联起来，在应用上层构建应用的各种的管理场景，比如应用的发布、应用的部署、应用的监控等。通过应用的数据分析，由它来进一步驱动CMDB的流转。

今天到任何一个组织，就其变更的场景来说，应用层的场景一定是最频繁的，比底层基础设施频繁很多。具备高频的特征也意味着场景化的能力强、维护的动力大，意味着强驱动能力。把CMDB转化成IT资源管理，并以应用的视角看资源，应用的核心作用毋庸置疑，应用是IT元数据平台的元数据。

CMDB如何与上层场景联动？CMDB里这么多的数据，抽象归类就是实例及关联拓扑的数据。在CMDB中，里面到底有多少服务器、服务器有多少虚拟机？这是实例的数据，然后就是拓扑的数据。服务器摆在哪个机柜上，机柜所在机房是哪个。一个是基础资源，一个是应用的资源，分成实例管理和拓扑管理，从现实的角度来说，可以把CMDB比着地图，把上面的场景比着地图上的各类应用。

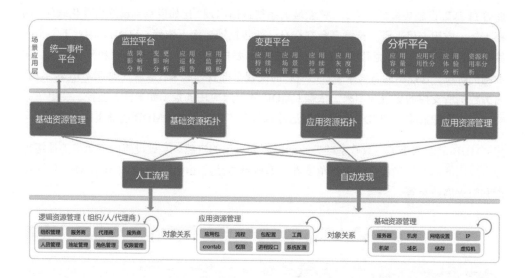

很多人都在讲 CMDB 的自动发现，要让它来代替人工维护。其实资源有生命周期的状态，状态的控制一定不可能通过自动化来替代。比如说 IP 地址从资源池里面（空闲状态）分配出来给业务使用（使用状态），一定要通过一个流程来流转，这是一个资产生命周期的状态变迁。流程聚焦的是事前管理，自动化聚焦的是事后管理，事前是预设规则人工执行，事后是预设规则自动执行。

再往上是场景应用，要找各种场景应用。因为今天看到传统的行业太多的监控系统，它们都要进行收敛，怎么收敛？老的监控系统基于 CMDB 收敛是很难的，基本上找不到监控厂商来修改，提一个需求会带来大量的成本。此时可以把所有的监控事件发到统一事件系统，由统一事件系统根据底层的 IT 对象关系自己来进行收敛，这就是场景关联。依赖 CMDB，可以梳理出很多场景，如变更类、监控类、事件类、数据分析类的等等。

为什么一直在讲 CMDB 核心的管理模型是面向应用的管理模型？IT 形态发生了变化，云是一种普遍的存在。对于云消费的客户来说，IaaS 的资源管理模型已经不再存在，但应用的资源管理始终存在。

原则七：通过插件化 + 平台化能力提供技术保障

基于平台提供核心能力，基于插件集成各类周边的能力。这是产品化的核心思维。

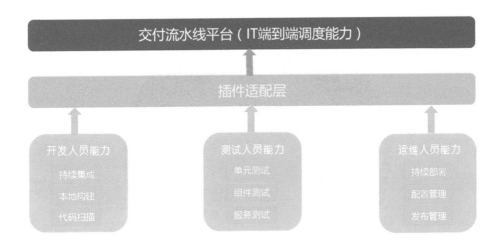

很难找到单个团队能具备所有这些能力，对团队的要求太高。平台化的技术思维一定要有边界，这个边界一方面是由管理职责确定的。通俗的理解，运维代替不了测试，反之亦然。

从 DevOps 的角度来说，一定要有一个交付流水线平台，实现 IT 端到端能力调度。插件适配层，定义的是插件协议标准，把开发人员的能力、测试人员的能力、运维人员的能力通过插件对接到交付流水线。该平台的 API 开放性也非常重要的，确保系统能跟其他系统整合。

原则八：自动化一切，但要先己后人

自动化对组织的影响是巨大的，我们看人类文明的每一次进步背后都是效率的巨大变化。我把自动化过程定义成逐步放大的过程，首先，配置管理这个是自动化的能力，再往上是持续部署和运维的自动化。首先是把 Ops 自动化能力放在首位，毕竟生产环境是最重要的。再到持续集成和自动化的测试，再到端到端整个能力的打通，讲的自动化由点到线到面的过程。

真正的 IT 自动化平台很大，要从小做起，从点开始，到线到面。第一，自动化是一个逐步覆盖更多角色的过程，从覆盖运维再覆盖研发测试，敏捷开发部门等等；第二，自动化是一个环境逐步覆盖的过程，先生产、再测试、再开发。这也构成了 DevOps 在复杂传统行业落地的标准，不应该去讲一个很大的完整的整体方案，且追求一次性的导入。一次性导入代价和成本很高，风险也很高，从小处做起，从自身做起。

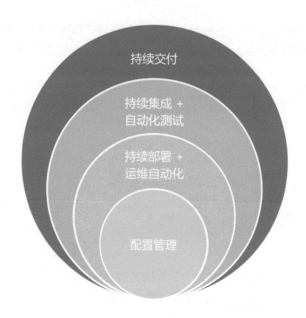

原则九：持续交付是 DevOps 最佳工程实践

DevOps 涉及方方面面，最终落地还是要以工程实践为基础。持续交付的目标是以可持续的方式将变更（实验、特性、配置修改或者缺陷变更）安全且快速地变更到生产环境或者用户手中）。持续交付是一个系统工程，不能简单化理解成某种能力，比如说交付流水线构建。持续交付能力的整理如下图所示。

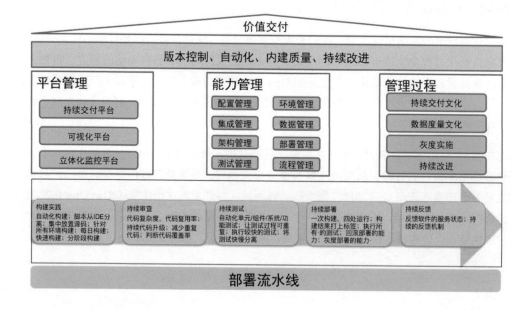

部署流水线包括构建、审查、测试、部署、反馈在内的整个流程，依赖于以下三个管理能力。

- **平台管理**：要构建专业的平台支撑，大的分类是自动化平台和数据化平台：数据化平台中又分监控平台和可视化分析平台，都可以用来做持续反馈。反馈的用途不同，监控用于问题的反馈，可视化用于持续改进和优化的需要。

- **能力管理**：这部分包含八个能力支撑，它们都会影响到交付流水线的效率，例如：配置管理、环境管理、集成管理、数据管理、架构管理、发布与部署管理、测试管理、流程管理等等。具体可以参见《持续交付，发布可靠软件的系统方法》。

- **管理过程**：包括文化的因素、实施方法论（灰度）的因素、持续改进的过程。持续交付的文化要求跨职能、打破部门墙；数据度量，如戴明所说"除了上帝，都必须要用数据说话"；灰度实施，选择高 ROI 的业务进行实施，避免找边缘业务实施；持续改进，不断追求尽善尽美。

部署流水线构建的是端到端的持续交付能力。产品需求设计的过程、集成测试、发布部署、再到运营的过程，覆盖不同的角色，关注不同的阶段。部署流水线的核心是部署流程编排平台，基于应用在其交付的每个阶段（开发、测试和生产），提供强大的部署编排能力。

原则十：应用是 DevOps 落地的核心支点

应用是承上启下的核心点，它向上承接业务，支持业务的运行，面向用户的服务交付；向下对接 IT 资源，驱动 IT 资源的服务化水平。应用是 DevOps 体系的核心支点。

如何对应用进行抽象呢？它包含下图所示的资源、动作和状态。

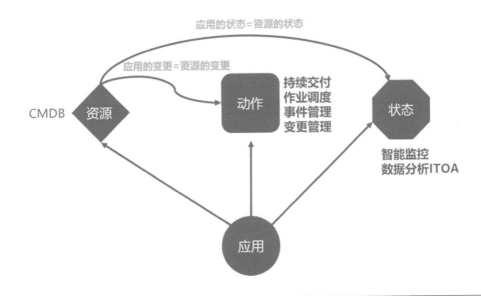

应用的运行一定要依托于资源，应用的变更等于资源的变更，应用的状态等于资源的状态。

应用的资源。应用的资源分成本地资源和第三方资源，本地资源就是应用运行所依赖的本地资源，比如主机、程序包、防火墙等等，这部分相当于 IaaS 资源部分。第三方资源包括远程的数据库、cache、存储等资源，这类资源相当于 PaaS 平台的资源部分。这部分的信息管理可以交给 IT 元数据管理平台（CMDB）来完成。

应用的动作管理。这部分也分成两部分，一部分是面向 DevOps 过程的，从代码产生到可用的软件上线过程；一部分是面向 Ops 运营过程的，如持续交付、作业变更、持续部署、运维变更、运维扩缩容等等。

应用的状态管理，分监控和数据分析两部分。监控是面向问题的，数据分析是面向数据可持续化过程的。

可以看出应用的驱动力非常的强，应用还符合另外两个重要的特征——高频和跨组织能力。应用的变更最频繁，应用的状态变化是最多的；应用是唯一一个在其生命周期中跨越组织不同角色的核心要素。因此在面向 DevOps 核心体系建设中，一定要用好应用这个元素，构建起全生命周期管理能力。

支撑原则

原则十一：确保组织结构的二元性

康威定律告诉我们，软件架构是组织架构的快照。这从根源上给了我们一个启示，敏捷化的业务需要敏捷的技术架构，间接提出敏捷的组织架构的必要性。但传统的 IT 系统的技术运营怎么办？如何在一个组织中，做到敏稳（敏捷和稳定性要求）共赢，二元性组织架构是解决之道。

二元性组织在管理学上是一个热点课题——企业需要思考如何突破当下的颠覆性创新的障碍，同时还要保障现有业务的持续和安全。所谓二元性，是指一种组织结构是为了确保老的业务模式下 IT 模式的连续性；另一种组织结构是为了适应新的业务诉求——速度与创新。

回到现实，二元性组织在国内的很多的企业，依然很难落地，而康威定律告诉我们，即使是 IT 架构问题，最终还是组织问题，这让我们必须进行组织结构调整，适应变化。

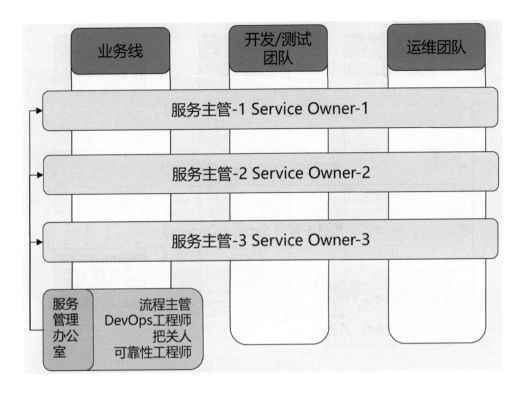

上图来自于 EXIN 的官方培训材料，图中，可以看到传统的组织竖井依然是存在的，职能式的划分有利于专业化积累，但弊端也十分明显。为了适应新业务的需要，跨职能组织架构开始出现，包括以下角色。

- **服务主管。** 对 IT 服务及时性相应负责，类似 Scrum 的 PO。
- **DevOps 工程师。** 有义务提高和维护自动化流程，构建完整的自动化过程和工具，提升效率。
- **把关人。** 负责监控 IT 服务的运行状态和下一步发布的进展。
- **可靠性工程师（可选）。** 监控部署过程中的服务并处理服务执行中产生的问题。
- **流程主管。** 领导并促进团队改进，这个角色类似于 Scrum 中的 Scrum Master。

这个组织架构太依赖 DevOps 工程师这个角色，需要加以改进，中心化的组织结构在大规模企业中很难实施。我们需要分拆 DevOps 工程师这个角色，拆成两层架构。

- DevOps 研发团队或者叫持续交付平台团队，从交付过程的角度平台化，比如说实施敏捷项目管理、看板系统、交付流水线等等。
- 二级专业能力团队。这块的能力建设依然保留在每个专业小组部分，但更需要把各自的能力按照交付流水线要求 API 化和插件化。

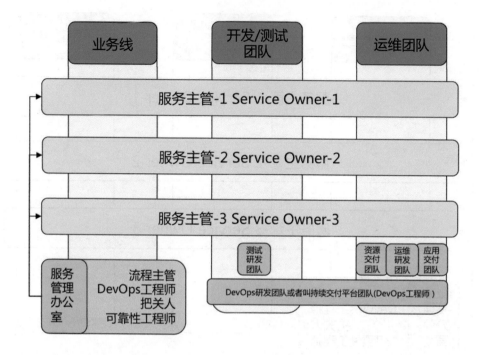

虽然组织架构是根源性问题，但好的技术架构一定程度上降低了组织架构调整的难度。如何确保过去竖井的专业职能组织和面向产品的跨职能的组织之间得到融合，一定需要技术的架构、统一且标准化治理能力。有了这样两层技术组织架构保证，DevOps 的落地就变得更加可行。

原则十二：培养工具文化

工具的抽象理解就是一种自动化能力平台化。自动化能力分为作业工具能力和流程调度能力，这两者都应该是平台级的能力，不需要进行场景化的理解。在自动化的构成要素里，有原子化的事务能力，同时还有调度编排原子化事务的能力，通过两者便可以封装各类场景。再往上是面向角色的场景化收敛和归类，工具可以把基于角色和场景的能力拼装起来，支撑业务过程。工具是真正推动变革的有效手段，好的经验一定要通过自动化的手段和工具沉淀为管理过程。

原则十三：建立全局指标驱动的度量和改进文化

每年 Puppet Labs 发布的 DevOps 报告都会关注下图所示的四个指标的变化，分别是变更前置时间（Lead Time for Changes）、发布频率（Release Frequency）、服务恢复时长（Time to Restore Service）、变更失败率（Change Fail Rate）。在该报告 [1] 中，直接用这些指

标评价企业的 IT 性能，高、中、低性能的企业指标的表现截然不同。

	高效能组织	中等效能组织	低效能组织
发布频率 所负责的企业应用多长时间进行一次发布？	按需发布（每天进行多次发布）	每周至每月之间	每月至每半年之间
部署前置时间 距离代码提交到运行于生产系统，有多长时间？	少于一个小时	每周至每月之间	每月至每半年之间
平均故障修复时间 (MTTR) 应用从故障中恢复的平均时长？	少于一个小时	少于一天	少于一天
变更失败率 有多大比例的变更操作导致服务故障，或需要进行修复（包括回滚，开发 Hotfix，补丁，甚至业务中断）？	0-15%	31-45%	16-30%

从需求规划开始，直到发布到生产环境里需要多长的时间？平台自动化故障恢复手段是否具备？每天发布多少次，发布多快？变更的失败率如何，架构耦合度是否带来发布的耦合度，是否遵循了蓝绿部署、金丝雀发布的策略？等等。这四个指标到底起到了怎么样的作用？第一，能够快速让 IT 团队各个角色形成一致的理解，全局指标带来全局的优化，并驱动卓越能力的改进；第二，DevOps 实施后，通过指标可以更好地和非技术角色沟通，术语简单一致。

小结

以上分享了实施 DevOps 的 13 条实践原则。其中，5 条基础原则为 DevOps 实施提供方向和路径的指导；5 条实施原则为 DevOps 实施提供具体的实践指导；3 条支撑原则为 DevOps 实施提供组织和文化支持。

DevOps 的体系非常庞大。落地实施的过程中，首先要解构，把它做小，分块实施；其次，要坚持原则，比如价值驱动、从小做起等。千万不要期望组织全部掉头朝着一个方向走，它的实施一定是逐步改进的过程，需要二元组织架构来确保对不同形态业务的支撑能力。

注释

1. 参见 Puppet Labs 发布的 State of DevOps Report 2016，http://t.cn/RS3Z9Iv。

第 25 章

在具体上下文中实施精益产品开发

本章是全书的最后一章。我将综合前面介绍的原则、方法和工具，为大家提供一个切实可行的精益产品开发实施方案。

对产品交付过程的抽象

为了介绍精益产品开发的实施，首先大致梳理一下产品的交付框架。

如图 25-1 所示，我把产品的交付分为 4 个紧密关联的模块。

1. **精益需求**。需求源自业务目标，它通过解决用户和业务问题，达成业务目标。

2. **精益交付过程**。交付过程应该顺畅和高质量。顺畅带来效率、敏捷性和可预测性；质量既包含交付质量，也包含过程质量。

3. **产品运营**。交付的需求通过运营才能实现最终的业务价值，运营的结果也是对产品设计和交付的反馈。

4. **产品的持续探索**。产品设计是一个持续探索的过程，不断获取反馈，持续调整优化，才能打磨出与业务目标匹配的产品。

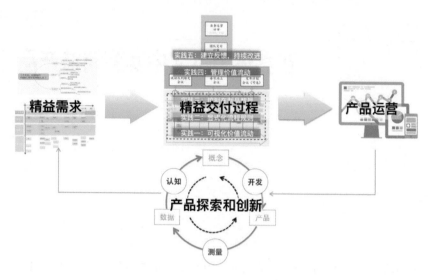

图 25-1　对产品开发进行抽象

实施精益产品开发的步骤

基于以上的模型，精益产品开发实施可分为 7 个步骤。如图 25-2 所示，它只是一个大致的指导，在实施过程中，可能存在顺序调整或步骤并行。以下是这些步骤的具体介绍。

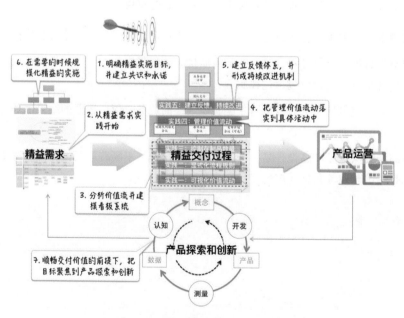

图 25-2　精益产品开发实施的大致步骤

步骤一：明确精益实施目标，并建立共识和承诺

《爱丽丝梦游仙境》中有这样一个场景。爱丽丝来到岔路口，不知道何去何从，这时她看到了坐在树上的柴郡猫，于是有了下面的对话。

> "请问，我应该走哪一条路呢？"，爱丽丝问柴郡猫。
>
> "那要看你想去哪儿。"柴郡猫回答。
>
> "我无所谓去哪里。"爱丽丝说。
>
> "那，走哪一条路，都无所谓。"柴郡猫回答。

是的。如果目标不清楚，也就不存在所谓路径和步骤的问题了。实施精益产品开发时，首先要明确目标，确定要解决什么问题。

总体来讲，实施精益产品开发可以帮助组织"顺畅和高质量地交付价值"。每个组织的具体目标不同，但必须和业务关联，如缩短前置时间，以支持更灵活的产品创新；提高交付质量，以增加产品在市场上的竞争力；发现和改善团队的交付瓶颈，以提高对外的交付能力等；提高可预测性，以践行对客户的承诺。

明确目标为具体操作提供了方向性的指导，并可用来衡量将来的实施效果。更重要的是，在明确目标的基础上，可能影响到的部门和人，要就目标达成一致理解，并做出承诺，支持为了实现目标可能需要的改变。

明确和承诺目标是精益产品开发实施能够顺利进展的基础。关于精益产品开发的目标，请参见第 I 部分以及第 19 章。

步骤二：落实精益和敏捷需求方法

精益产品开发帮助团队"顺畅、高质量地交付有用的价值"。其中，精益交付过程关注的是"顺畅"和"高质量"这两个点。然而离开"有用的价值"，"顺畅"和"高质量"是无意义的。这主要体现在两个方面。

其一，如果交付的不是用户所需要或关注的价值，再高的质量、再顺畅的交付，都没有意义。如何交付用户真正需要的价值，是精益创业实践所关注的问题。

其二，必须识别和定义足够小的用户价值单元。单个大的项目或需求，是无法快速流动的，它必须拆分成更细粒度的需求，才可能顺畅地流动。

把需求拆分成更小的、可流动的、对用户有价值的单元，是落实精益交付过程的前提。为了做到这一点，我们必须应用相关的敏捷和精益需求实践。单纯的需求拆分并不难，

真正难的是需求拆分要满足下面三个要求。

1. 拆分后的需求要端到端可交付。端到端的需求，才能提供完整的业务价值，才能在看板上端到端地流动。
2. 拆分后的需求要足够小。只有足够小的需求才能快速地流动和交付，即时发现问题和获得反馈。
3. 拆分后的需求要能够按业务场景或业务价值有机组织。这样才能在更高层次上看到需求的全貌，并做出合理的里程碑规划，迭代交付可用价值和验证业务假设。

用户故事地图与影响地图这两个敏捷精益需求实践，是较好的解决方案。其中，用户故事地图以用户使用路径为线索拆分和归类拆分后的子需求，并用具体的业务场景来组织分解后的需求，帮助做出更合理的里程碑和迭代规划；影响地图则从业务目标出发，挖掘、分解和组织需求，并以业务目标为核心来规划迭代交付。

用户故事地图与影响地图虽然有各自的适用场景，但也可以组合使用，当然你也可以使用用其他方法，但必须满足上面所述的需求拆分背后的三个要求，为价值的灵活交付和顺畅流动创造条件。

敏捷和精益需求是打造精益交付过程的必要前提，没有需求层面的有效探索和合理拆分作为基础，精益的交付过程就无从实施。关于精益和敏捷需求，请参见第 20 章。

步骤三：分析价值流并建模看板系统

价值流分析起源于制造行业，它关注从供应商提供原材料直到向用户交付产品整个过程中所有的活动序列。建模和分析端到端的价值流动过程，并设计未来理想的价值流动状态，为组织的价值流改进提供参考和指导。

产品开发典型的价值流是指从用户提出需求（或产品创意提出）直到交付需求并解决用户问题的端到端的过程。它既包括需求的分析、规划、开发、验证和上线等增加价值的活动，也包括审批、等待、返工等从用户角度看来并不会增减价值的活动。

分析产品开发中的价值流，并以可视的形式展现价值流动过程，能够帮助团队和相关人员全面审视端到端的价值交付流程，凝聚关于未来改进的共识。它让我们看到需求交付前置时间在各个阶段的分布、当前的流动效率及潜在改进空间等。

价值流分析也是看板系统建模的基础，基于它可以建立反映实际状态的看板系统，成为团队协作和持续改进的基线。对于看板系统的建模，请参见第 7 章和第 8 章。

除用看板系统建模价值流动过程外，价值流建模还包括对流程规则的显式化，关于这一部分请参见本书的第 9 章；也包括对在制品的约束规则，关于这一部分请参见第 10 章、

第 11 章和第 12 章。

步骤四：把管理价值流动落实到具体活动中

建模看板系统以系统方式提供了组织协作和操作的依据，为管理价值流动创造了条件。要落实价值流动的管理，团队需要明确相关价值管理活动的节奏，活动的目标、形式和规则等。典型的活动如下所示。

- 每日站会。它的目的是即时发现和处理阻碍价值流动的问题，促进价值的顺畅流动。团队应该就站会的内容和形式达成一致，确保站会达成期望的效果。
- 就绪队列填充会议。它的目的是根据当前最新的优先级，选择适当数量的需求，填充就绪队列。进入就绪队列的需求，要确保其事实上处于就绪状态，如开发和测试人员充分理解需求、关联和技术风险得到确认等。
- 发布规划会议。这是一个可选的会议，在需求发布前往往需要做相关的协调和准备工作。发布规划会议决定具体发布什么，并协调相关工作。

关于价值流动的管理，请参见第 13 章、第 14 章和第 15 章。

步骤五：建立反馈机制，并持续改进

建模了清晰的价值流，有效地管理了价值流动。之后，我们当然期望价值顺畅和高质量地流动，然而，现实与期望是有差距的。这时，组织应该建立起反馈机制，衡量价值流动的情况。

基于反馈，团队应该做系统的分析，发现深层次的改进机会，并将改进落实为具体的行动，最后再通过反馈来衡量改进的效果。精益的反馈应该内嵌到产品的交付过程，即时反映价值流动的状态。

关于建立反馈和持续改进，请参考第 16 章和第 17 章。

步骤六：在需要的时候规模化精益实施

"规模化"听上去很诱人。这些年，大公司都开始做敏捷了。很自然，大公司需要"大规模"，这对咨询机构也是个"大机会"。于是，大规模的敏捷框架开始流行，但复杂的规模化框架背后很可能有陷阱，正如 Ron Jeffries 在《软件开发本质论》中所说，大公司需要的并不是大规模，它们真正需要的是敏捷方法和技术本身。[1]

事实上，规模化的需求并不应该源自团队的规模本身，而应该来自业务的实际需要。如果，由于产品本身的复杂性和关联，团队需要规模化的精益实施。这时，先要做的是理清价值流，识别可能存在价值层次关系，或价值在前后流程中的关联，然后再选择与之匹配的够用但最简单的规模化方案。关于规模化的方案，请参考第 18 章。

步骤七：聚焦产品的探索和创新

本书大部分篇幅都是在写开发方法和过程，但方法和过程是成功交付的基础，却不是目的。我们重视开发方法，是为了把它做好，最终变得像呼吸一样自然。这时我们才能把焦点放到产品创新上。

快速价值交付，让我们可以即时获取业务反馈，更有效地落实精益创业核心循环"构建、测量和认知"循环。通过这一循环不断优化产品的设计和运营。

关于产品的探索和创新，请参见第 3 章。产品的探索和创新是一个宏大的主题，不可能通过一章就交代清楚细节。产品探索和创新是我当前工作的重点，我计划将来用一本书来专门讨论这个主题。

精益产品开发实施中的基础和持续性的工作

与上述 7 个步骤相对应，团队还需要在以下 3 个方面持续关注和投入。

持续关注一：把质量内建到开发过程

质量重要吗？大部分人都会这样回答："重要！"

这是一个最容易在组织中达成共识的问题。在精益产品开发实施过程中，我总是会把改善质量作为一个重要的目标。它有两个明显的好处：其一，强调质量在政治上是正确的，容易获得高层的支持以及基层的承诺；其二，质量是一个有撬动作用的出发点。提高质量的最有效办法是内建质量，为此你必须理清价值流，并加速反馈。果真做到这一点，落实其他精益实践也就容易了。

所以把质量作为一个撬动点，是精益实施的一条捷径。前提是你选择的方案是内建质量，而不是通过加强最后的验收环节，更不是"轰轰烈烈"的质量运动。内建质量应该带来效率的提升而不是下降，"向质量要效率"，而不是"牺牲质量，换取效率"，这是精益实施取得成功的关键之一。

关于精益质量改进的具体方法，请参见第 21 章。

持续关注二：改进团队的自我管理水平

产品交付最终要依靠团队和人。在不确定性不断增长的今天，发挥个人的能动性和创造力越来越重要；同时，团队自主决策和有效协作也成为快速、精准响应的关键。

建设自我组织的团队绝不简单，它是管理水平持续提升的结果，需要在授权、信息、资源以及团队责任感等几个方面持续努力。

关于团队自我管理水平的提升，请参见第 22 章。

持续关注三：完善持续交付管道和 DevOps 能力

持续的价值流动，离不开交付管道的完善。为此，需要逐步打通从代码提交、静态检查、编译构建、组件测试、系统测试、非功能测试，直至部署、发布和运维监控的整个管道，并打造与之适配的技术基础设施，如自动构建、测试和部署的流水线，或微服务化的系统架构。

持续交付和 DevOps 是与之相关的两个实践框架，两者在概念上比较一致，经常混合使用。如果严格区分，DevOps 是一个更广泛的概念，它在持续交付的基础上，更加强调不同职能（其中包括 IT 运维与开发）的协同和组织文化的变革。

关于 DevOps 和持续交付，请参见第 24 章。

最后，本书没有涵盖软件开发的技术能力，但技术能力的提高十分基础而重要。离开它，产品交付就是无源之水、无根之木。团队应该持续提升技术能力；另一方面，技术能力的提高最终要服务于价值交付，价值流动度量以及持续交付和 DevOps 所提供的反馈，帮助团队更有针对性地提高技术能力和技术实践。

小结

精益产品开发的实施从明确实施目标开始，本章总结了精益产品开发实施的大致步骤，它是一个框架性指导。在实施过程中，不同组织需要做出适应性的调整。

本章要点

- 精益实施首先要明确目标并建立共识和承诺。
- 精益和敏捷需求方法是应该最早落实的实践。

- 分析价值流并建模看板系统，明确流程规则和形成控制在制品的机制。

- 把管理价值流动落实到具体活动中。

- 在价值流清晰并有效管理的基础上，建立反馈体系并持续改进。

- 规模化精益实施应该由业务的需要驱动，而不是组织的规模来决定。

- 只有让交付过程顺畅起来，才能聚焦产品的探索和创新。

- 内建质量，不断提升团队自我管理水平，培养持续交付的能力。

注释

1. 参见《软件开发本质论》，http://t.cn/Ra4WfCm。

生成精益度量图表的模板工具

第17章详细介绍了各类精益度量图表，很多电子看板工具（如 Jira Agile 和 Lean Kit）都能生成这类图表。下面我们将介绍如何用 Excel 手动生成这些图标，这可以帮助我们更深入地理解这些图表的含义，并在必要的时候导出数据做更灵活的分析。

我还制作了自动生成度量图表的 Excel 模板，供大家免费下载。可以在作者的公众号"精益产品开发和设计"（微信号 LeanAction）中回复"度量"，下载 Excel 模板。

1．用 Excel 模板生成度量图表

使用恰当的模板，手动生成精益度量图表的工作量并不大，如下图所示。

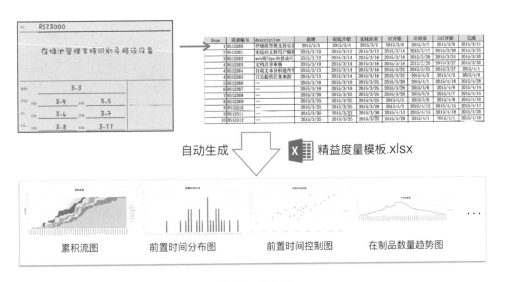

模板的工作机制

从图中可以看出，团队只需要记录需求各个状态迁移时间。并录入 Excel 表格，就能够利用现成的模板生成之前用到所有度量图表。第 8 章曾介绍过需求卡片模板，在卡片上记录的状态迁移时间，将是生成度量的原始信息。

2. 数据和图表的关系

下图所示的模板中，只有 Sheet 1(需求交付记录 - 原始数据) 是原始数据，每个需求占其中一行，记录各个状态的迁移时间。需求交付后手工录入，就可以自动生成其他图表。

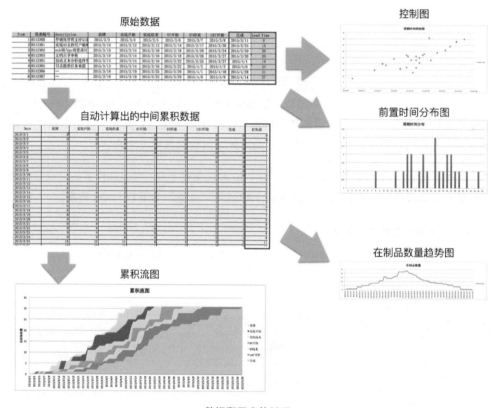

数据和图表的关系

首先看前置时间控制图，它需要的信息包括需求的交付日期和前置时间。其中，交付日期原始数据中就有，前置时间只需要用结束日期减去开始日期就能得出，模板中也已经包含。而有了控制图的信息，画前置时间分布就非常容易了，这里不再介绍，模板中可以自动生成。

其次是相对复杂的累积流图。它需要根据原始信息，计算出各个状态下累积完成需求数目。计算的中间结果保存在"累积流数据统计"这个工作表当中，这样就可以画出累积流图。在制品数量趋势图，也由同一数据生成。

3．需要定制的地方

这个模板的计算过程都是自动的，之所以要介绍背后的原理，是为了方便大家定制和扩展。大家使用时，需要定制的地方有两个：其一，看板系统中的阶段。在第一页增减或调整阶段后，其他页也需要相应调整；其二，"累积流数据统计"工作表中的开始和结束日期，这个需要在 sheet 2（累积流数据统计）中设定。

物理看板和电子看板的比较及常见电子看板工具介绍

我经常被问到两个问题："物理看板好还是电子看板好？""有什么好的电子看板推荐吗？"回答这两个问题，需要具体的上下文。这里只能给一个大致的比较和分析。

1．物理看板和电子看板的比较

物理看板的优势如下。

- **建模能力强**。可以方便直观地表达需求的层次关系，对泳道的支持能力强，可以很好地支持特殊的区域，如阻碍区和抛弃区等。

- **调整方便**。可以非常方便和即时地调整看板和卡片的结构。这在团队实施看板方法的早期特别重要，它确保看板系统反映事实上的价值流动，并更好地落实团队的改进

- **参与感强**。团队可以随时操作，且信息辐射能力强，便于团队随时了解整体状态，并做出即时的决策。尽管支持触摸屏的电子看板工具在这方面进步明显，但仍然有较大差距

电子看板的优势如下。

- **自动生成度量**。可以生成累积流图和周期时间控制图等常见的综合度量，也可以定制其他形式的度量如燃尽图等，帮助团队更好地做回顾分析。物理则需要手工生成这些数据

- **支持远程协作**。当团队异地分布时，电子看板的优势明显，更便于精益和敏捷开发的规模化实施

- **有利于推广**。当公司规模比较大时，可以将一些好的或系统规范实践通过电子工具固化下来进行大范围推广

- **方便集成与对接**。可以与文档系统、缺陷管理系统、需求管理系统等已有系统等方便地集成或对接。
- 可以与 DevOps 及持续交付工具链无缝地融合，并协同改进。

2．如何选择物理和电子看板

电子看板有很多优势。但我还是建议团队从物理看板开始。原因是，在实施初期，团队需要摸索出适合自己的模式，并灵活调整价值流动的建模。物理看板在这方面有明显的优势；物理看板参与感强，这个特点有利于团队更好地理解精益和敏捷背后的原理，并形成团队的规则；物理看板应用门槛低，这也便于团队随时开始。

在物理看板使用稳定后，如果团队觉得必要，再迁移到电子看板并不困难。这时团队深入了解了自己的需求，价值流的建模、看板的定制和规则的设定都会更精准。

3．电子看板工具介绍

电子看板并不是一个高门槛工具，市面上的选择较多。

- Jira Agile：Jira Software 是 Atlassian 公司开发的商用项目管理工具，Jira Agile 是它的扩展，既可以支持 Scrum 模式，也可以支持精益看板模式。Altlassian 也提供持续交付和文档管理等其他工具，可以与 Jira Agile 比较好地融合。此外，著名的轻量级看板和协作工具 Trello 在 2017 年初被 Atlassian 公司收购，成为其产品线的一部分，Jira 与 Trello 的任务之间可以联通。
- Team Foundation Server 内的看板：微软的 TFS 提供了很好的看板组件，它的好处不言而喻——与微软的工具链无缝地结合。如果是微软开发环境，这是一个不错的选择。
- Leangoo（国内应用较多的工具），Leankit Kanban，Swift Kanban，Kanbanery 等独立看板和项目管理工具：作为看板工具，它们的功能都比较全面，都能同时支持看板方法和 Scrum 模式，功能各有特色，但与 DevOps 工具链的融合需要单独集成。

另外，国内几家大型的互联网公司，都已经对外开放了精益和敏捷开发及 DevOps 工具。它们有两个共同的优势：其一，最初都是为解决自己的问题而开发和演进，经过真实场景的长期大规模验证，可用性高，并代表先进的互联网开发模式；其二，能够很好地支持持续交付或 DevOps 的实施。其中比较有代表性的有以下四个。

- 腾讯的 TAPD(Tencent Agile Product Development)：TAPD 对外开放时间较早，相对成熟。TAPD 比较好地支持了看板和敏捷产品规划及项目管理，同时还提供丰富的报表视图和应用场景，例如：支持线上的文档协作；测试和缺陷管理；

发布管理；等等。另外与企业微信的结合也是一大特色。

- 百度效率云：百度效率云的功能比较全面，同时支持代码托管、持续交付和敏捷产品及项目管理，它对用户故事地图的支持很到位，为版本和迭代的规划和业务闭环的建立提供了便利。

- 阿里云研发协同云（(RDC)：2017 年 4 月通过阿里云正式对外开放，但此前已是阿里内部支撑数千个产品和众多应用的协同研发平台，提供了包括需求管理、编码测试和发布反馈在内的端到端的持续交付服务，以及跨角色、跨组织、跨地区的协作管理功能。它的看板也具备较强的自定义和可配置能力，并与持续交付、项目报表有很好的联动。

- 平安科技 Wizard（神兵）：Wizard 是平安科技自研的一站式研发管理与持续交付工具链，支撑了平安内部众多产品线的研发项目管理和产品交付。同时它也对外提供开放服务。平安是国内实施精益和敏捷产品开发比较早，实施规模大且较为深入的一家公司。在精益看板方面，该平台做到了流程、分工、阻碍、工作项分类、跨项目依赖等关键信息的可视化，实现了分层需求管理、双层看板、多维视图与度量中心；在持续交付方面也做到了端到端的全自动流水线及平台化、可插拔的质量保障体系。

精益产品开发相关图书推荐

书名	专题	推荐理由
《精益思想》	精益思想	最早在思想层面对精益进行完整的总结，它对价值和流动的总结是最权威和精辟的，它对精益思想的总结也超越了制造领域，是精益在制造之外领域拓展的奠基之作，有极大的启发意义
《丰田生产方式》	精益思想	作者大野耐一，丰田生产方式的缔造者之一，他是令人景仰的实践主义和实用主义者。这本书体现了其一贯务实的作风——言简意赅、微言大义，从中能体会到最原汁原味的精益生产的思想和实践
The Principles of Product Development Flow	精益思想	"没有什么比一个好的理论更为实用了。"这句话用来评价这本书再合适不过。它从价值和流动的视角为精益产品开发奠定了系统、完整和坚实的理论基石，超越精益制造，发展出了适合产品开发的独立范式。作者 Don Reinertsen 是精益产品开发领域真正具备开创性的大师，David 在他的指导和鼓励下才开始在软件开发中应用看板方法，SAFe(大规模敏捷框架) 中的原则也大部分借鉴自本书
This is Lean	精益思想	这本书十分易读和有趣，思想却非常有深度。它从流动效率和资源效率的视角解释了精益的本质，本书副标题的意思是"化解流动和资源效率的悖论"。作者还由此提出了组织实施精益改进的路径，非常有说服力、指导意义和可操作性。本书中文版应该很快会上市
《目标》	精益思想	约束理论（TOC）的开山之作，本书带我们重新思考和追问企业及生产管理的目标是什么，引导我们从成本世界走向有效产出的世界，并为此定义了简洁而本质的指标体系。在实践上它告诉我们如何分析、找到和释放实现目标的瓶颈，从而提高有效产出

书名	专题	推荐理由
《看板方法》	精益开发	看板方法的开山之作，作者用了大量的篇幅讲述了实践背后的思考。毫无疑问，David 的工作是开创性的，本书也是关于看板方法最权威的书籍
《看板实战》	精益开发	比较系统和细致地介绍了看板方法的具体应用，关于实践操作，讲得面面俱到，适合入门读者
《敏捷软件开发工具——精益开发方法》	精益开发	本书出版于 2003 年，是第一本以精益软件开发为概念的书。作者 Mary 和 Tom Poppendiec 夫妇，自从退休后就每 3 年出一本关于精益产品开发的新书，到今天一共写了 4 本，最新的一本是《精益念力》。他们绝对都是讲故事的高手，所以书写得都好看而轻松，也很有启发性，值得时不时地翻一翻
《精益开发实战：用看板管理大型项目》	精益开发	写这本书作者只用了几天的时间，是对一个项目的完整记录和总结，也正因为此，可操作性相当强
《精益企业》	精益开发	开启了一个宏大的主题，这是一个值得关注和学习的主题。因为交付部分写得最好，我把它归入了精益开发，其实它也涵盖精益创业、产品设计和组织变革
《精益创业》	精益创业	开山之作，非常好地整合了精益创业的理念，引人入胜。但离实用还有距离，所以才有了后来作者的 Eric Ries 签名系列书。这个系列的总体质量很好
《精益数据分析》	精益创业	本书是精益创业系列中的一本，思想性和实践性俱佳。作者带我们建立正确的数据意识、数据思维和数据分析方法，更重要的是它串起了产品创新和创业的过程，让抽象的数据概念和精益创业中"构建 - 测量 - 认知"循环变得具体和可操作
Lean B2B	精益创业	当我们说起精益创业，大部分时候都是在说 2C 的创业，而 2B 市场也占据半壁江山，幸好有这本书，它填补了空白，而且为精益 B2B 的提供了完整和可实施的方法
《四步创业法》	精益创业	作者 Steven Blank 是精益创业理念最早的实践和布道者，虽然最终整合精益创业概念的是他的学生 Eric Ries。这本书 2007 年出版，当时精益创业的概念还没诞生，所以反而使得书的内容比较纯粹
《用户故事地图》	精益创业	敏捷开发的必读书籍，它解决需求的有效分解、组织、规划和沟通的问题。这是敏捷开发的源头，让随后迭代交付变得更容易和有实际意义。书中在具体操作上强调对用户价值和持续探索学习，是沟通敏捷、精益开发和精益创业不错的入门实践指南
《影响地图》	精益创业	影响地图是一个实用性极高的工具，我一直把它作为整合精益数据分析、精益产品设计和精益验证闭环的工具。此书只有电子版，只能在图灵社区购买

最近，"第一性原理"（First Principles）成了创业圈的热词。硅谷的投资人，看项目都会问："项目不错，可它的第一性原理是什么呢？"

"第一性原理"不是新词，之所以突然火起来，是因为埃隆·马斯克（特斯拉和 SpaceX 创始人）不断用它来解释自己的创业思路。马斯克进入电动车行业时，很多人都认为电池的高成本无法逾越，而他会问："电池硬成本由什么构成？"答案是铁、镍、锂这些金属元素，是不可变的，而其他部分成本都是人类协作过程产生的，一定有优化的空间。一旦理解这个本质，特斯拉的目标就是无限逼近金属本身的成本。

第一性原理，强调的是一层层剥开事物的表象，去理解本质，从本质出发去重新构建系统。那么，产品开发的第一性原理又是什么呢？

产品开发是为了交付价值，其本质目标一定与价值相关，我认为具体包含以下三点：其一，价值必须是有用的，只有不断探索和验证，才能发现有用的价值；其二，价值交付的过程应该顺畅，顺畅意味着快速，也意味着灵活和高效；其三，交付应该是高质量的，其中也包括过程的质量。

综合这三点，产品开发的第一性原理就是：**顺畅和高质量地交付有用的价值。它为产品开发提供了方向性的指导**。而迈向这一目标，需要有适应具体上下文的方法和实践提供支持。

本书中介绍的原则和实践，精益原则、看板方法、精益需求实践、质量提升方法等都服务于"第一性原理"。这些实践有些来自华为、招商银行和平安科技这类大型组织，有些来源于我参与的几个创业团队的项目，但无一例外都经过本人的实践，在证明有效和可实施后进一步提炼和总结，呈现给大家。

达尔文说："并不是最强壮或最聪明的物种，而是那些能够响应变化的物种，最终得以生存下来。"今天，技术和商业环境的变化日趋激烈，对产品开发的适应能力提出了前所未有的要求。"第一性原理"指明的是目标和方向，敏捷和精益产品开发提供的则是实施和改进的路径。

"为学日益，为道日损"，这是《道德经》中的名言。最后，衷心祝愿读者朋友们在实践中增长知识的取得成功的同时，掌握产品开发的真谛。曾经伴你同行，是我的荣耀。

封面图案出自欧兰辉，他如此表达自己的设计思考：

"靠谱是句北方方言，表示可靠，值得相信和托付。

我的一位老师曾经说过，学百家而融一家，成自家。

学和做，要的是靠谱。

靠谱的要知道调。

在我们学习初期，渐渐知道了调，懂得调，依靠调，

调对于我们来说是重要的，这个时期，我们着调。

等到技艺成熟，在调中适当变化，我们有了自己的想法，

谱子仍然重要，我们试图改变，变调。

等到形成了自我的风格，技艺纯熟，慢慢地脱离了形式，就又变成不着调。

自己的东西越来越成熟，就形成了自己的"调"。

我在练习图示表达的过程中，从最开始的练习，逐渐的变化，到感觉有了点儿自己的想法风格，感受到自身想法和表现力的桎梏，逐渐寻求突破，每时每刻都感受到这种调的影响。

我在靠谱的路上。

一起来靠谱吧。"